科学发展观与新型城镇化发展模式研究

段莉　成哲　著

辽海出版社

图书在版编目（CIP）数据

科学发展观与新型城镇化发展模式研究 / 段莉，成哲著 .
-- 沈阳：辽海出版社，2017. 11
　　ISBN 978-7-5451-4455-0

　　Ⅰ . ①科… Ⅱ . ①段… ②成… Ⅲ . ①城市化－研究
－中国 Ⅳ . ① F299. 21

中国版本图书馆 CIP 数据核字 (2017) 第 258554 号

责任编辑：丁　丹　高东妮
封面设计：李瑞鹏
责任印制：李　坤
责任校对：贾　霞

北方联合出版传媒(集团) 股份有限公司
辽海出版社出版发行
(辽宁省沈阳市和平区 11 纬路 25 号沈阳市辽海出版社　邮政编码：110003)
廊坊市海涛印刷有限公司　　　全国新华书店经销
开本: 170mm × 240mm 1/16　印张: 14　字数 243 千字
2017 年 11 月第 1 版　2022 年 8 月第 3 次印刷
定价：52.00 元

前言

　　推进城镇化是实现社会主义现代化的必然要求和重要内容。进入新世纪以来，中国明确提出并实施了城镇化战略。回首改革开放以来的中国城镇化实践，已经取得巨大成就，但同时也存在不全面、不协调、不可持续、不以人为本等严峻问题；展望未来中国的城镇化进程，正处于快速发展轨道并面临方向性选择。正确分析并切实解决好中国城镇化的科学发展问题，成为马克思主义中国化的时代要求。

　　中国实施城镇化战略，是坚持和运用马克思主义理论指导中国实践的必然选择，它顺应了马克思恩格斯所揭示的现代化进程的一般规律，也符合马克思主义关于推动生产力发展和人的全面发展的基本精神。中国实施城镇化战略，更是中国国情现实的客观要求。城镇化是中国现代化建设的历史任务，是中国解决"三农"问题的重要途径，是中国经济持续健康发展的有力支撑，是中国社会整体文明发展的推动力量，是中国统筹国内发展与对外开放的必然选择。

　　科学发展观第一要义是发展，要求尊重城镇化发展规律，立足中国国情，转变粗放型的城镇化发展方式，走集约型的城镇化道路，促进城镇布局合理化，努力实现城镇化又好又快发展。科学发展观核心是以人为本，要求尽快实现中国城镇化战略由增长导向型向以人为本型的根本性转变，以人的城镇化为核心，突出人在城镇化进程中的"目标主体""价值主体""动力主体""责任主体"等多重主体性地位，以提高城乡居民物质文化生活质量和促进人的全面发展为出发点和落脚点，坚持城镇化发展为了人民群众、城镇化发展依靠人民群众、城镇化发展以人民自身素质和能力的提高为前提和基础、城镇化发展成果由城乡居民共享。科学发展观基本要求是全面协调可持续，要求强化产业支撑和基础设施建设；完善体制机制，健全评价指标体系；坚持城乡协调发展、大中小城市和小城镇协调发展、区域协调发展；坚持城镇化与工业化、信息化、农业现代化协调发展；坚持城镇化的规模速度与经济社会发展水平相适应；把生态文明理念和原则融入城镇化各方面、全过程；因地制宜，分类实施城镇化战略。科学发展观根本方法是统筹兼顾，要求正确认识并妥善处理好公平和效率的关系、推进城镇化与建设社会主义新农村的关系、城镇化快速发展和"城市病"防治的关系、推进城镇化和对外开放的关系。

在科学发展观指导下，中国城镇化取得巨大成就，并探索积累了一系列成功经验。主要成就是：城镇化进程加快，城镇建设质量明显提高；众多农民实现"就地城镇化"，生活发生根本性转变；城市群渐成城镇化的主体形态，综合效益大幅提升。具体经验有：政府引导与市场推动相结合，双重动力促发展；坚持全面发展，健全评价指标体系；强化城乡统筹，以工补农、以城带乡；重视文化建设，加强教育培训；创新发展思路，解决土地紧缺的城镇化瓶颈难题。

中国城镇化实践中依然存在诸多不符合科学发展观要求的严峻问题，较为突出的是：盲目追求城镇化率；重城镇化规模建设而轻城镇化质量提升；"半城镇化"和"被城镇化"问题屡见不鲜；城镇化建设的"程式化"与"蜂窝化"现象严重。这些问题的成因是多方面的，主要表现为对城镇化的理解不全面，群众观念不强，规划指导不到位，相关制度不适应等。

当前和今后一个时期，促进中国城镇化科学发展，应当从如下几个方面努力：一是强化认识，在城镇化进程中始终牢固树立和认真落实科学发展观；二是加强城市规划、建设和管理，提高城市发展效能；三是优化产业结构和资源配置，大力培育城镇化促进生产发展、生活富裕和生态良好的功能；四是塑造城市特色，展现文明大国之底蕴；五是多管齐下，着力解决好城镇化进程中的农民工和失地农民问题；六是实施城市群发展战略，发挥城镇化中的区域整体优势；七是深化体制机制改革，营造城镇化发展的良好环境。

在我国"十一五"规划提出"新农村建设"之后，人们在新农村建设与城镇化关系问题上产生了一些片面理解和实践误区，如果不及时纠正，将会对中国现代化进程产生不利影响。城镇化和建设社会主义新农村都是中国现代化进程中的重大战略任务，二者之间相互影响，应该和谐发展、良性互动。推进城镇化与建设社会主义新农村和谐发展，应当树立城乡统筹的发展理念，提升城镇的辐射带动功能，突出和重塑城乡本色，加强政府的宏观调控。

进入新世纪之后，随着中国城镇化快速发展，"城市病"呈高发之势，成为亟需各方面高度关注、认真解决的重大现实问题。"城市病"症状多样，主要表现为交通拥堵严重、能源资源短缺、生态环境恶化、安全基础脆弱、社会矛盾凸显。"城市病"成因复杂：首先，快速城镇化阶段"城市病"多发具有客观必然性；其次，发展理念和发展方式的偏差是"城市病"的症结所在；再次，城市规划和建设存在问题导致"城市病"难以避免；此外，城市管理欠科学加剧"城市病"。面对城镇化进程中的"城市病",我们一方面不能因噎废食,而要深刻认识城镇化对中国经济社会发展全局的战略意义,坚定不移地推进中国的城镇化进程;另一方面也绝不能听之任之,而要在科学发展观指导下,努力防治。为此,一要走以人为本的新型城镇化道路,二要科学规划先行,三要城市建设配套,四要创新城市管理方式。

十九大报告在回顾过去5年工作和历史性变革时指出,我国城镇化率年均提高1.2个百分点。城镇化是现代化的必由之路,是我国最大的内需潜力和发展动能所在,对全面建设社会主义现代化国家意义重大。城镇化发展有利于扩大内需,提高生产效率,促进要素资源优化配置,增强经济辐射带动作用,提高群众享有的公共服务水平。

本书在理解和把握科学发展观与城镇化战略的内涵与实质的基础上,综合运用多学科知识,审视了中国城镇化的历史和现状,总结了科学发展观指导下中国城镇化取得的成就和经验,分析了中国城镇化建设中存在的不符合科学发展观要求的问题及成因,提出了坚持用科学发展观指导城镇化的对策措施,以期为推进中国城镇化科学发展贡献绵薄之力。

本书由段莉、成哲联合编著,其中段莉为陕西省行政学院讲师,第一主编,负责第一章—第七章(共10万余字);成哲为西安美术学院讲师,第二主编,第八—第十三章(共10万余字)。

目录

第一章　中国城镇化发展背景

第一节　概念界定

一、"城镇化"与"城市化"概念异同辨析

"城镇化"与"城市化"概念的异同，在我国理论界一直存在着争论。本书赞成将二者作为同义词。同时，为了与党和国家公布的正式文件的提法相一致，本书主要采用"城镇化"提法，少数地方用"城市化"是为了忠于原参考文献。

从已有的研究成果来看，认为"城镇化"与"城市化"概念相异的学者主要提出了如下几种观点：其一，以武汉大学的辜胜阻为代表，他提出"城市化是指人口向城市的集中过程，农村城镇化、非农化是农村人口向县城范围内的城镇集中和农业人口就地转移为非农业人口的过程"。大多数认为"城镇化"与"城市化"相异的学者认同这一观点。其二，以南京大学的洪银兴为代表，他提出"广义的城市化包含城镇化，它是城市化的初期阶段"，城镇化以发展小城镇为特征，而城市化以现代化为内容，"推进城镇城市化，就是城镇化与城市化的衔接"。其三，以中国社会科学院的胡必亮为代表，他提出了两条不同的城市化道路："一条是以城市发展为中心的城市化道路，另一条则是以区域一体化发展为中心的城镇化道路。"他认为"我国更应该超越传统城市化道路而走出一条新型的、以城乡区域之间一体化的协调发展为中心的城镇化道路。"

不少学者认为，"城镇化"就是中国特色的城市化。例如，国家行政学院教授张占斌明确提出："外国的或者一般而言的'Urbanization'称之为'城市化'，中国的'Urbanization'则称为'城镇化'"。北京师范大学教授沈越也明确提出"城镇化战略实际上是有中国特色的城市化道路"。中共中央政治局集体学习的研讨题目"国外城市化发展模式和中国城镇化道路"，已经蕴含着"城镇化"就是中国特色的城市化之意。

还有很多学者认为，"城镇化"与"城市化"是同义词。中国社会科学院农村发展研究所研究员党国英提出，"城市化"与"城镇化"两个提法，"二者没有根本性区别，如果翻译为英语，二者是一回事"。国务院发展研究中心农村经济研究部研究员谢扬进一步分析指出："城镇化，或称城市化、都市化，是英文单词 Urbanization 的不同译法。Urban（城市）是 Rural（农村）的反义词，除农村居民点外，镇及镇以上的各级居民点都属 UrbanPlace（城镇地区），它既包括 City，也包括 Town，因此将 Urbanization 译作'城镇化'可能更为全面，而不应是 Citify。"华中师范大学教授项继权也提出："'城镇化'与'城市化'是同义语，是对外来语'Urbanization'一词的不同译法。Urbanization 是人口从农村向各种类型的城镇居民点转移的过程。城镇可以泛指市和镇，城市也含城镇的意思，但我国的镇量多面广，从我国国情和科学含义看，运用'城镇化'比'城市化'词语更为准确、严密，主张用'城镇化'的概念取代'城市化'，以示中国城市化道路的特殊性。"

从《中华人民共和国城市规划基本术语标准》和党的十六大报告等重要文献的界定与提法来看，"城镇化"与"城市化"这两个概念的实质内涵也是一致的，可以通用。《中华人民共和国城市规划基本术语标准》（GB/T50280-98）明确指出：城市化（urbanization）是"人类生产和生活方式由乡村型向城市型转化的历史过程，表现为乡村人口向城市人口转化以及城市不断发展和完善的过程。又称城镇化、都市化。"党的十六大报告指出："要逐步提高城镇化水平，坚持大中小城市和小城镇协调发展，走中国特色的城镇化道路。发展小城镇要以现有的县城和有条件的建制镇为基础"。这里明确提出了"提高城镇化水平"，走"城镇化道路"，但在强调发展县城和建制镇的同时也提出要发展大中小城市。因此，不能把"城镇化"仅仅理解为只发展小城镇，也不能把"城市化"片面理解为只发展大中城市。正如江泽民所指出：城镇化和城市化，"实质都是要把农村富余劳动力转移出来的问题"。

二、城镇化的内涵

从世界范围来看，近现代意义上的城镇化已经200多年了。200多年来，在城镇化概念内涵的界定上，始终没有形成一个普遍认同的权威定义，但学者们从不同学科、不同角度予以解释，可谓见仁见智，对于我们全面把握城镇化的丰富内涵具有启发意义。

　　有的特别强调人口向城市集中。例如，埃尔德里奇（H.T.Eldridge）认为，"人口集中的过程就是城市化的全部含义。人口不断向城市集中，城市就不断发展。人口停止向城市集中，城市化亦随即停止。"再如，《大英百科全书》对城市化的定义："城市化（Urbanization）一词，是指人口向城镇或城市地带集中的过程。这个集中化的过程表现为两种形式，一是城镇数目增多，二是各个城市内人口规模不断扩充。"

　　有的在强调人口转移和集中的同时，突出了价值观念和生活方式层面的内涵。例如，柏林举行的世界城市大会，把城市化定义为："城市化是以农村人口向城市迁移和集中为特征的一种历史过程，表现在人的地理位置的转移和职业的改变以及由此引起的生产与生活方式的演变，既有看得见的实体变化，也有精神文化方面的无形转变。"又如，中国地理学家许学强指出："人口和非农产业的集中，只是物化了的城市化。只有城市人在价值观念、生活方式上实现了现代化，才是完全的城市化。"再如，湖南省发改委副主任欧阳彪认为，"城镇化是伴随着工业化和分工细化而产生的农业劳动力向非农产业转移、农村人口向城镇集中的过程。其特征为人口的集中、生产要素的集聚和商品的集散，其本质是人民生产和生活方式转变的过程。"

　　有的特别强调城乡之间的联系和互动。例如，美国人类学家顾定国（Gregory Guldin）曾经指出："都市化并非简单地意味着越来越多的人居住在城市和城镇之中。而应被视为一个社会中都市与非都市之间联系、结合不断加强的过程。"又如，中国社会科学院农村发展研究所的胡必亮认为，"现代城市化问题实际上已经转变成为一个城乡区域协调发展的问题了。只要做到了某一区域内城乡之间的协调发展，也就可以说在一定的区域内整体地实现了城市化，至于人们是否真正地居住在城市，已经变得没有什么大的意义了。"再如，中国工程院和中国科学院院士周干峙提出，"对中国的城市化要有全民的观点，即农业的发展和农村人均收入的提高也是城市化的重要内容"。贾高建在担任中共中央党校教务部主任时也提出："所谓城市化应该是社会结构体系中城市和农村这两个子系统在社会现代化进程中的升级、分化和重新组合的过程，它不仅表现为大量的农村人口向城市转移或集中，也不仅表现为经济领域中产业结构、生产方式以及生活方式等等的变化，而且还表现为政治、文化等其他领域的变化；它是在城市和农村同时发生的包括经济、政治、文化等各个基本领域在内的整个社会结构体系的变化，是城乡关系的整体演变。"苏州大学博士生导师黄学贤也认为，"城镇化既包括农村人口、生产方式等社会经济关系和农村生活方式、思维方式、价值观念向城市集聚的过程，也包括城市生产方式等社会经济关系和城市生活方式、思维方式、价值观念向农村扩散的过程。可见，城镇化是一个双向的多层面的转换过程"。

有的特别强调城镇化内涵的丰富性。例如，李克强曾经指出："城镇化不是简单的人口比例增加和城市面积扩张，更重要的是实现产业结构、就业方式、人居环境、社会保障等一系列由'乡'到'城'的重要转变。"再如，中国社会科学院城市发展与环境研究所的盛广耀认为，"城市化作为社会经济的转型过程，包括人口、地域、经济、社会、文化等诸多方面结构转换的内容，其内涵是十分丰富的"。他概括出城市化包含农村人口转为城市人口、农业活动转化为非农活动、农村地区转化为城市地区、传统的农村社会转化为现代城市社会四个过程。

综观国内外相关研究成果，我们可以发现，城镇化的内涵的确是极其丰富的。城镇化不仅是指农村人口向城镇转移，第二、三产业向城镇聚集，从而使城镇数量增多、规模扩大、现代化和集约化程度提高的过程，而且也是指城市文明、城市生活方式、城市价值观念向农村扩散、渗透的过程。这一过程具体表现为：农村人口比重日渐降低、城镇人口比重日渐提高；农业从业人员越来越少，非农产业从业人员越来越多；城市文化在全社会的主导地位日益提高，乡村文化的影响越来越小；越来越多的农民思想观念得到更新、落后习惯得到改造、综合素质明显改善。由此可见，城镇化既有人口的集中、空间形态的改变和社会经济结构的变化等看得见的实体变化，也有农村意识、行动方式和生活方式向城市意识、行动方式和生活方式的转化或城市生活方式的扩散等精神文化方面的无形转变。城镇化既要实现由农民转变为城镇居民的身份上的"化"，又要实现由从事农业转变为从事非农产业的就业领域上的"化"，也要实现从分散的、较单一的农村生活方式转变为集中的、多样化的城市生活方式上的"化"，还要实现从文化水平较低到具有较高文化和文明素养的思想文化上的"化"，归根结底是要实现城乡居民由贫穷落后的生活状态转变为素质和能力不断提升、收入水平和消费水平不断提高的生活质量上的"化"。本书认为，符合科学发展观要求的城镇化，应当全面重视和体现上述丰富内涵。

第二节　中国城镇化战略背景

一、城镇化成为中国现代化进程中的重大战略选择

城镇化是一个国家或地区发展到一定历史阶段的客观必然，也是中国现代化进程中自觉的战略选择。党的十五届五中全会审议通过的关于国家"十五"计划的建议提出："随着农业生产力水平的提高和工业化进程的加快，我国推进城镇化条件已渐成熟，要不失时机地实施城镇化战略。"此后，党的十六大报告、十七大报告和十八大报告都强调了城镇化问题。中共中央政治局集体学习，专门研讨国外城市化发展模式和中国城镇化道路，显示出中央高层对城镇化问题的高度重视。2012年底召开的中央经济工作会议，更是首次单独将"积极稳妥推进城镇化，着力提高城镇化质量"作为一项主要任务。回首新世纪以来党和国家一系列文件精神，城镇化已经被列入重要议事日程；展望未来十年中国的战略发展，城镇化仍然处于快速发展轨道并面临方向性选择。

二、中国城镇化实践面临严峻挑战

进入新世纪以来，中国城镇化快速发展，到2012年城镇化率已经达到52.6%。同时，也必须清醒地看到，多年来，中国城镇化实践中依然存在不全面（重速度轻质量、重经济轻生态、重物质轻精神等）、不协调（城乡失衡、人地失衡、空间分割等）、不可持续（资源枯竭、环境污染、交通堵塞等）、不以人为本（"被城镇化""形象工程"等）的严峻问题。根据世界城镇化发展规律，未来十年中国城镇化仍然处于快速发展轨道，迫切需要建构科学的城镇化战略理论，指导城镇化实践，推动中国实现又好又快发展。

三、科学发展观成为新世纪指导党和国家全部工作的强大思想武器

党的十六大以来，以胡锦涛为总书记的中央领导集体立足国情，高瞻远瞩，提出了一系列新思想、新观点、新论断，逐步形成、丰富和完善了科学发展观。科学发展观是马克思主义关于发展的世界观和方法论的集中体现，把对中国特色社会主义规律的认识提高到一个新水平。党的十八大已经把科学发展观确立为党

必须长期坚持的指导思想，强调必须把科学发展观贯彻落实到我国现代化建设的全过程和各方面。城镇化作为中国现代化进程中的重大战略，尤其需要科学发展观的引领和导航。

第三节　城镇化发展的相关研究

近现代意义上的城镇化始于 18 世纪 60 年代的英国工业革命。200 多年来，国内外众多学科都把城镇化作为热门研究对象，取得了非常丰富的研究成果。

一、国外城镇化发展相关研究

由于国外城镇化进程起步较早，国外学者对于城镇化问题重视和研究也较早。自从 18 世纪英国工业革命以来，关于城镇化的研究不断涌现。

（1）马克思恩格斯的相关研究

马克思恩格斯是研究城市化问题的先驱者之一。早在《〈政治经济学批判〉（1857–1858 年草稿）》中，马克思就明确使用了 "城市化" 一词，指出 "现代的历史是乡村城市化"。尽管马克思恩格斯对城市化问题直接、集中论述不多，但是他们关于城市形成发展机制、城市功能、城市问题、城乡关系等方面的很多重要论述对于我们坚定不移地走城镇化道路、推进城镇化科学发展都具有重要指导意义。

关于城市形成发展机制和城市化的正向功能。恩格斯在《英国工人阶级状况》一书中，揭示了工业、商业、资本、人口日益向城市集中的趋势以及在这一趋势中所呈现的城市形成发展机制。在马克思恩格斯看来，城市形成发展的内在机制，归根结底在于城市与农村的比较优势——集聚效益、规模效益和分工协作效益。正是这种效益，有力地推动着生产力的发展。马克思在《经济学手稿》和《资本论》第一卷中，分析论述了分工协作与城市形成发展的互动联系及其对生产力的巨大推动作用。恩格斯也在《英国工人阶级状况》中明确论述了城市的集聚效应。马克思恩格斯还深刻地认识到城市化对人的全面发展的推动作用，并在他们合著的《共产党宣言》和后来马克思所写的《〈政治经济学批判〉（1857–1858 年草稿）》中作了明确阐述。

关于城市化发展中的问题。马克思恩格斯都是辩证法大师，他们在深刻认识到城市化对推动社会发展和人的全面发展积极作用的同时，也清醒地认识到城市化快速发展和城市高度集中带来的负面影响。马克思在《资本论》第一卷中明确指出了城市化对人与自然和谐关系的冲击。恩格斯在《英国工人阶级状况》中也明确指出"人口向大城市集中这件事本身就已经引起了极端不利的后果"，并详细记述了英国城市化中的诸如人口拥挤、空气污染、疾病流行、人情冷淡等种种"城市病"问题。马克思恩格斯还深刻地认识到工业化和城市化进程中的贫富两极分化问题。在《英国工人阶级状况》一书中，恩格斯指出，伴随着工业化和城市化，"一方面分化出富有的资本家；另一方面又分化出贫穷的工人"。后来，在《社会主义从空想到科学的发展》一书中，恩格斯又进一步分析论述了英国工业化和城市化中的两极分化问题："蒸汽和新的工具机把工场手工业变成了现代的大工业……社会越来越迅速地分化为大资本家和一无所有的无产者……新的生产方式还处在上升时期的最初阶段；它还是正常的、适当的、在当时条件下唯一可能的生产方式。但是就在那时，它已经产生了明显的社会弊病"。从这些论述中，我们不难发现，在城镇化进程中产生贫富差距问题带有客观必然性。因此，能否在城镇化进程中坚持以人为本和共同富裕，让全体国民公平地分享城镇化发展成果，是对中国共产党和中国人民的巨大挑战。

关于城乡关系。城市化问题，在一定意义上，也可以说是一个城乡关系问题。城市化的发展过程就是城乡关系由分离、对立到融合的不断变动过程。马克思恩格斯认为，在人类社会发展的不同阶段，有着不同的城乡关系。人类社会产生初期，人与自然浑然一体，不存在城乡之间的差别。随着生产力的不断发展，城乡关系必然会经历从分离到对立再到融合的历史过程。在《德意志意识形态》中，马克思恩格斯指出了城乡分离的历史进步性："城乡之间的对立是随着野蛮向文明的过渡、部落制度向国家的过渡、地域局限性向民族的过渡而开始的，它贯穿着文明的全部历史直至现在。"马克思恩格斯认为，未来的共产主义社会，应当是消除城乡对立、实现城乡融合的理想社会。恩格斯在《共产主义原理》中明确指出："乡村农业人口的分散和大城市工业人口的集中，仅仅适应于工农业发展水平还不够高的阶段，这种状态是一切进一步发展的障碍"，未来的共产主义联合体要"通过城乡的融合，使社会全体成员的才能得到全面发展"。在《共产党宣言》中，马克思恩格斯再次强调，"把农业和工业结合起来，促使城乡对立逐步消灭。"在马克思恩格斯看来，只有消灭城市和乡村的对立，才能使农村摆脱愚昧落后，使城市避免"城市病"的困扰；城乡融合，既是生产力发展的客观要求，也是促进人与自然和谐发展以及人的全面发展的必由之路。恩格斯在《论住宅问题》中分析指出："人们只有在消除城乡对立后才能从他们以往历史所铸造的枷锁中完全解放出来"，"只有使工业生产和农业生产发生紧密的联系，……才能使农村人口从他们数千年来几乎一成不变地在其中受煎熬的那种与世隔绝的和愚昧无知的状态中挣脱出来。"在《反杜林论》中，恩格斯再次分析指出："城市和乡村的对立的消灭不仅是可能的。它已经成为工业生产本身的直接必需，同样它也已经成为农业生产和公共卫生事业的必需。"马克思恩格斯认为，要消灭城乡对立，实现城乡融合，必须废除私有制，并实行人口和大工业的合理分布。在《共产主义原理》中，恩格斯指出："通过城乡的融合，使社会全体成员的才能得到全面发展"是废除私有制的一个主要结果。在《论住宅问题》中，恩格斯还指出，"只有使人口尽可能地平均分布于全国"才能消除城乡对立。在《反杜林论》中，恩格斯又指出："大工业在全国的尽可能均衡的分布是消灭城市和乡村的分离的条件"。上述马克思恩格斯关于城乡关系的重要论述，对于我们在推进城镇化进程中坚持城乡统筹，促进城乡和谐发展，具有重要指导意义。

（2）国外关于城镇化的一般理论

除了马克思恩格斯之外，国外还有不少著名学者提出了一些很有影响的城镇化理论。

——城镇化阶段性发展规律论。较有代表性的是美国城市地理学家诺瑟姆1975年提出的"城市化过程S形曲线"。他认为，城市化率在达到30%以前，是城市化的初期和缓慢发展阶段；城市化率在30%～70%时，是城市化的中期和加速发展阶段；城市化率达到70%以后，就进入城市化的稳定发展阶段。

——基于人口迁移的城镇化理论。大量农村人口向城市迁移是城镇化的显著特征，所以人口迁移的部分理论也被作为经典城镇化理论。较有代表性的是1954年刘易斯提出的二元经济发展模型和1970年马卜贡杰提出的城乡人口迁移系统分析模型。刘易斯认为，工业化是农村剩余劳动力流向工业部门的过程，只要工业部门的工资水平高于农业部门30%～50%就能引起农业劳动力向工业部门的流动。马卜贡杰认为，城乡人口迁移是由城市的拉力和农村的推力共同作用导致的。

——城镇化与人的关系理论。1938年当代美国著名城市地理学家刘易斯·芒福德在《城市文化》一书中强调，城市"缘起于人类的社会需求，同时又极大地丰富了这些需求的类型及其表达方法。"城市"象征着人类社会中种种关系的总和……城市这个环境可以集中展现人类文明的全部重要含义"。1985年西方新马克思主义城市学派的代表人物，即英国地理学家和政治经济学家大卫·哈维出版《资本的城市化》一书，指出："一个真正的城市化还没有产生。它需要革命的理论勾画一幅蓝图，来实现从以剥削为基础的城市化到适宜人类的城市化。"

（3）国外学者对中国城镇化问题的研究

国外学者对中国城镇化的研究，很长时间把重点放在对中国城镇化缓慢原因的分析上，比较有代表性的是：第一，美国学者劳伦斯提出了反城市主义学说，认为改革开放以前中国民众间存在的反城市主义意识形态阻碍了中国城镇化。第二，英国学者柯克比和坎农提出了工业战略说，认为中国将大量资金集中于重工业建设和分散化的工业布局阻碍了中国城镇化。第三，美籍华裔学者陈金永提出了工业化与城市偏爱说，认为中国的滞后城镇化可以用过分偏爱工业化和城市的发展逻辑加以阐释，中国通过工农业产品价格剪刀差和严格的户籍管理制度保证了低成本的工业化，但却减少了城市发展的乘数效应。

进入新世纪以后，国外学者更加关注中国城市化问题。美国经济学家斯蒂格利茨在世界银行中国代表处讲到：中国城市化与美国高科技发展是深刻影响21世纪人类发展的两大课题。美国著名城市规划学家约翰·弗里德曼于2005年出版了《中国城市变迁》一书，系统介绍了中国城市化问题。他以历史眼光诠释中国城市化，在中国城市化转型中追寻社会文化的烙印，也不回避政治体制对中国经济社会文化的影响，提出了许多值得我们重视和深思的思想观点。例如，他提出应高度重视中国快速城市化进程中存在的狭隘的地方主义得到了鼓动、物质价值被置于一切考虑因素之上、农村移民在城市中总体地位低下等问题。

综上所述，国外学者的研究成果，不断深化着对城镇化发展规律的认识，对中国城镇化具有十分重要的启示和借鉴意义。但他们对中国城镇化的研究成果还较少，有时也容易用西方城市化的经验衡量中国城镇化的得失，一些研究成果还带有对中国的贬低色彩。

二、国内关于城镇化的研究

城镇化战略成为国内多学科关注的焦点，是从著名社会学家费孝通1983年发表的《小城镇大问题》催生出来的。30年来，随着我国城镇化热潮的兴起，国内众多学者对城镇化进行了多方位、多视角的深入研究，取得了不少有针对性、有价值和影响力的研究成果。

（1）关于城市规模和速度的讨论

由于最初的城镇化战略之争是从发展小城镇是中国城镇化的正确道路的立论开始的，城市规模问题一直都是讨论的中心，分别形成了"小城镇论""大城市论""中等城市论"和"大中小城市全面发展论"。费孝通的"小城镇论"是 20 世纪 80 年代初理论界和政策层的主流思想。这一理论认为，"如果我们的国家只有大城市、中城市没有小城镇，农村里的政治中心、经济中心、文化中心就没有腿。""小城镇建设是发展农村经济、解决人口出路的一个大问题。"北京大学教授胡兆量和中国人民大学教授李迎生都是"大城市论"者。他们认为，"大城市的超前发展是以国内外的无数统计资料为依据的，是被统计资料所证明了的。""试图通过'遍地开花'地发展小城镇来实现我国城市化的模式是不切实际的。""中等城市论"者，以中国农科院农经所的刘纯彬为代表。他认为，中等城市兼具规模经济效益和城市问题较少两大优点，"中国城市化要以建设中等城市为重点。"湖北省社科院研究员廖丹清是"大中小城市全面发展论"的代表。他认为，中国应该选择"以大中城市为主导、大中小城市全面发展、择优适度地发展小城市的道路"。这一观点成为当前政策层的主流思想。从城市化的发展速度来看，多数学者认为中国的城市化水平滞后于经济发展水平；中国科学院的陆大道院士、姚士谋研究员等部分学者认为中国已经出现了城市化大跃进现象。

（2）关于城镇化动力机制的研究

武汉大学博士生导师简新华认为，中国特色城镇化的动力机制应当是"市场推动、政府导向、政府发动型城镇化与民间发动型城镇化相结合、自上而下的城镇化与自下而上的城镇化相结合"。西南财经大学博士生导师刘家强曾经对我国城镇化动力机制的应然和实然作了深入研究，指出："我国人口城市化过程中的基本动力机制——城市拉力与农村推力的紊乱，阻碍了农村人口的顺利转移和劳动力的有序流动，从而最终会制约社会经济的健康发展。"学者们普遍认为，产业发展是城镇化的根本动力。清华大学博士生导师顾朝林提出，与产业相关的城镇化动力包括产业结构转换、产业的空间集聚。南开大学教授蔡孝箴对产业演进与城镇化发展间的数量关系进行了研究，指出工业化率与城镇化水平之间存在正相关关系。

（3）关于中国城镇化道路之特色的研究

党的十六大之后，国内学者围绕中国城镇化道路的"特色"所在、如何实现"中国特色的城镇化"等问题展开了热烈讨论。中国人民大学的黄锟认为，"经济全球化、信息化、知识化，以及世界性的资源短缺和环境污染等时代特征构成了中国城镇化特殊性的国际约束条件，而人口资源状况、发展阶段、经济改革、社会制度等基本国情则构成了中国城镇化特殊性的国内约束条件"，这些国内外约束条件决定了中国城镇化应有特殊的过程和道路。南京财经大学经济学院教授何干强提出，"许多市县把工作重心放在新农村建设上；注重促进农村的集体工商业经济发展，注重壮大村级集体经济；用组织合作经济发展现代农业，夯实城镇化的农业基础；用发展农村工业和高效特色农业来促进小城镇和农村社区建设，这显示出中国城镇化道路的国情特色和社会主义特色"。住房和城乡建设部副部长仇保兴认为，中国城镇化既不能选择以美国为首的发达国家那样的"A 模式"，也不能选择西方学者基于"A 模式""肥胖症"国家所开出的药方——"B 模式"，中国应该选择"C 模式"。"C 模式"立足于提高民众的生活质量与促进社会和谐，以生态社会和经济可持续性作为各级政府首要的政策目标。可以说，"C 模式"理论是对符合科学发展观要求的中国新型城镇化特点的一种有价值的理论阐述。

（4）关于城镇化中的以人为本问题研究

以人为本是科学发展观的核心，近年来，"以人为本"成为国内研究的热点，同时也有一些学者开始关注城镇化中的以人为本问题。中共中央党校博士生导师向春玲提出，"城市化的本质是人，是人的城市化或者人的现代化"。天津社会科学院社会学研究所的潘允康提出，"人是城市发展的目标，也是城市发展的归宿。只有坚持以人为本，才能选择最佳的城市模式，实现城市的全面、协调、可持续发展。"青岛社会科学院城市发展所所长郭先登提出，"加快推进城市化，需要集中表达的主题是以人为本，这是对城市化的深层次认知。城市化的以人为本主题，涵盖着以人为本经营城市、管理城市，实现城市的可持续发展。"苏州大学城市科学学院副院长钱振明教授提出，"中国需要走符合空间正义原则的新城市化道路，让城市化的增益惠及所有人。"苏州大学中国农村城镇化研究中心的姜建成认为，中国城市化快速发展中"最突出的问题是精神慰藉的离别、人文关怀的缺失"，在城市化发展中，"制定的各项运行规则、所采取的各项政策措施，都必须重视人的价值和人的尊严，体现对人的生存处境的真切关怀。"许才山在担任吉林省集安市市委书记时，阐述了人本理念在新经济型、新文化型、新生态型城镇实践模式中的具体体现。

综上所述，随着城市发展以及城镇化问题的凸显，国内学者的相关研究不断加深和拓宽，成果日益丰富，为中国实施城镇化战略提供了宝贵的理论基础和现实指导，但也存在如下不足之处：第一，对马克思主义城市化理论挖掘和梳理不够，马克思主义对中国城镇化实践的具体指导作用不够明晰。第二，将科学发展观与中国城镇化战略相结合的系统研究还较为缺乏，尚不能满足用科学发展观指导中国城镇化实践的现实需要。

第四节　城镇化发展的长远意义

一、理论意义

第一，本书基于科学发展观与马克思主义的内在一致性，认真挖掘和梳理马克思恩格斯关于城市化的一系列重要论述，并运用这些理论分析中国城镇化的现实问题。这有利于从理论上明晰马克思主义对中国城镇化实践的具体指导作用。

第二，本书在科学发展观视域下，较为全面系统地研究中国城镇化战略问题，不仅有利于丰富城镇化的理论研究，而且有利于深化对中国发展道路特别是中国特色城镇化道路的研究，也有利于拓展对贯彻落实科学发展观具体路径的研究。

二、现实意义

进入新世纪以来，中国遵循城镇化发展的客观规律，明确提出和实施了城镇化战略。10多年来，中国城镇化在取得巨大成就的同时，却仍然存在着较为严重的重物不重人问题，不全面、不协调、不可持续的问题。

2011年底，中国城镇化率达到51.27%。跨过50%的分水岭，中国城镇化已经站在了新的起点，面临的问题也更为复杂、尖锐。根据世界城镇化发展规律，中国正处于高速城镇化的中期阶段，正值城镇化发展的关键时期。能否实现城镇化科学发展，决定着中国未来的发展高度，也深切影响着国民的归属感和幸福感。

2013年底召开的中央城镇化工作会议对中国城镇化的意义做了十分精辟的论述，该论述指出："城镇化是现代化的必由之路。推进城镇化是解决农业、农村、农民问题的重要途径，是推动区域协调发展的有力支撑，是扩大内需和促进产业升级的重要抓手，对全面建成小康社会、加快推进社会主义现代化具有重大现实意义和深远历史意义。"城镇化是现代化过程的必经阶段，也是推动国家或地区现代化的重要力量。世界上的发达国家都是城镇化水平超过 70% 的国家，而城镇化水平较低的国家都是发展中国家。对于我国这样人口规模巨大、疆域辽阔且区域差异显著的发展中大国，在推进经济、政治、社会、文化和生态"五位一体"建设的过程中，城镇化是一个关键的着力点。新型城镇化就是一场全方位的改革。

推动产业创新和经济发展方式转变。人口集聚是劳动分工得以深化的重要条件。在传统的小农经济社会，以家庭为单位的生产劳作，内部分工多限于家庭，男耕女织，即使有进一步扩展分工的愿望，人口数量的限制也无法做到。城镇化导致人口规模集聚更加便利了分工的发展，使分工细化。分工的拓展，意味着经济体系的复杂化，行业的多样化，行业多样化是促进经济结构转型和升级的重要途径，也是经济创新的重要表现形式。工业化创造供给，城镇化则主要是创造需求，创造新型需求，拉动新型产业发展，是扩大内需、拉动增长的关键动力。新型行业向来是推动经济发展和结构转型的主导。20 世纪后期，美国的信息产业成为引领世界经济潮流的新型产业，至今方兴未艾。目前，全球在新能源产业、生物医药产业、智能机器人、新材料、互联网服务等多个新型产业领域展开激烈的竞争。2012 年国务院通过的《"十二五"国家战略性新兴产业发展规划》，战略性新兴产业就被寄望成为承担经济转型的重要抓手，这是我国政府在推进经济转型、转变经济增长方式方面做的一次努力。

调整利益格局，理顺社会、政府与市场的关系。城镇化过程是经济社会发展的过程，也是市场经济作用不断推进的过程。随着经济的发展，会出现社会阶层分化和贫富差距的拉大，要求政府承担起对底层民众的保护，缓和社会矛盾，理顺政府、社会与市场的关系，促进社会公平。西方现代意义上的社会保障制度的形成和发展，无不与城镇化相伴。欧洲城镇化初期，人口大量涌入城市，一方面，劳动者失去了传统农业社会中所有的收入保障和生活依托，另一方面，又面临着失业、伤残、老龄而丧失工作能力等多重风险，并且社会财富伴随着资本的积累，集中到少数人手中，家庭保障和宗教慈善保障机构福利和扶助已力不从心，必须由国家立法建立社会的安全网和稳定器。比如，德国于 1883 年制定颁布了西方也是世界上第一部社会保险法，即《疾病保险法》，这是西方现代社会保障产生的标志。1884 年和 1889 年，又相继制定颁布了《工伤保险法》和《养老、残疾、死亡保险法》，从而产生了当时世界上较为完备的社会保险体系。这一时期正是德国城镇化快速发展、城镇人口超过农村人口的时期。此后，美国、英国和日本无不是在城镇化水平达到 50% 左右的加速发展期建立和完善起来，并为后来的发展奠定了坚实的社会基础。到 20 世纪 50 年代后期，几乎所有西方主要发达国家都基本上完成了有关社会保障制度的社会立法。城镇化引起的社会结构变化是社会保障得以推行的重要原因。

提高群众的参政议政能力，推进政治现代化进程。城市由于人口密集，任何人的行为都可能对他人造成影响。这就要求每个人必须考虑这种影响的后果，约束自己的行为，并要求按照一定规则和秩序行动，由此促进了公民意识的觉醒。阿伦特说生成力量的唯一不可缺少的物质因素是人们生活在一起，只有当人们紧密地生活在一起，行动潜力才会呈现，力量也才属于他们。在城镇化过程中，随着越来越多的人口转移到城市，他们变得更加紧密，交流会更频繁，思想会更丰富，公民社会进程不可扭转，由此调整着社会与政府和市场的关系。一方面，城镇化能够促进公民的自律，提高遵纪守法程度。城市的教育包含了当前社会的一系列规则，如道德规则、法制规则等，使每个人明确自身拥有的权利以及需要承担的责任。经过这种教育，个人成为社会人，有助于培养市民的法律意识，有利于法治社会的建设；另一方面，由于密集型和公共领域的存在，客观上要求众多的利益相关者行动起来，维护自身的利益，这样促进了市民参与政治议程的动力，推动政治程序的开放、公开和透明。因国情的差异，虽然民主的形式和实现民主的机制有所不同，但这个过程不会变。三中全会也提出了政治改革的议程，把政治体制改革与其他改革一起作为"五位一体"的总体改革的一部分，以此推动具有中国特色的民主政治的发展。城镇化为具有中国特色的政治民主的发展和完善提供了舞台，把自下而上和自上而下的改革动力结合起来，促成政治民主深入推进。

优化国土开发的空间秩序，保护和改善生态环境。有人把环境问题归咎于城镇化，这是有失公允的。如果没有城镇化，以目前人类对自然环境的索取力度，环境质量会更差。与分散的工业化相比，进行集中建设，把人口由环境脆弱地区转移出来，是对环境的最好保护。环境脆弱的广大农村地区，尤其是西部地区，通过城镇化把人口转移出来，可有效减轻生态环境的破坏和压力，恢复植被，是从根本上缓解我国生态环境恶化的重要途径。而且，城镇化可以把污染由面上转移到点上，有利于集中治理，降低治理成本。30 多年的发展，我国城镇化水平已经由 1978 年的 17.9% 提高到 2013 年的 53.7%，年均提高 1 个百分点左右。城镇人口由 1.7 亿增加到 7.3 亿，增加了 5.6 亿。乡村人口从最高值的 8.6 亿下降到 2013 年的 6.3 亿，减少了 2.3 亿。中国历史上城镇人口数量首次超过农村人口数量，正式由农村人口占多数的社会转变为城镇人口占多数的社会。这在 5000 年历史上是第一次。虽然中国城镇化存在着诸多极其严重的问题，但也不能否认过去 30 多年城镇化所带来的进步，这些进步体现在经济、社会、文化及思想观念，乃至政治等各个方面。

打破了城乡壁垒，促进了社会流动。城镇化开启了城乡交流的大门，浩浩荡荡的人口流动大军，彻底改变了城乡社会固化的藩篱。到 2013 年底获得城镇户籍的乡村永久移民至少 2 亿；非正式转移的农民工总量 2.63 亿，其中进城农民工 2.33 亿。永久移民和进城农民工两者合计至少 4.3 亿，即目前城镇常住人口中约六成是 30 多年来由农村通过正式的和非正式的途径转移而来的。虽然非正式移民在融入城市中还面临着诸多的障碍，存在被边缘化的危险，但与留在农村的居民相比，在整个社会中的地位无疑有了很大的提高，而且少数人也成为城市中产阶层乃至上层阶层。城镇化带动的人口城乡迁移把城和乡紧密地联系起来，不仅能够促使广大农村和农民改变观念，而且也推进城市居民观念的转变，比如农村人的勤劳吃苦精神、熟人相助的精神等。

促进了社会制度和社会政策的建立和完善。随着改革开放，原有的社会保障和社会福利制度被打破，逐步建立起一套适应市场经济的社会保障制度。2013 年末全国参加城镇职工基本养老保险人数 3.22 亿人，参加城乡居民基本养老保险人数 4.98 亿人，两者合计为 8.2 亿人，占全国总人口的 60%，占 20 岁及以上人口的 85%。参加职工基本医疗保险 2.74 亿人，参加居民基本医疗保险 2.99 亿人，两者合计 5.73 亿，占城镇总人口的 78.5%。此外，农村的新农村医疗合作几乎覆盖了所有农村人口，几千万城乡低收入家庭也获得了最低生活保障制度的保护。过去城乡二元体制下，农村社会保障近于空白，目前虽然水平很低，但基本上做到了农村全覆盖，是一个重大的成就。

城市现代化水平有了显著提高。过去 30 多年中，中国城市建设日新月异，城市面貌发生了翻天覆地的变化，城市建成区面积不断扩大，城市的基础设施和城市的装备有了质的飞跃。在此期间，住房条件改善，城市交通、供水、绿化、环境卫生、电信等基础设施体系不断完善，扩大了城镇人口容量，提高了城镇现代化水平。到 2011 年我国城镇居民住房自有率已经达到 80% 以上，人均居住面积达到 22.5 平方米，居民的住房条件得到了明显的改善。

本书着眼于坚持用科学发展观指导城镇化实践的现实需要，根据科学发展观的丰富内涵，系统研究中国城镇化的内在要求、成就与经验、问题与成因以及相应的对策措施，有利于为党委政府提供决策参考，为干部群众提供行为指导。

第二章 中国实施城镇化战略的必然性

21世纪的中国正在经历着快速城镇化的洗礼。准确把握中国实施城镇化战略的理论和现实依据，弄清中国实施城镇化战略的必然性，是我们在科学发展观指导下审视和推进城镇化发展的基础和动力。

第一节 中国实施城镇化战略的马克思主义理论依据

中国实施城镇化战略，不仅顺应了马克思恩格斯所揭示的现代化进程的一般规律，而且符合马克思主义关于推动生产力发展和人的全面发展的基本精神。

一、城镇化是现代化的必然趋势

18世纪工业革命以来，现代化逐渐成为席卷世界的巨大历史潮流。马克思早在《〈政治经济学批判〉（1857-1858年草稿）》中就明确指出"现代的历史是乡村城市化，而不像在古代那样，是城市乡村化。"联合国的统计数据表明，截止到2011年全球总人口69.74亿，生活在城市的人口36.32亿，城市化率达到了52.1%。工业革命以来的历史告诉人们，一国特别是大国要成功实现现代化，就必须在推进工业化的同时推进城镇化，这是世界各国实现现代化的一般规律。

城镇化过程，实际上也是生产要素再分配的过程。与农村相比，城镇往往在资本、技术、人力资源、交通运输、通讯设施、居住条件、商品交换等方面具有更多比较优势，从而吸引大量劳动力和生产活动不断地向城镇聚集。对此，恩格斯在《英国工人阶级状况》一书中分析指出："大工业企业需要许多工人在一个建筑物里面共同劳动；这些工人必须住在近处，甚至在不大的工厂近旁，他们也会形成一个完整的村镇。他们都有一定的需要，为了满足这些需要，还须有其他的人，于是手工业者、裁缝、鞋匠、面包师、泥瓦匠、木匠都搬到这里来了。这种村镇里的居民，特别是年轻的一代，逐渐习惯于工厂工作，逐渐熟悉这种工作；当第一个工厂很自然地已经不能保证一切希望工作的人都有工作的时候，工资就下降，结果就是新的厂主搬到这个地方来。于是村镇就变成小城市，而小城市又变成大城市。""工业的迅速发展产生了对人手的需要；工资提高了，因此，工人成群结队地从农业地区涌入城市。"马克思在《资本论》第三卷中也指出："城市工业本身一旦和农业分离，它的产品一开始就是商品，因而它的产品的出售就需要有商业作为媒介，这是理所当然的。因此，商业依赖于城市的发展，而城市的发展也要以商业为条件，这是不言而喻的。"

二、城镇化是推动生产力发展的强大力量

马克思主义认为，生产力是人类社会发展的最终决定力量，如果没有生产力的发展，"那就只会有贫穷、极端贫困的普遍化；而在极端贫困的情况下，必须重新开始争取必需品的斗争，全部陈腐污浊的东西又要死灰复燃"。只有生产力的高度发展，"才能为一个更高级的、以每个人的全面而自由的发展为基本原则的社会形式创造现实基础"。城镇化不仅促进城市产生显著的集聚效益、规模效益和分工协作效益，成为城市生产力发展的强大引擎，而且还能产生辐射带动效应，促进农业和农村的发展。

马克思恩格斯早就深刻地认识到城镇化对提高劳动生产率的特殊效应。马克思在1861年8月至1863年7月所写的《经济学手稿》中指出："分工的基本前提同扩大资本的基本前提一样，是协作，是工人在同一地方的密集，而这种密集一般来说只有在人口密度达到一定程度的地方才有可能。同时也只有在把分居在农村的人口集中到生产中心的地方才有可能。"在《资本论》第一卷中马克思又分析指出："劳动者集结在一定的空间是他们进行协作的条件"。"在大多数生产劳动中，单是社会接触就会引起竞争心和特有的精力振奋，从而提高每个人的个人工作效率。""一方面，协作可以扩大劳动的空间范围……另一方面，协作可以与生产规模相比相对地在空间上缩小生产领域。在劳动的作用范围扩大的同时劳动空间范围的这种缩小，会节约非生产费用，这种缩小是由劳动者的集结、不同劳动过程的靠拢和生产资料的积聚造成的。"恩格斯也在《英国工人阶级状况》中明确论述了城镇化的集聚效应。他指出："城市愈大，搬到里面来就愈有利，因为这里有铁路，有运河，有公路；可以挑选的熟练工人愈来愈多；由于建

筑业中和机器制造业中的竞争，在这种一切都方便的地方开办新的企业，比起不仅建筑材料和机器要预先从其他地方运来、而且建筑工人和工厂工人也要预先从其他地方运来的比较遥远的地方，花费比较少的钱就行了；这里有顾客云集的市场和交易所，这里跟原料市场和成品销售市场有直接的联系。这就决定了大工厂城市惊人迅速地成长。""像伦敦这样的城市，……这种大规模的集中，250万人这样聚集在一个地方：使这250万人的力量增加了100倍"。由此可见，城镇化与工业化的良性互动，带来人口、产业和资本不断向城市聚集，非常有利于形成产业集群化，加强分工协作，降低生产、交易和管理成本，提高劳动者素质和劳动生产率。最重要的是，这种集聚有利于通过思想交流和切磋技艺而加快观念创新和技术进步，从而推动生产力的飞跃式发展。

城镇化不仅能够产生集聚效应，而且也能够产生辐射带动效应。通过城镇化与工业化的良性互动，在壮大城市经济实力、实现城市繁荣发展的同时，也有利于实现城市现代生产要素向农业农村延伸，城市文明向农村渗透，推动农业现代化和农村繁荣发展。对此，恩格斯曾经指出："城市的繁荣也把农业从中世纪的简陋状态中解脱出来了。"

三、城镇化是促进人的全面发展的重要因素

人的全面发展是科学社会主义的核心价值。马克思恩格斯在《共产党宣言》中指出："代替那存在着阶级和阶级对立的资产阶级旧社会的，将是这样一个联合体，在那里，每个人的自由发展是一切人的自由发展的条件。"将近半个世纪以后，恩格斯仍然认为，这是最能"概括未来新时代的精神"的一段话。人的全面发展既是社会历史活动的结果，也是衡量社会历史进步的根本尺度。

城镇化不仅通过推动生产力发展和提高人们收入水平进而促进人的全面发展，而且还通过促进人的普遍交往推动人的全面发展。马克思在《政治经济学批判》中指出："交往的普遍性，从而世界市场成了基础。这种基础是个人全面发展的可能性"。城镇化改变了人们在农业社会那种自给自足、孤立封闭的生活方式，使人们在社会化大生产活动中形成普遍的交往关系，促进了人类文明成果的传播和交流，为实现人的全面发展开辟了道路。

恩格斯在《英国工人阶级状况》中指出："人口的集中固然对有产阶级起了鼓舞的和促进发展的作用，但是它更促进了工人的发展。""如果没有大城市，没有它们推动社会意识的发展，工人绝不会像现在进步得这样快。"马克思恩格

斯在《共产党宣言》中指出："资产阶级使农村屈服于城市的统治。它创立了巨大的城市，使城市人口比农村人口大大增加起来，因而使很大一部分居民脱离了农村生活的愚昧状态。"

城镇化还可以通过促进教育事业发展推动人的全面发展。在教育中坚持"生产劳动同智育和体育相结合"，"不仅是提高社会生产的一种方法，而且是造就全面发展的人的唯一方法。"城镇化带来的集聚效益和规模效益，有利于优化配置教育资源，扩大教育规模，提高教育质量，促进教育与生产的互动，进而更好地推动人的全面发展。

总之，在城镇化进程中，随着乡村变为城市，"生产者也改变着，炼出新的品质，通过生产而发展和改造着自身，造成新的力量和新的观念，造成新的交往方式，新的需要和新的语言"。因此，城市是推动人的全面发展的"熔炉"，城镇化是促进人的全面发展的重要因素。

第二节　中国实施城镇化战略的国情现实依据

中国实施城镇化战略，不仅是坚持和运用马克思主义理论指导中国实践的必然选择，更是中国国情现实的客观要求。2012 年 9 月 7 日李克强在省部级领导干部推进城镇化建设研讨班学员座谈会上强调："城镇化是中国现代化进程中一个基本问题，是一个大战略、大问题。"2012 年 11 月 8 日党的十八大报告上明确指出：推进经济结构战略性调整，"必须以改善需求结构、优化产业结构、促进区域协调发展、推进城镇化为重点"。2012 年 12 月 16 日闭幕的中央经济工作会议再次强调："城镇化是我国现代化建设的历史任务，也是扩大内需的最大潜力所在"。这些重要论述，集中阐明了中国实施城镇化战略的国情现实依据和重大意义。

一、城镇化是中国现代化建设的历史任务

现代化是中国近代以来孜孜以求的伟大梦想。经过长期以来的不懈奋斗，在跨入 21 世纪之际，中国已经实现了现代化建设"三步走"战略的前两步目标，进入全面建设小康社会、加快推进社会主义现代化的新阶段。2010 年国内生产

总值达到 401512.8 亿元，经济总量跃升到世界第二位，2011 年和 2012 年国内生产总值又先后达到 472881.6 亿元和 51.9 万亿元，国家面貌发生巨大变化。同时，我们必须清醒地认识到，中国依然处于并将长期处于社会主义初级阶段，人民群众日益增长的物质文化需要同落后的社会生产之间的矛盾依然尖锐，中国依然还是世界上最大的发展中国家。2011 年，中国国民总收入达到 472 115 亿元，人均国民收入 35 040 元，但在世界上 213 个国家中仅位居第 114 位。巩固和提升已经初步达到的小康水平，到建党 100 年时建成惠及十几亿人口的更高水平的小康社会，到建国 100 年时人均 GDP 达到中等发达国家水平，基本实现现代化，必然会面临不少困难和问题。无论是从现代化的内在规定和一般规律，还是从中国的具体国情来看，中国要顺利实现现代化，都必须坚定不移、积极稳妥地推进城镇化。

党的十六大报告中指出："农村富余劳动力向非农产业和城镇转移，是工业化和现代化的必然趋势。"2012 年 9 月 7 日，李克强在省部级领导干部推进城镇化建设研讨班学员座谈会上分析指出："什么是现代化？什么样的国家是现代化国家？国际上有不同的标准。但无论从联合国的标准看，还是从经合组织的标准看，城镇人口和非农就业比例都是区分发达国家与发展中国家一个很重要、很清晰的界限。我们说我国还属于发展中国家，一个重要因素就是我国城镇化率比较低。而在实现了现代化的发达国家，城市化率基本上在 75% ~ 80% 甚至更高，城镇人口比例和非农就业比例都很高。""工业化、城镇化是现代化的必然要求和主要标志"，"城镇化是现代化应有之义和基本之策"。"人均收入也是现代化的重要标准。从中等收入国家进入高收入国家，人均收入必须提高到 1 万美元以上。"中国传统上是农业社会，在一个人口众多的农业大国基础上向现代化迈进，必须坚定不移地实施城镇化战略。

城镇化对现代化的特殊重要性，是由城镇化的特点与效应所决定的。首先，城镇化能够产生显著的集聚效益、规模效益和分工协作效益。正如美国布朗大学经济学和城市研究教授 J·弗农·亨德森在《中国的城市化：面临的政策问题与选择》报告中所分析指出："为什么城市和城市化对现代化的成功如此重要？大多数制造和服务业在城市进行更有效率。在人口密度高的地方，公司更容易从其他公司学习新技术，雇佣具备所需技术的个人，购买和运输中间投入。""更普遍的是，城市是增长的引擎。它们是创新和复杂技术的孵化之地。研究表明发生在城市环境下的'知识积累'——即人力资本的普遍增长——将带来更高的劳动生产率。城市提供了必要的规模经济，使学校和培训系统在同商业和产业的相互作用中发展起来。"城镇化的集聚效益及其对中国现代化的重要作用，可以从我国地级以上城市的经济贡献中得到证明。2011 年中国 288 个地级以上城市，土地面积仅占全国的 6.7%、人口仅占全国的 29.5%，创造的地区生产总值却高达293025.5 亿元，占全国 GDP 的 62%。其次，城镇化能够产生辐射带动效应。城镇化达到一定水平之后，城乡之间的互动联系日益增强，城镇对农村的辐射带动效应就会显现出来。正如李克强所指出，中国要实现人均收入提高到 1 万美元以上的现代化目标，"必须协调推进工业化、城镇化、农业现代化。工业化处于主导地位，是发展的动力；农业现代化是重要基础，是发展的根基；城镇化具有不可替代的融合作用，能够一举托两头，有利于促进工农和城乡协调发展，可以有效提高农业劳动生产率和城乡居民收入。"

从中华人民共和国成立开始，中国就一直高度重视并大力推动工业化，但却一度存在否定城镇化的倾向，从而形成了"非城镇化的工业化"。1950 年至1957 年新中国城镇化经历了短暂的正常发展时期，但从 1958 年开始就通过户籍制度限制城镇化的发展，"文革"期间的"上山下乡"更是导致城镇化率负增长。改革开放以后一段时间，实行了"离土不离乡"的乡镇企业发展模式和限制大城市发展的政策，城镇化进程依然缓慢。1992 年以后，随着限制大城市发展的政策和户籍制度的逐步松动，特别是从第十个五年规划开始城镇化又被上升到国家战略，中国城镇化得到快速推进。曲折的城镇化进程，导致中国城镇化至今仍然滞后于工业化和经济社会发展需求。从国际比较的角度来看，中国的城镇化水平也是滞后的。因此，必须从中国现代化建设的全局出发，继续实施积极的城镇化战略。

通过前面的论述，我们不难发现，城镇化对生产力的推动作用是非常显著的。在城镇化进程中，随着生产力的发展，人们的收入水平也会提高。通过对 1990年至 2011 年中国城镇化率、人均 GDP、城乡居民收入的 SPSS 计算可知，中国城镇化率与人均 GDP、城镇居民人均可支配收入、农村居民人均纯收入相关系数都超过 0.9，具有显著的正相关关系（见表 2-1）。随着收入水平的提高，人们的消费结构和生活水平也发生了变化。改革开放以来，特别是新世纪明确提出实施城镇化战略以来，中国城乡居民恩格尔系数都呈现了快速下降态势（见表 2-2），表明人们的食品支出比例下降，消费层次和生活水平得到提高。

表 2-1　1990-2011 年中国城镇化率与其他指标相关关系

	城镇化率	人均 GDP	城镇居民人均可支配收入	农村居民人均纯收入
城镇化率	1	.941（**）	.964（**）	.951（**）
人均 GDP	.941（**）	1	.996（**）	.994（**）
城镇居民人均可支配收入	.964（**）	.996（**）	1	.995（**）
农村居民人均纯收入	.951（**）	.994（**）	.995（**）	1

资料来源：中华人民共和国国家统计局 2012 年中国统计年鉴

表 2-2　改革开放以来中国城乡居民恩格尔系数

年份	城镇居民恩格尔系数（%）	农村居民恩格尔系数（%）	年份	城镇居民恩格尔系数（%）	农村居民恩格尔系数（%）
1978	57.5	67.7	2000	39.4	49.1
1980	56.9	61.8	2001	38.2	47.7
1985	53.3	57.8	2002	37.7	46.2
1990	54.2	58.8	2003	37.1	45.6
1991	53.8	57.6	2004	37.7	47.2
1992	53.0	57.6	2005	36.7	45.5
1993	50.3	58.1	2006	35.8	43.0
1994	50.0	58.9	2007	36.3	43.1
1995	50.1	58.6	2008	37.9	43.7
1996	48.8	56.3	2009	36.5	41.0
1997	46.6	55.1	2010	35.7	41.1
1998	44.7	53.4	2011	36.3	40.4
1999	42.1	52.6			

资料来源：中华人民共和国国家统计局 . 中国统计年鉴 . 2012

二、城镇化是中国解决"三农"问题的重要途径

实现农业现代化、农村繁荣发展和农民富裕幸福，是中国现代化建设最艰巨繁重的任务所在。要解决好中国的农业、农村和农民问题，既要立足"三农"加大力度，又要通过推进城镇化来"反弹琵琶"。中国人口众多特别是农业人口众多，农民拥有的人均资源相对不足。只有减少农民，才能富裕农民。通过城镇化，

实现大量农村富余劳动力向非农产业和城镇转移,可以为那些选择留在农村的人提供更多可用的土地,促进农业经营规模化、专业化、社会化,提高农村的人均占有耕地水平和农民的人均生产率,拉动农产品市场化消费需求,这些都会成为增加农民收入的重要因素。

农村人口减少,农业在国民经济中的比重降低,是现代化的必然规律。改革开放以来,随着城镇化的不断推进,中国的农业和农村人口状况逐步顺应了现代化发展的必然趋势。同时,目前中国农业只占国内生产总值(GDP)的10%,但是农村人口占全国人口的比重却仍然接近50%,农村就业人员占全国就业人员的比重仍然高达53%,农业就业人员占全国就业人员的比重仍然高达34.8%,农村地区仍有大量劳动力未得到充分利用,这也表明了中国城镇化的确潜力巨大、任务艰巨。

三、城镇化是中国经济持续健康发展的有力支撑

城镇化是拉动经济发展的火车头。从供给角度讲,它有利于促进产业结构调整升级和经济发展方式转变,带来集聚效益、规模效益和分工协作效益,大幅提高劳动生产率和经济发展质量。从需求角度讲,城镇化是中国最大的内需潜力之所在。从投资需求来看,城镇化必然会增加人口居住、就业、医疗、交通等各方面的刚性需求,带来城镇公共服务、基础设施建设和住宅建设投资的扩大,并带动冶金、建材、建筑、机械制造等第二产业和房地产、现代物流、设计规划、家政服务、批发零售、金融等第三产业以及其他相关产业链的发展,从而进一步创造投资需求。从消费需求来看,其一,城镇化可以吸收大量农业剩余劳动力,提高城乡居民的收入水平和消费能力,特别是有利于使农村潜在的消费需求变为现实的有效需求;其二,城镇化通过促进各种服务业发展,拓宽新的消费领域。其三,随着农民转为市民,必然带来消费需求的扩展。从表2-3可见,中国城镇居民的消费水平远远高于农村居民。1991年至2011年,中国城镇居民人均消费水平始终都是农村居民人均消费水平的3倍多,因此,如果一个农民真正成为城市居民,其消费水平至少将会扩大到3倍以上。由上述可见,城镇化有利于中国释放巨大的内需潜力,有力支撑经济持续健康发展。

表 2-3　中国城乡居民消费水平对比表

年份	全国城乡居民人均消费支出（元）	农村居民人均消费支出（元）	城镇居民人均消费支出（元）	城乡消费水平对比（农村居民 =1）
1978	184	138	405	2.9
1979	208	159	425	2.7
1980	238	178	489	2.7
1981	264	201	521	2.6
1982	288	223	536	2.4
1983	316	250	558	2.2
1984	361	287	618	2.2
1985	446	349	765	2.2
1986	497	378	872	2.3
1987	565	421	998	2.4
1988	714	509	1311	2.6
1989	788	549	1466	2.7
1990	833	560	1596	2.9
1991	932	602	1840	3.1
1992	1116	688	2262	3.3
1993	1393	805	2924	3.6
1994	1833	1038	3852	3.7
1995	2355	1313	4931	3.8
1996	2789	1626	5532	3.4
1997	3002	1722	5823	3.4
1998	3159	1730	6109	3.5
1999	3346	1766	6405	3.6
2000	3632	1860	6850	3.7
2001	3887	1969	7161	3.6
2002	4144	2062	7486	3.6
2003	4475	2103	8060	3.8
2004	5032	2319	8912	3.8
2005	5596	2657	9593	3.6

年份	全国城乡居民人均消费支出（元）	农村居民人均消费支出（元）	城镇居民人均消费支出（元）	城乡消费水平对比（农村居民 =1）
2006	6299	2950	10618	3.6
2007	7310	3347	12130	3.6
2008	8430	3901	13653	3.5
2009	9283	4163	14904	3.6
2010	10522	4700	16546	3.5
2011	12272	5633	18750	3.3

资料来源：中华人民共和国国家统计局 . 中国统计年鉴 .2012 年

四、城镇化是中国社会整体文明发展的推动力量

中国特色社会主义现代化建设是经济、政治、文化、社会和生态文明建设"五位一体"全面推进的事业。城镇化带来的集聚效益、规模效益和辐射带动效应，不仅有利于推动中国的经济又好又快持续健康发展，而且也有利于推动中国社会整体的全面协调可持续发展和文明进步。

第一，城镇化带来的集聚效益和规模效益，有利于普及和改善政府提供的公共服务，拉进民众与政府的距离，方便政府与民众的互动交流，从而有利于推进政治文明建设，更好地实现和保障民众的政治、经济、文化权益。

第二，城镇化带来人力资本和信息知识的聚集，有利于推进科技创新。研究表明，"中国城镇化进程与技术创新水平总体上趋于一致；中国城镇化与技术创新、全要素生产率之间呈现高度的正相关"。城镇化带来的集聚效益和规模效益，也有利于推进文化繁荣发展。

第三，城镇化必然带来社会结构的转型，有利于推动实现更高质量的就业和更好的社会保障，促进各类社会组织的发育，加强和创新社会管理。

第四，城镇化有利于提高基础设施和资源的利用效率，也有利于对污染进行集中治理，进而促进可持续发展和生态文明建设。不可否认，当今中国城镇化中存在十分严重的土地浪费现象，但这并不是城镇化带来的必然结果，而是由于缺乏科学规划、粗放经营、盲目建设而造成的，科学健康的城镇化有利于集约节约利用土地。2011 年中国城镇化率过半，但是城市建设用地（4.186 万平方公里）仅相当于农村集体建设用地（超过 16 万平方公里）的大约四分之一。因此，通

过城镇化挖掘中国土地利用空间的潜力还是很大的。

由上述可见，城镇化既是经济社会发展的结果，又是社会整体进一步发展的推动力量；既是现代化建设的必经过程，又是文明进步的重要标志。

五、城镇化是中国统筹国内发展和对外开放的必然选择

当今世界是一个开放的世界，中国不仅是世界众多国家中的一个成员，而且是世界上人口最多的发展中国家。国际环境状况是影响中国现代化建设进程的重要因素。因此，中国进行现代化建设，必须高度重视对国际环境这个外部条件的分析和利用。李克强指出："我们要从现代化建设的全局出发，着眼国际政治经济格局的变化，乃至站在保障国家安全的高度，统筹研究和实施城镇化战略。"

当今世界，和平、发展、合作成为时代潮流，要求我们在加快中国现代化建设进程中，必须统筹利用好国际国内两种资源、两个市场，正确处理好内需与外需的关系。改革开放以来特别是近年来，中国经济持续快速发展，但对外依存度始终居高不下，货物出口总额2010年和2011年都位居世界第一位，2006年以来对外贸易顺差始终保持在1万多亿元，有的年份甚至超过2万亿元（见表2-4）。这不仅遭到了国际上一些"中国威胁论"者的批评，而且也成为影响中国经济社会发展安全的潜在因素。城镇化有利于中国更好地发挥国内消费对经济发展的拉动作用，改变过去过度依赖投资和出口的经济增长模式。国际社会对"中国模式""中国道路"褒贬不一，但是对中国的城镇化前景和中国的巨大国内市场普遍看好，认为其中蕴含着广阔的国际合作发展空间。"潜力巨大的城镇化，既是中国经济增长最强大、最持久的内生动力，也是我国拓展与世界各国合作的新平台。""实施城镇化战略，能够使我国巨大的回旋余地得以充分施展。"

表 2-4 改革开放以来中国经济的对外依存度

年份	货物进出口总额（亿元）	货物进出口差额（亿元）	国内生产总值（亿元）	对外依存度（%）
1978	355.0	-19.8	3645.2	9.74
1980	570.0	-27.6	4545.6	12.54
1985	2066.7	-448.9	9016.0	22.92
1990	5560.1	411.5	18667.8	29.78
1991	7225.8	428.4	21781.5	33.17
1992	9119.6	233.0	26923.5	33.87

年份	货物进出口总额 （亿元）	货物进出口差额 （亿元）	国内生产总值 （亿元）	对外依存度 （%）
1993	11271.0	−701.4	35333.9	31.90
1994	20381.9	461.7	48197.9	42.29
1995	23499.9	1403.7	60793.7	38.66
1996	24133.8	1019.0	71176.6	33.91
1997	26967.2	3354.2	78973.0	34.15
1998	26849.7	3597.5	84402.3	31.81
1999	29896.2	2423.4	89677.1	33.34
2000	39273.2	1995.6	99214.6	39.58
2001	42183.6	1865.2	109655.2	38.47
2002	51378.2	2517.6	120332.7	42.70
2003	70483.5	2092.3	135822.8	51.89
2004	95539.1	2667.5	159878.3	59.76
2005	116921.8	8374.4	184937.4	63.22
2006	140974.0	14220.3	216314.4	65.17
2007	166863.7	20263.5	265810.3	62.78
2008	179921.5	20868.4	314045.4	57.29
2009	150648.1	13411.3	340902.8	44.19
2010	201722.1	12323.5	401512.8	50.24
2011	236402.0	10079.2	472881.6	49.99

资料来源：中华人民共和国国家统计局. 中国统计年鉴. 2012 年

当今世界，国际竞争依然异常激烈。根据经济发展的一般规律，大国的经济和城镇化之间联系紧密，城镇化是提高国家竞争力的重要途径。英国就是因为较早地开始和实现了城市化，"把伦敦变成了全世界的商业首都"，从而获得了先发优势。马克思恩格斯指出："资产阶级使农村屈服于城市的统治。……正像它使农村从属于城市一样，它使未开化和半开化的国家从属于文明的国家，使农民的民族从属于资产阶级的民族，使东方从属于西方。"因此，中国要在国际竞争中立于不败之地，必须坚定不移地提高城镇化质量和水平。

13 多亿人口的现代化和近 10 亿人口的城镇化，在人类历史上是前所未有的。

正处于快速城镇化时期的中国，未来城市人口的增加规模和发展潜力在世界发展史上都将是空前的，因此中国的城镇化必然会产生重大国际影响。正如诺贝尔奖得主、美国经济学家斯蒂格利茨所说，中国的城镇化将成为影响人类 21 世纪发展进程的大事。中国的城镇化搞好了，不仅造福中国人民，而且对世界也是巨大的贡献。

第三章　科学发展观对中国城镇化的内在要求

科学发展观是统领中国经济社会发展的战略指导思想。加快推进城镇化，作为关系中国全面建设小康社会全局的大战略，必须在科学发展观的指导下进行。在党的十七大报告中明确指出："科学发展观，第一要义是发展，核心是以人为本，基本要求是全面协调可持续，根本方法是统筹兼顾。"推进中国城镇化健康发展，必须将科学发展观的这些丰富内涵要求从多角度全方位地具体化为城镇化的基本遵循。

第一节　推进城镇化应努力实现又好又快发展

发展是科学发展观的第一要义，是社会主义现代化建设的本质，是社会主义制度优越性的根源，是解决中国一切问题的基础和关键，是人民的根本愿望，是国家长治久安的根本保证。在推进城镇化中坚持发展这个第一要义，必须尊重城镇化发展规律，走集约型的城镇化道路，促进城镇布局合理化，处理好城镇化速度与质量的关系。

一、尊重城镇化发展规律

城镇化进程具有阶段性规律，城镇化效应也具有集聚和扩散规律。在城镇化的中前期，城市的集聚效应明显；在城镇化的中后期，城市的扩散效应增强。城镇化作为人类智慧的结晶，应符合经济活动的效益规律，城市并非规模越大越好，城镇化速度并非越快越好，它必须与经济发展水平相适应。城市是自然界的有机部分，城镇化必须符合自然法则，与自然资源条件、生态环境容量相适应。

二、走集约型的城镇化道路

中国人口众多、各类资源能源人均占有量很低的国情现实，决定了我们必须转变粗放型的城镇化发展方式，走集约型的城镇化道路。推进中国城镇化，必须充分发挥各级各类城市的规模效益，以最小投入获得最大产出。为此，一要重点抓好人才、技术、资金、信息等要素的集聚，提高各种生产要素和公共设施的利用效率；二要在城市用地发展形态上尽量紧凑，集约利用土地、水、能源等城市资源，建设集约节约型城镇；三要促进城乡建设由分散布局、无序扩张转向有机集中和重点布局。

三、促进城镇布局合理化

合理的城镇布局，是城镇化科学发展的必然要求。国内外的经验表明，过分的集中和过分的疏散都不利于城市的发展，合理的城镇布局应该是集中前提下的分散和分散后的紧凑与集中的辩证统一。遵循这一客观规律，中国实施城镇化战略，应该树立有机集中与有机疏散相结合的发展理念，充分利用交通走廊的发展优势，按照有机秩序原则组织与安排一切空间要素，形成有生命力的、可持续发展的城市空间，使空间要素具有集中中的分散与分散中的集中的内在张力。众所周知，中国东中西三大区域的经济、社会、生态水平和自然环境条件差异明显，工业化、城镇化、信息化都处于不同的发展时期，因此应当针对不同区域的特点和能力进行合理布局。东部沿海地区经济相对发达，城镇化已经具有了良好的发展基础，城市群蓬勃兴起，城市规模、水平、密度都在全国领先。因此，在这一类区域主要应采用以中小城市为主导的有机疏散策略，充分利用北京、上海、青岛、天津等区域核心城市的结构升级契机，合理进行产业分工布局，通过产业衔接积极扩大条件较为优越的中小城市和城镇的规模，优化城市功能，提升对当地人口转移的承载能力，以中心城市和腹地的共同发展来带动区域整体竞争能力的提高。中部地区，应选择有条件的区域，逐步实现城市组群发展。在广大西部地区，由于自然环境较为恶劣，生态承载力较低，人口应当集中在条件比较好的城市地区，尽量减少对脆弱生态的破坏，因此应该选择大城市主导的有机集中的城镇化模式，以便充分发挥大城市的规模效益和集聚效益。

四、处理好城镇化速度与质量的关系

实现城镇化又好又快发展，必须在保持合理的城镇化发展速度的同时，着力提高城镇化质量。发达国家发展的经验表明，在城镇化进程中，"速度"与"质量"都不可偏废。目前，制约中国经济社会持续、快速、协调、健康发展的主要矛盾，仍然是城镇化滞后。"2011年，我国城镇化率刚过50%，其中包括了半年以上常住人口。若按城镇户籍人口统计，城镇化率也就在35%左右。这说明我国实际的城镇化率还很低，不仅低于发达国家近80%的平均水平，低于一些与我国发展阶段相近的发展中国家60%左右的平均水平，也低于世界52%的平均水平。"因此，中国在城镇化方面潜力巨大、任务艰巨。根据世界城镇化发展规律，中国正处于高速城镇化的中期阶段。为促进经济社会持续健康发展，中国必须保持一定的城镇化发展速度。与此同时，必须清醒地认识到：中国的城镇化问题不仅表现在数量上的滞后，更表现在发展方式上的粗放和整体质量上的低下。为此，2004年中央经济工作会议就明确提出要"合理把握城镇化进度"。北京大学城市与区域规划系教授周一星认为"城镇化速度并不是越快越好"，健康的城镇化要使"城镇化速度与经济增长、就业岗位增长、城镇建设用地增长等要素保持相对平衡"，他建议"城镇化水平一年提高0.6 ~ 0.8个百分点比较正常，超过0.8个百分点就是高速度的，个别年份达到1个百分点是有可能的，但是连续多年超过1个百分点是有风险的，连续多年的1.44个百分点是虚假的。"我们要在保持一个适宜的城镇化速度的同时，把城镇化发展的重点逐步转移到内涵和质量上，为各个地区解决城镇化发展中的问题留出一定的空间和时间，特别是目前中国城镇化率已经过半，城镇化的重点更应该由规模扩张转向质量提升。2012年党的十八大报告明确提出"城镇化质量明显提高"是全面建成小康社会和全面深化改革开放目标的新要求，此后召开的中央经济工作会议又再次强调要"着力提高城镇化质量"。对于这一新要求，各地必须在今后的城镇化实践中予以认真贯彻和落实。

第二节　推进城镇化应充分体现以人为本

以人为本是科学发展观的本质和核心。在推进城镇化中坚持以人为本这个核

心立场,必须尽快实现中国城镇化战略由增长导向型向以人为本型的根本性转变,以人的城镇化为核心,突出人在城镇化进程中的"目标主体""价值主体""动力主体""责任主体"等多重主体性地位,以提高城乡居民物质文化生活质量和促进人的全面发展为出发点和落脚点,坚持城镇化发展为了人民群众、城镇化发展依靠人民群众、城镇化发展以人民自身素质和能力的提高为前提和基础、城镇化发展成果由城乡居民共享。

一、尽快实现城镇化战略由增长导向型转向以人为本型

多年来,中国城镇化实践中存在看重地和钱、轻视人的倾向,由此带来一系列突出问题。例如,2亿多进城农民工处在"半城镇化"状态,生活无根化,极有可能影响中国社会的安危。世界罕见规模的农民工周期性"候鸟型"流动,造成留守儿童教养问题、留守老人赡养问题和留守妇女婚姻家庭问题,牺牲了"三代人"的幸福。又如,有的地方搞"迁村并点",强制农民"进城""上楼""腾地",引发大量社会矛盾和群体性事件。再如,城镇化建设中"重面子轻里子""重硬件轻软件""重眼前轻长远"等问题突出,造成城市建设功利化、形象化、短命化,城市功能不完善、不协调,交通拥堵、环境污染、房价高昂等"城市病"呈高发态势,严重困扰着城市发展和市民生活。

反思中国的城镇化进程,在快速扩张中产生许多矛盾和问题,根本症结就在于片面地将城镇化当作经济增长的引擎,未能真正贯彻落实好以人为本。实现中国城镇化战略由增长导向型转向以人为本型,是一个迫在眉睫的重大理论与实践问题,它决定着中国未来的发展高度,也深刻影响着国民的安全感、归属感和幸福感。

二、以提高人民生活质量和促进人的全面发展为城镇化的出发点和落脚点

两千多年前,古希腊哲学家亚里士多德就说:"人们为了活着,聚集于城市;为了活得更好居留于城市。"提高城乡居民物质文化生活质量和促进人的全面发展,是中国积极推进城镇化的出发点和落脚点。必须充分认识到,城市作为城镇化的载体,应该同时肩负着生产、生活、生态和谐统一的"三生"功能。生产型城市的迅速发展只是满足了人们的物质需求,但难以满足我国进入新的历史发展阶段带来的多元化的精神需要和环境要求。从城市的发展进程来看,城市功能必

然要由生产型城市转向生产、生活、生态和谐统一的"三生"型城市。

三、坚持城镇化发展为了人民群众

坚持城镇化发展为了人民群众，必须把人民群众的期盼、愿景和民心所向放在首位，充分考虑人民群众需求的层次性和多样性，着力解决城镇化进程中关系人民群众切身利益的突出问题，如增加就业、加强社会保障、帮助城乡特殊困难群众解决生产生活问题、纠正土地征用中侵害农民利益的问题和城镇拆迁中侵害居民利益的问题，等等，使广大城乡居民真正享受到城镇化发展带来的实惠。必须加强基础设施和公共服务设施建设，增强城镇的综合承载能力，以不断满足人们日益增长的物质和文化生活需要。

四、坚持城镇化发展依靠人民群众

马克思·恩格斯在《神圣家族》中指出："历史活动是群众的事业"。人民群众是历史的创造者，是推进城镇化的根本力量。坚持城镇化发展依靠人民群众，就要牢记人民群众的主体性地位，善于综合运用行政手段、法律手段、经济手段等多种办法，完善全体人民群众、各种社会力量参与城镇化的激励机制；坚持人民城镇人民建、人民城镇人民管，通过完善一系列的动员、组织、激励等政策措施，不断提高城镇社会的自组织程度和自我管理、自我服务能力，让广大居民积极参与到城镇管理、社区建设、济危扶困、守护文明的活动中来，从而形成现代公民社会。

五、坚持城镇化发展以人民自身素质和能力的提高为前提和基础

人口素质和能力是影响城镇化进程和质量的决定性因素，城镇化发展必须以人才培育为原动力。为此，在实践中，要把建立完善的城乡教育、培训体系作为城镇化的战略重点，大力提高城乡居民的文化素质和文明程度，大力提高城乡居民的生存能力、就业能力和创业能力，从而夯实中国城镇化科学发展的基础。

六、坚持城镇化发展成果由城乡居民共享

城镇化发展成果由城乡居民共享，是由社会主义制度要实现共同富裕的本质所决定的。它要求我们必须重视城镇化的包容性和公平性，在激发最广大人民群众积极性的同时，切实保障农民工、城市下岗失业职工、失地农民等弱势群体的

正当权益。正如胡锦涛在"三个代表"重要思想理论研讨会上的讲话中所指出："要时刻把群众的安危冷暖挂在心上，对群众生产生活面临的这样那样的困难，特别是对下岗职工、农村贫困人口和城市贫困居民等困难群众遇到的实际问题，一定要带着深厚的感情帮助解决，切实把中央为他们脱贫解困的各项政策措施落到实处。"

第三节　推进城镇化应符合全面协调可持续发展要求

一、推进城镇化应符合全面发展要求

促进全面发展是科学发展观的重要目标。在城镇化进程中实现和坚持全面发展，关键是要全面理解和正确把握城镇化的内在动力和基本条件，强化产业支撑，加强基础设施建设，完善体制机制和城镇化发展评价指标体系。

（1）强化产业支撑

产业是城镇发展的根本动力，是城镇聚集力和辐射带动力的根源。一个城镇如果没有产业支撑，就必然经济脆弱、发展无力、功能不健全，长此以往将形成恶性循环，成为"空壳"城镇，也必然会渐趋衰落。因此，推进城镇化必须以城镇产业发展为支撑。要通过优惠的政策、有效的措施，加快科技、资金、人才等生产要素的聚集，提高城镇对人口就业的吸纳能力。李克强曾经在对比东亚和拉美不同国家正反两方面的城镇化发展结果后明确指出，"推进城镇化，应当坚持城市发展与产业成长'两手抓'，把城镇化与调整产业结构、培育新兴产业、发展服务业、促进就业创业结合起来。"增强城镇化的产业支撑，应坚持全面发展、因地制宜。目前中国多数城市尚处于工业化的中期阶段，因此，工业仍然是城镇化的主导动力。但对于像上海、北京这样发达程度较高的城市，以信息、金融、保险、旅游等为主的服务业已经成为拉动城镇化的主导动力。此外，山东省寿光市的实践证明，农业产业化也可以为城镇化提供强大动力。通过调查，我们了解到，寿光的农业产业化促进了社会分工的日益细化，拉动了城镇基础设施建设，吸引了外地的大量客流、物流，提高了农民的收入水平和投资能力，从而以多种途径支持、拉动、促进了城镇化。

（2）加强基础设施建设

城镇化的规模和速度，必须以城镇设施的承载力为条件。城镇功能的提升，也是城镇化的重要动力。因此，推进城镇化，必须建设和完善城镇供水、供电、供热、道路、燃气等基础设施，增强城镇发展的承载力，健全城镇的居住、生活和教育、医疗、科技等公共服务功能，提升城镇对广大农村地区的吸引力和辐射力。"城镇应成为劳动生产率更高、生活条件更好、社会更和谐、文化更丰富、环境更适宜、安全更有保障的居民聚居地，而且能够以其强大的实力带动城乡发展一体化。"

（3）完善体制机制

完善的体制和机制，是推进城镇化健康发展的重要动力和根本保证。因此，党的十六大报告明确强调要"消除不利于城镇化发展的体制和政策障碍，引导农村劳动力合理有序流动"。围绕推进城镇化科学发展完善体制机制，应着力在如下几个方面下功夫。第一，要尽快取消对农民进城就业的各种限制性规定，建立城乡劳动者、不同区域劳动者平等就业的制度。第二，要深化户籍制度改革，引导农村富余劳动力平稳有序转移。第三，要运用市场化机制，把经营意识贯穿到城镇规划、建设、管理、发展的全过程。第四，加快建设与经济发展水平相适应的全社会统一的社会保障体系。第五，建立新的社会文化机制，大力发展具有更多理性、更高效率的现代城市文化，逐步增强全社会对城镇化的适应能力。

（4）健全评价指标体系

城镇化发展评价指标体系应具有全面性，不仅要看经济指标，而且要看人文发展、资源利用、环境保护等指标。在新的城镇化发展阶段，应进一步采取有效的政策措施促进城市发展，使城市的公共设施更加完善，综合竞争实力不断增强，辐射带动作用得到更好发挥；使城市应对各类突发事件的预警和应急机制更加健全，抵御各种灾害的能力进一步提高；使城镇居民住、行条件与小康生活水平相适应，生态环境质量显著改善。同时，还要使历史文化遗产和风景名胜资源得到有效保护，地方特色、民族特色得到充分展现，城市文化不断丰富。

二、推进城镇化应符合协调发展要求

保持协调发展是科学发展观的基本原则。在推进城镇化中树立和落实协调发展观，就要坚持城乡协调发展、大中小城市和小城镇协调发展、区域协调发展，城镇化与工业化、信息化、农业现代化协调发展，并要使城镇化的规模、速度与经济发展水平和社会承受能力相适应。

（1）坚持城乡协调发展

坚持城乡协调发展对于城镇化至关重要，是推进城镇化健康发展的必然选择和唯一出路。在城镇化中坚持城乡协调发展，一是要促进城乡产业协调，核心问题是实现城乡生产要素的合理配置；二是要促进城乡市场协调和一体化；三是要促进城乡规划和建设协调；四是要促进城乡生态环境协调，统筹安排城乡环境整治和生态保护。

（2）坚持大中小城市和小城镇协调发展

坚持大中小城市和小城镇协调发展，是世界城镇化发展的基本趋势，也是符合中国国情的城镇化道路。考察200多年来世界城镇化的发展轨迹可知，在区域城镇化的初期和中前期，城市功能以聚集效应为主，大城市作为区域发展中心利用其吸引力集聚要素超先发展；到中后期，伴随着交通运输、通信技术的发展以及自身产业升级换代的需要，大城市的辐射能力增强，扩散效应显现，同时考虑到防治"城市病"的需要，中小城市日渐受到重视并逐步形成大中小城市协调发展的格局。中国幅员辽阔、人口众多，各地历史传统和发展条件不同，城镇化模式和城镇发展规模不可能千篇一律。与此同时，各种规模的城镇都有各自的优点和功能。因此，中国城镇化必须坚持大中小城市和小城镇协调发展，从而实现因地制宜和多元优势互补。坚持大中小城市和小城镇协调发展，首先要根据发展的需要和各地的实际，宜大则大，宜小则小，提高各级各类城市的规划、建设和综合管理水平，建立完整、合理的城镇体系；其次要使各级各类城镇加强相互联系，在职能分工上有所侧重，优势互补，协作配合，避免"大而全""小而全"、重复建设和恶性竞争。

（3）坚持区域协调发展

在城镇化中坚持区域协调发展，就要将城市视为区域的城市，从更大的区域范围来认识和推进城镇化，实现城市体系与区域发展相互促进、互动提升。有关研究表明，区域城市网络不断扩张，已经成为当今世界城镇化的一个重要特征。许多国家都已经形成或正在形成明显的大都市连绵区或大都市圈。如美国东北部的"波士华士"（Boswash）、中西部的"芝匹兹"（Chipitts）和西部太平洋沿岸的"圣圣"（SanSan），还有大东京区域、大首尔区域、大伦敦区域等。这些大都市连绵区或大都市圈，都已经成为当今全球政治经济和文化经济发展的主导推动力量。

（4）坚持城镇化与工业化、信息化、农业现代化协调发展

工业化、信息化、城镇化、农业现代化不是孤立的，而是在相互关联中发展的，并在融合、互动、协调中发挥着对现代化的推动作用。工业化是信息化的坚实基础，信息化则为工业化插上腾飞的翅膀，并有利于实现城乡规划、建设、管理的智能化与一体化。工业化和农业现代化都是城镇化的经济支撑，城镇化则既是工业化的空间载体，也是农业现代化的目标依托。没有工业化和农业现代化，城镇化就会成为无源之水、无本之木。没有城镇化，就不可能为工业化创造集聚发展的良好条件。同时，没有城镇化转移出大量农业剩余劳动力，农业现代化也不可能实现。城镇化与工业化和农业现代化协调发展、良性互动，是城镇化健康发展的内在规律。

（5）坚持城镇化的规模速度与经济社会发展水平相适应

坚持城镇化的规模、速度与当地经济发展水平和社会承受能力相适应，就要充分认识到，经济社会发展是城镇化的前提和基础，既不能使城镇化长期滞后于经济社会的发展水平和需求，也不能超越经济发展水平和社会承受能力而盲目追求城镇化的高速度。正如全国农村税费改革试点工作会议上所强调指出："我国城镇化的发展滞后，加快城镇化步伐是必要的，但也要实事求是。因为城镇化的进程和水平最终取决于工业化程度和整个国家的经济发展水平。西方发达国家的城市化历程，在欧洲大约用了四百年的时间，美国用了二百年，日本用了一百年。我们人口比他们多得多，特别是农村人口尤其多，地区之间的发展又是如此不平衡，对提高城镇化的速度和水平应该有一个清醒的估计和判断。"

三、推进城镇化应符合可持续发展要求

实现可持续发展是科学发展观的集中体现。马克思早就清醒地认识到城镇化对人与自然和谐关系的冲击。他在《资本论》第一卷中指出："资本主义生产使它汇集在各大中心的城市人口越来越占优势，这样一来，它一方面聚集着社会的历史动力，另一方面又破坏着人和土地之间的物质变换，也就是使人以衣食形式消费掉的土地的组成部分不能回到土地，从而破坏土地持久肥力的永恒的自然条件。"由此可见，在推进城镇化中坚持可持续发展，是一项重要而艰巨的历史任务。在推进城镇化中树立和落实可持续发展观，就要把生态文明的理念与原则融入城镇化的全过程和各方面，坚持因地制宜，实现人与自然、资源的持久协调发展。

（1）把生态文明理念和原则全面融入城镇化全过程

改革开放 30 多年来，中国经济快速发展，城镇化快速推进，取得了巨大成就，但同时也付出了沉重的资源和环境代价。早在 2000 年 11 月国务院印发的《全国生态环境保护纲要》就明确提出："在城镇化进程中，要切实保护好各类重要生态用地。大中城市要确保一定比例的公共绿地和生态用地，深入开展园林城市创建活动，加强城市公园、绿化带、片林、草坪的建设与保护，大力推广庭院、墙面、屋顶、桥体的绿化和美化。严禁在城区和城镇郊区随意开山填海、开发湿地，禁止随意填占溪、河、渠、塘。"2012 年 12 月召开的中央经济工作会议，又有针对性地总结了多年来城镇化过程中不合理、不科学的做法，明确指出"要把生态文明理念和原则全面融入城镇化全过程，走集约、智能、绿色、低碳的新型城镇化道路。"鉴于目前中国仍然存在城市扩展的盲目性和无限制性，土地紧缺已经成为制约中国城镇化的瓶颈因素，今后中国的城镇化必须牢固树立最大限度地节约用地的理念。要科学规划城市扩展的边界，明确城市扩展的红线。同时，为了防止大规模、高速度的城镇化引发和加剧城市的脆弱性，在城市规划、建设和管理中，必须高度重视并充分考虑灾害因素和城市安全要求，提升城市防灾减灾能力。

（2）因地制宜，分类实施城镇化战略

中国幅员辽阔，各地自然条件多样、发展情况不一，推进城镇化可持续发展，必须因地制宜，分类实施城镇化战略。国家"十一五"规划纲要"根据资源环境承载能力、现有开发密度和发展潜力，统筹考虑未来我国人口分布、经济布局、国土利用和城镇化格局，将国土空间划分为优化开发、重点开发、限制开发和禁止开发四类主体功能区"，并"按照主体功能定位调整完善区域政策和绩效评价"，提出了针对不同类型国土的评价重点。主体功能区战略对那些不适宜开发地区的领导干部来说，解除了城镇化考核指标上的顾虑和包袱，有利于中国城镇化的可持续发展。

第四节　推进城镇化应坚持统筹兼顾

统筹兼顾是科学发展观的根本方法。在推进城镇化中坚持统筹兼顾，必须着眼全局、兼顾各方，立足当前、着眼长远，努力提高辩证思维能力，正确认识和妥善处理好公平和效率的关系、推进城镇化与建设社会主义新农村的关系、城镇化快速发展和"城市病"防治的关系、推进城镇化和对外开放的关系。

一、统筹兼顾公平和效率

中国的社会主义社会性质，决定了我们的城镇化必须把促进公平作为出发点和立足点。鉴于当前中国城镇化中农民和城市弱势群体权益未得到较好保障的现实，在今后的实践中，要特别注意采取有效措施保证他们平等地享受城镇化发展的成果。与此同时，我们也应认识到，中国还仅仅处于工业化中期，经济基础还不雄厚，因此在城镇化发展中必须重视效率。

二、统筹兼顾城镇化和新农村建设

城镇化和建设社会主义新农村都是中国现代化进程中的重大战略任务，二者之间相互影响，应该和谐发展、良性互动，既不能单纯就城镇考虑城镇，也不能单纯就农村考虑农村。统筹兼顾城镇化和新农村建设，必须要有长远发展的眼光，努力实现城乡公共服务供给的动态协调。否则，如果在新农村建设中，按照静态的思路提供公共服务和开展基础设施建设，那么随着农村人口逐渐流入城镇，若干年后就会出现农村原有的公共服务和基础设施闲置和浪费问题。同样，如果在城镇化建设中，按照静态的思路仅仅依据现有的城镇户籍人口提供公共服务和开展基础设施建设，那么随着农民进城以及跨城镇流动，若干年后城镇运转就会陷入拥挤、脏乱、无序的状态。

三、统筹兼顾城镇化快速发展和"城市病"防治

快速城镇化阶段"城市病"多发具有客观必然性。面对快速城镇化进程中的"城市病"，我们既不能因噎废食，放弃城镇化，也不能听之任之，任由"城市病"蔓延，而必须在科学发展观指导下，在积极推进城镇化的同时，切实有效地防治"城市病"。

四、统筹兼顾城镇化和对外开放

正确处理好推进城镇化和对外开放的关系，就要顺应和平、发展、合作、共赢的时代潮流，既积极学习和借鉴外国城镇化的成功经验，又不照抄照搬别国的城镇化模式，而必须坚持从中国的实际出发，坚定不移地走中国特色的城镇化道

路；既积极开展国际交流合作，又必须把独立自主、自力更生作为中国城镇化发展的根本基点，把维护国家主权和安全放在首位；既充分利用国际国内两个市场、两种资源推进中国的城镇化、现代化，又牢固树立"人类只有一个地球，各国共处一个世界"的"命运共同体意识"，"在追求本国利益时兼顾他国合理关切，在谋求自身发展中促进各国共同发展，不断扩大共同利益汇合点"，共同呵护地球家园，共同创造美好未来。

第四章 科学发展观指导下中国城镇化的成就与经验

近年来，在科学发展观指导下，中国城镇化呈现出许多新的特点，取得巨大成就，并探索积累了一系列成功经验。认真总结这些成就和经验，可以对全国城镇化科学发展起到启发、借鉴和引领作用。

第一节 主要成就

一、城镇化进程加快，城镇建设质量明显提高

2006 年以来的十年，我国城镇化进程持续快速推进，取得了巨大成就。3 月 22 日 ~ 24 日，"中国发展高层论坛 2014"年会在京举行。国家发展和改革委员会副主任徐宪平在出席"2014 中国发展高层论坛——新型城镇化与城乡统筹发展"时表示，推进新型城镇化、统筹城乡发展一体化是中国发展进程中的一个重大命题，中国城镇化发展道路取得了举世公认的成就。

徐宪平表示，推进新型城镇化、统筹城乡发展一体化是中国发展进程中的一个重大命题。城镇化是现代化的必由之路，是解决农村、农业、农民问题的重要途径，是推动区域协调发展的有力支撑，也是扩大内需和促进产业升级的重要抓手，对于我国全面建成小康社会，实现中华民族伟大复兴的中国梦具有重大意义。

根据联合国发布的世界城市化展望报告，2011 年世界城镇人口为 36.3 亿，中国城镇人口为 6.9 亿，占比为 19%，报告预计，到 2030 年世界城镇化将达到 49.8 亿城镇人口，中国将达到 9.7 亿左右，占比将达到 19.5%，中国对全球城镇人口的贡献率将超过 20%，中国城镇化规模大、节奏快、影响广泛而深远。

徐宪平强调，中国城镇化道路的选择备受世界瞩目，成就举世公认。城镇化伴随着工业化发展、非农产业向城镇集聚，农业人口向城镇集中的这样一个自然历史过程，改革开放 35 年，中国经济快速发展，用当年价计算，国内生产总值由 1998 年的 0.36 万亿增加到去年的 56.9 万亿，实际增长了 25 倍左右。同时，中国城镇化进程快速推进，城镇人口从 1978 年的 1.7 亿人增加到去年的 7.3 亿人，城镇化率从 17.9% 提高到 53.7%，吸纳了大量的农业劳动力转移就业，提高了城乡生产要素的配置效率，带来了社会结构的深刻变革，促进了城乡居民生活水平的全面提升。

10 年来，我国城镇常住人口数量快速增长，城市化率显著提高。2016 年我国城镇常住人口达到 6.91 亿，城镇化率达到 51.27%，较 2006 年提高 12.26 个百分点。城镇常住人口增加了 1.89 亿人，除印度、美国、印尼、巴西几个国家以外，我国增加的城镇常住人口规模超过了其他每个国家的人口总量。城镇常住人口的增加，一方面大大扩展了城市市场需求规模，2016 年与 2006 年相比，城镇社会消费品零售总额由 4 万多亿元增长到 15.9 万亿元，增长了近 3 倍，其中既有城镇居民收入提高的因素，也有城镇常住人口总量扩大的因素。这就为制造业、服务业发展提供了更大的市场空间。另一方面，城镇常住人口的增加，也为城镇制造业、服务业发展提供了源源不断的劳动力供给。根据国家统计局数据，2016 年城镇就业人员达到 3.59 亿人，比 2006 年增加了 1.07 亿人，增长了 43%。

10 年来，城市数量增加、规模扩大，城市社会事业和公共服务水平持续提高，户籍制度改革取得实质性进展。

2006 年以来，城市建成区面积由 2.6 万平方公里左右，扩大到 4 万多平方公里，扩大了 50% 以上。到 2016 年底，全国共有 657 个设市城市，建制镇增加至 19 683 个。全国有 30 个城市的常住人口超过 800 万人，其中 13 个城市超过 1 000 万人。初步形成以大城市为中心、中小城市为骨干、小城镇为基础的多层次协调发展的城镇体系。教育、卫生、基本社会保障等公共事业持续较快发展，覆盖范围不断扩大。2006 年至 2014 年，城市卫生技术人员由 5.15 人增加到 7.62 人，医疗卫生机构床位由 196 万张增加到 207 万张。全国参加城镇居民基本医疗保险的人数由 9 400 万人增加到 22 066 万人，参加城镇职工基本养老保险人数由 11 128 万人增加到 28 392 万人。全国城市绿化覆盖率由 29.5% 增加到 38.62%，城市人均拥有公园绿地面积由 7.73 平方米增加到 11.18 平方米。到 2016 年末，城市污水处理率达到 82.6%，提高 42.6 个百分点。地级及以下城市放开了户籍管理，北京、上海等特大城市、大城市，在农民工劳动条件，保障生产安全，扩大农民工工伤、医疗、养老保险覆盖面，放开义务教育、保障房等方面，不断推出新举措，随着城市政府公共服务能力的提高，城镇户籍制度改革迈出实质性步伐，阻碍城镇化发展的制度藩篱被逐步打破。

城镇化与工业化关系更加密切，制造业、服务业与城镇发展相互促进。2006年以来，农村乡镇企业离土不离乡的发展模式发生了深刻变化。制造业、服务业日益向城镇集中，工业化与城镇化的关系越来越紧密。到2014年，地级以上城市规模以上工业总产值占全国的56%。县域经济也出现非农产业日益向城镇集中的趋势。这一发展为城镇就业增长提供了重要支持，为人口和劳动力持续向城镇转移提供了重要条件。人力资源的集中、城镇基础设施水平的提高，又为制造业、服务业发展提供了必要的硬件设施、劳动力供给、市场需求等重要条件。

随着城镇规模扩大、水平提高，城镇居民住行水平不断改善，以住行为主的消费结构升级活动持续推进。2002年至2011年，城镇居民家庭每百户汽车保有量由不足1辆增加到18.6辆，人均住房面积由24.5平方米增加到31.6平方米（住户调查数据，不包括集体户，建筑面积）。消费结构升级持续扩大了汽车、住房市场，带动了汽车工业、房地产建筑业持续快速发展，带动了广泛的关联产业发展，进而有力地加快了工业化进程。另一方面，住行为主的消费结构升级活动，也不断扩大了对城市住房、交通及其他配套基础设施、市场环境的要求，推动着城市建设发展，加快了城镇化步伐。

由中国社会科学院城市发展与环境研究所和社会科学文献出版社共同举办的《城市蓝皮书：中国城市发展报告No.8》发布会在京举行。蓝皮书提出，"十二五"期间，中国的城镇化率实现了两大重要突破：2012~2014年中国城镇化率达到并开始超过50.0%，中国整体进入城市型社会阶段；2012年中国城镇化率达到52.6%，超过世界总体水平（52.5%）。

蓝皮书指出，2015年是"十二五"规划的收官之年，《中国城市发展报告No.8》以"'十二五'回顾与'十三五'展望"为主题，研究总结了中国城镇化和城市发展各个领域在"十二五"阶段取得的成就和存在的问题，深入分析了经济新常态下中国城镇化和城市发展面临的形势和发展趋势，借此提出了"十三五"期间中国城镇化和城市发展的总体思路和对策建议。

本书研究发现，"十二五"期间，中国的城镇化率实现了两大重要突破：2010~2011年中国城镇化率达到并开始超过50.0%，中国整体进入城市型社会阶段；2012年中国城镇化率达到52.6%，超过世界总体水平（52.5%），并以高于世界平均水平的速度（年均0.5个百分点）快速推进。与此同时，中国城镇化与城市发展在"十二五"期间还取得了很多实质性进展，城镇化的区域差距逐步缩小，城市群的载体功能日益显著，城市经济实力、社会事业、创新创业等领域的水平均不断提升，城乡收入差距逐年缩小。但是，中国城市在规划管理、经济增长方式、空间布局、科技创新、社会矛盾、安全管理、环境污染等方面依然问题突出、有待改善。

蓝皮书提出，中国将全面进入城市型社会。截止到2014年底，中国城镇化率已经达到54.8%，预计到2020年中国城镇化率将超过60%，到2030年将达到70%左右，也就是说，"十三五"期间中国将全面进入城市型社会，同时城镇化从以速度为主转向速度、质量并重的发展阶段。在这一新的时期，城市经济将占据主导性地位，城镇化将取代工业化成为中国发展的主要动力。

有关资料显示：中国的城镇化率在1949年只有10.64%，到1981年首次突破20%，达到20.16%；1996年突破30%，达到30.48%；到2003年达到了40.53%，跨过40%；到2011年末，达到51.27%，跨过50%；到2012年末，又提高到52.6%。10个百分点左右的第一次跨越，用了30多年，第二次跨越用了15年，而第三次跨越只用了7年，第四次跨越也只用了8年（见表4-1）。

近年来，在城镇化进程加快的同时，中国城镇建设日新月异，已经达到了令人叹为观止的程度。众多城镇都进一步完善了道路、电力、通信、排污、供水、供电、供热、文化、卫生、体育等公共设施，并下大气力搞了城市的绿化、美化、亮化、净化工作，健全了城镇居住、公共服务和社区服务等功能，创造了良好的人居环境。2000年至2011年，城市集中供热面积由11.1亿平方米增加到47.4亿平方米，增长了3倍多；人均公园绿地面积从3.7平方米增加到11.8平方米，增长了2倍多；城市排水管道长度由14.2万公里增加到41.4万公里，增长了接近2倍；人均拥有道路面积从6.1平方米增加到13.8平方米，燃气普及率从45.4%上升到92.4%，都增长了1倍多。城镇居民人均住房建筑面积2011年也达到32.7平方米。

表4-1 全国城市公用事业发展情况对比表

项目	2000年	2011年	2011年比2000年增长（%）
用水普及率（%）	63.9	97.0	51.8
燃气普及率（%）	45.4	92.4	103.5

续表

项目	2000 年	2011 年	2011 年比 2000 年增长（%）
集中供热面积（亿平方米）	11.1	47.4	327.0
每万人拥有道路长度（公里）	4.1	7.6	85.4
人均拥有道路面积（平方米）	6.1	13.8	126.2
城市排水管道长度（万公里）	14.2	41.4	191.5
城市排水管道密度（公里/平方公里）	6.3	9.5	50.8
每万人拥有公交车辆（标台）	5.3	11.8	122.6
人均公园绿地面积（平方米）	3.7	11.8	218.9

资料来源：中华人民共和国国家统计局 . 中国统计年鉴 .2012

二、众多农民实现"就地城镇化"，生活发生根本性转变

同以往相比，近年来中国城镇化呈现出一个非常鲜明的特点，这就是：在人口、产业、地域等集中的同时，城市文明渗透带来生活方式转变等深层内涵得到了更多的体现。

早在 1984 年，中国学者税尚楠、吴希翎就提出：城市化的"科学内涵是：乡村人民和城市人民共同创造和分享经济增长的利益；共同享用人类数千年来积累起来的科学、文化宝藏；无论在什么地方居住其生活都是无差别的。其经济实质是消灭城乡差别。"在当今学术界，赞同该观点的学者已不在少数，其影响正日益渗透到多个学科和各个研究领域。从事社会学研究的王春光、孙晖认为，"通讯和传媒的高度发达使城乡文明和生活方式日趋融合，目前在发达国家，任何地方几乎都能享受到城市的文明和生活，可以说城乡关系完全实现了一体化，在文化、娱乐、生活节奏、价值观念、人际关系、教育、卫生条件等方面几乎没有什么城乡差别了，那么在不远的将来随着我国的发展，这样的城市化现象也不是不可能的。""所以，随着经济、科学技术的发展，居住地不再成为城市化的衡量标准，我们应更多地从生活方式、价值观念、社会结构等方面的变化来看待城市化。换言之，城市化是现代生活方式、价值体系、社会结构、文化活动的生成过程，随着科技、交通、传媒等的发达，人们不需要通过向城镇的转移也能实现这样的生成。"清华大学博士生导师李强则认为，"乡村生活的城市化"是除大城市和超大城市模式、中等城市模式和小城市模式等三种不同的城市化模式之外的"第四种模式"。中山大学行政管理研究中心教授郭正林也认为："乡村都市化

不一定要走将农民迁移到大中城市的道路，而是生活方式的转化，表现在生活质量、生活水平的提高，或者说是物质、精神生活多样性的变化。"国务院参事、农业部农村经济研究中心研究员刘志仁认为，"城市化，并非一味依靠征地、建造和扩展城市，而应把城市文明和公共财政向农村辐射，缩小城乡差距，将农村建成和城市同等的公共设施齐全、环境优美、就业环境宽松的区域，让农民能就地享受城市文明。"

中国人口众多特别是农民众多的国情现实决定了城镇化不可能把所有农村都变成城市，也不可能把所有农民都转移到城市。于是，在科学发展观指导下，农民无须进城而"就地"实现生活质量和生活方式的城镇化，已经不再局限于理论探讨的领域，而且已经成为具体生动的实践。例如，山东一些地方在总结思考前些年青州市南张楼村开展"巴伐利亚"试验的基础上，着力加大了对"三农"的投入和对乡村的改造力度。大规模的乡村改造，使得越来越多农民的生活质量和生活方式与城市居民的差距逐渐缩小、拉近。为此，邹平县西董镇农民池海亭发出由衷的感叹："在家种地有补贴，出去打工有人帮，看病有合作医疗，养老有养老保险，家里有自来水，出门有公交车，我感觉和城里人不差些什么，很幸福。"

三、城市群渐成城镇化的主体形态，综合效益大幅提升

城市群，是由一个或几个大型或特大型中心城市，与周围相当数量的城镇，借助现代交通运输体系和信息网络，构成的城市群体，是大、中、小城市资源重组、分工协作的一种城市发展形态。城市群的形成和发展，是城镇化进入高级阶段的标志。

所谓"巴伐利亚"试验，是德国赛德尔基金会在中国乡村寻找一块"试验田"，以推广他们在德国巴伐利亚州农村革新中的经验和城乡"等值化"的思想。所谓"等值化"，指的是不通过耕地变厂房、农村变城市的方式使农村在生产、生活质量而非形态上与城市逐渐消除差异，包括劳动强度、工作条件、就业机会、收入水平、居住环境等，使在农村居住仅是环境选择、当农民只是职业选择。

城市摊大饼式的拓展带来的问题，更有利于提高规模经济、范围经济和网络效应，更有利于增强抗逆能力，更能促进城乡统筹发展。

由于巨大的集聚经济效益，城市群往往会成为一个国家或地区经济的重要增长极。例如，"美国经济的67%集中在大纽约区、五大湖区和大洛杉矶区三大城市群。"又如，以东京、大阪、名古屋为中心的日本东海道城市群，面积10

万 km^2，占日本全国的20%，但是聚集的人口占到全国的61%，聚集的大型企业和金融、教育、出版、信息、研究开发机构占到全国的80%以上，聚集的工业企业和工业就业人数占到全国的2/3，实现的工业产值和国民收入分别占到全国的3/4和2/3。

进入新世纪之后，城市群在中国城镇化中的地位和作用日益受到高层的重视。国家"十一五"规划纲要明确提出："要把城市群作为推进城镇化的主体形态"。党的十七大报告也提出："以增强综合承载能力为重点，以特大城市为依托，形成辐射作用大的城市群，培育新的经济增长极。"2011年国家"十二五"规划纲要再次强调："按照统筹规划、合理布局、完善功能、以大带小的原则，遵循城市发展客观规律，以大城市为依托，以中小城市为重点，逐步形成辐射作用大的城市群，促进大中小城市和小城镇协调发展。"2012年党的十八大报告进一步提出："科学规划城市群规模和布局，增强中小城市和小城镇产业发展、公共服务、吸纳就业、人口集聚功能。"

近年来，在经济全球化背景下，在面临更大范围的竞争压力的情况下，在中国工业化过程尚未完成而信息化过程已经开始的新的历史条件下，在科学发展观的指导下，中国许多城市纷纷意识到21世纪国际经济竞争的基本单位已经不是企业而是城市群，不是单个城市的竞争而是一个区域的竞争，从而加强了区域之间的协调，大大推动了组团式城市群的发展。如：长江三角洲区域建立了沪、苏、浙经济合作与发展座谈会工作机制；长江三角洲15个城市市长联席会议也已经初步形成。珠江三角洲9座城市达成区域发展共识，发挥各自的资源和产业优势，构建了相互支撑、互相协作的产业发展思路；共同编制了具有可操作性的区域发展规划，在基础设施建设和共享、环境保护和流域治理、公共服务等领域搭建了具有实质性的合作平台；通过推进人力资源合作、信息资源共享、公共服务融合，加速城市群内的一体化发展。包括福建、江西、湖南、广东、广西、海南、四川、贵州、云南等内地9省区和香港、澳门特区在内的泛珠三角区域"9+2"各方，消除交通"瓶颈"，打通市场壁垒，建立区域金融研究合作协调机制。如今珠江三角洲城市群、长江三角洲城市群、京津冀城市群都已经比较成熟。"这三个城镇密集地区，尽管土地面积只占全国的不到3%，人口只占全国的14%，但其创造的GDP却占到了全国总量的42%。"除了长三角、珠三角和京津冀这三大比较成熟的城市群之外，中国其他地方的城市群也在发育和壮大，如山东半岛城市群、福建的海峡西岸城市群、河南的中原城市群等等。可以说，各种不同类型、不同发育程度的城市群,已经成为中国城镇化的主体形态。

　　山东半岛城市群的发展,是近年来中国组团式城市群发展中的一颗耀眼明星。在山东建设文明、富足、开放、和谐社会主义新山东的大目标下,山东半岛城市群地区明确了自己的战略目标。山东半岛城市群8个城市努力实现一体化,也就是说商品和人才等要素在城市群内的8个城市之间流动要像在一个城市那样,不因为流动要跨越行政边界而增加额外的成本。8个城市人才交流服务中心早已共同建立了"山东半岛城市群人才中心主任联席会",实现了人才招聘一体化的常态化。旨在打造半岛城市群无障碍旅游区的山东半岛城市群旅游联合体也早宣告成立,实现了8城市旅游"一票通"。随后,泰安、曲阜两市也融入半岛城市群8城市联合体,推出"8+2"模式。在未来的发展中,8个城市将进一步建立健全协作平台,对半岛地区的产业布局、资源保护、基础设施配置等重大问题进行研究协调,实现"设施共建、产业共兴、资源共享、生态共保、人才共用、城市共荣"的目标。

第二节　具体经验

　　传统城镇化模式是不适合中国国情的。城镇化的目标是什么?是为了实现"人的城镇化",把人们生活质量的提高摆在首位。根据国家统计局的资料,迄今为止,中国城镇化率已略高于50%。但根据研究中国城镇化的专家的意见,中国目前的实际城镇化率还不到40%。理由是:中国至今仍存在城乡分割的二元户籍制度,城镇中一些农民工虽然在城镇中已是常住人口,但农民户籍未变,身份仍是"农民",不能同城市居民享受同等待遇;特别是涉及新生代农民工的问题,更是如此,从而选择适合中国国情的城镇化模式就更有迫切意义。以下主要介绍一下适合中国国情的新型城镇化的经验和思路。

一、政府引导与市场推动相结合,双重动力促发展

　　近年来,各级党委政府都把城镇化作为重大战略目标列入议事日程,把加快城镇化摆在了重要位置,对城镇化建设高度重视,在资金、政策上给予大力支持,这是中国城镇化进程加快和城镇建设质量提高的重要原因。

市场机制是推进城镇化的基本机制,发达国家的实践经验已经证明了这一点。中国以往正是由于没有重视发挥市场机制的作用,才导致我们长期存在城镇化滞后的局面。近年来,在城镇化进程中,中国各地在发挥政府"有形之手"作用的同时,也重视发挥市场"无形之手"的力量。正是在政府和市场相结合的强力推动下,众多城市高起点编制了城市规划,确立了城镇化发展思路;高水平进行城市资产经营,建立了多元化投融资机制;高标准进行城市基础设施建设,提高了城市的承载能力;高效能搞好城市管理,初步理顺了城市管理体制。

各地在坚持市场推动城镇化的过程中,普遍树立了"经营城市"的理念,较为广泛地探索了 BOT 方式。随着这些经营意识、经营机制的普遍引入,中国城镇化建设的速度大大加快。

二、坚持全面发展,健全评价指标体系

在科学发展观指导下,山东、浙江等省都充分认识到城镇化的内涵是多方面的,绝不能只凭城镇化率这一指标来衡量城镇化水平和城镇化的成效。因此,在推进城镇化实践中,都提出了与人口城镇化目标相对应的城镇化质量目标,明确了人均住房面积、燃气普及率、污水处理率、人均公共绿地面积等一系列可量化指标和其他定性定量标准。如《山东省城市化发展水平综合评价方案》由城市规模与密度、城市经济、城市居民生活与社会进步、城市基础设施、城市生态环境、城市服务与管理、城市的辐射带动作用等 7 个领域的 29 个指标构成。根据这一评价方案,山东加强了对各地城镇化水平的监测和指导。

三、强化城乡统筹,以工补农、以城带乡

世界城镇化发展正反两方面的经验充分表明,在城镇化进程中必须统筹解决好"三农"问题。对于我们中国这个有着 13 亿多人口的大国来说,这一经验尤其需要高度重视。实行城乡统筹,在工农关系、城乡关系上,适当向农民和农村倾斜,城市繁荣带动农村发展,是近年来中国城镇化的一个突出特点,也是保证中国城镇化科学发展的一个根本性问题。

在中国,城乡差别从建国之初就一直存在。城乡生活条件的差异,使得广大农民产生了对城市生活的无限向往。对许多农民而言,能够"跳过龙门"得到一张城市户口,吃上"国家粮",就是他们一生的奋斗目标。改革开放后,由于首先调整了农业政策,使得这种城乡差别有所缓解。然而,进入新世纪以来,农民

收入增长趋缓，城乡居民收入差距逐步拉大。从 2002 年至今，10 多年来城镇居民人均可支配收入始终是农村居民人均纯收入的 3 倍以上。从城乡居民收入差距绝对值来看，1978 年两者差距不足 210 元，到了 2012 年，二者的差距扩大到了 16 648 元（见表 4-2）。

"农业是安天下、稳民心的战略产业，没有农业现代化就没有国家现代化，没有农村繁荣稳定就没有全国繁荣稳定，没有农民全面小康就没有全国人民全面小康。"这日益成为全党和全社会的共识。党的十六大以来，针对"三农"问题，中央作出了一系列具有里程碑意义的重大决策，农民得到的实惠越来越多。如在 2006 年取消了农业税，仅此一项，每年减轻农民负担 1 335 亿元。从 2004 年起实行对农业生产的直接补贴制度，补贴额度已经从最初的 145 亿元增加到 2012 年的 1 653 亿元。此外，还实行了农村义务教育经费由国家保障的制度，建立了受到广大农民欢迎的"新农合"制度和"新农保"制度。

近年来，根据中央精神，各地区结合本地实际，积极探索增加农民收入的有效途径。如山东省招远市将农村工作的重点确定为做好"加减乘除"四篇文章。"加"，即加大"三农"投入。"减"，即减轻农民负担。"乘"，即充分发挥政策和人力资源的倍数效应，促进农村经济的跨越式发展（一是进一步稳定完善农村家庭承包经营制度，严格实行耕地和基本农田保护，调动和保护农民的生产积极性；二是依托财政资金的引导功能，吸引国内外投资向特色农业、农副产品深加工聚集，纵深推进农业产业化经营；三是抓好农村基层组织建设，通过选好一个班子带活一个集体）。"除"，主要是加速农村劳动力向城镇非农产业转移，通过减少农业人口这个"分母"，增加农民收入这个"分子"，从而提高农民人均纯收入这个"商值"。

表 4-2 中国历年城乡居民收入差距表

年份	城镇居民人均可支配收入（元）	农村居民人均纯收入（元）	城乡居民收入比（农村居民人均纯收入 =1）	城乡居民收入差距绝对值（元）
1978	343.4	133.6	2.57	209.8
1980	477.6	191.3	2.50	286.3
1985	739.1	397.6	1.86	341.5
1990	1 510.2	686.3	2.20	823.9
1991	1 700.6	708.6	2.40	992.0
1992	2 026.6	784.0	2.58	1 242.6

续表

年份	城镇居民人均可支配收入（元）	农村居民人均纯收入（元）	城乡居民收入比（农村居民人均纯收入 =1）	城乡居民收入差距绝对值（元）
1993	2 577.4	921.6	2.80	1655.8
1994	3 496.2	1221.0	2.86	2275.2
1995	4 283.0	1577.7	2.71	2705.3
1996	4 838.9	1926.1	2.51	2912.8
1997	5 160.3	2090.1	2.47	3070.2
1998	5 425.1	2162.0	2.51	3263.1
1999	5 854.0	2210.3	2.65	3643.7
2000	6 280.0	2253.4	2.79	4026.6
2001	6 859.6	2366.4	2.90	4493.2
2002	7 702.8	2475.6	3.11	5227.2
2003	8 472.2	2622.2	3.23	5850.0
2004	9 421.6	2936.4	3.21	6485.2
2005	10 493.0	3254.9	3.22	7238.1
2006	11 759.5	3587.0	3.28	8172.5
2007	13 785.8	4140.4	3.33	9645.4
2008	15 780.8	4760.6	3.31	11020.2
2009	17 174.7	5 153.2	3.33	12021.5
2010	19 109.4	5 919.0	3.23	13190.4
2011	21 809.8	6 977.3	3.13	14832.5
2012	24 565.0	7 917.0	3.10	16648.0

资料来源：中华人民共和国国家统计局 . 中国统计年鉴 . 2012 年

党的十六届四中全会上提出："综观一些工业化国家发展的历程，在工业化初始阶段，农业支持工业、为工业提供积累是带有普遍性的趋向；但在工业化达到相当程度以后，工业反哺农业、城市支持农村，实现工业与农业、城市与农村协调发展，也是带有普遍性的趋向。"在同年 12 月召开的中央经济工作会议上，胡锦涛又指出"我国总体上已到了以工促农、以城带乡的发展阶段"。这就是对中国经济发展和城乡关系进入新阶段的科学判断。中共中央政治局第二十五次集体学习中指出："坚持统筹城乡发展，在经济社会发展的基础上不断推进城镇化，可以加强城乡联系,在更大范围内实现土地、劳动力、资金等生产要素的优化配置,有序转移农村富余劳动力,实现以工促农、以城带乡,最终达到城乡共同发展繁荣"。这一系列重要思想的提出和贯彻,标志着中国城镇化战略已经由农村支持城市转向城市支持农村。随着一系列强农惠农富农政策的出台和贯彻落实,中国在解决"三农"问题方面进展良好:2003年以来,全国粮食产量连续9年增产,农业产值和农民人均纯收入也逐年递增(见表4-3)。

表4-3 中国"三农"主要指标变化表

年份	农业产值 (万元)	粮食产量 (万吨)	肉类产量 (万吨)	水产品产量 (万吨)	农民人均纯收入 (元)
2000	14944.7	46217.5	6013.9	3706.2	2253.4
2001	15781.3	45263.7	6105.8	3795.9	2366.4
2002	16537.0	45705.8	6234.3	3954.9	2475.6
2003	17381.7	43069.5	6443.3	4077.0	2622.2
2004	21412.7	46946.9	6608.7	4246.6	2936.4
2005	22420.0	48402.2	6938.9	4419.9	3254.9
2006	24040.0	49804.2	7089.0	4583.6	3587.0
2007	28627.0	50160.3	6865.7	4747.5	4140.4
2008	33702.0	52870.9	7278.7	4895.6	4760.6
2009	35226.0	53082.1	7649.7	5116.4	5153.2
2010	40533.6	54647.7	7925.8	5373.0	5919.0
2011	47486.2	57120.8	7957.8	5603.2	6977.3
2012	52377.0	58957.0	8384.0	5906.0	7917.0

资料来源:中华人民共和国国家统计局.中国统计年鉴.2012年

　　近年来,中国坚持以城带乡的城镇化战略,不仅降低了农民进城的"门槛",而且着力保障和维护失地农民和农民工的权益,积极探索解决农民市民化问题。"'十一五'期间,征地补偿标准提高30%以上,相当一部分地方增加了一倍,2500多万被征地农民纳入社会保障,让农民失地不失业、生计有保障。"此外,各地不断探索解决失地农民生计的新办法,如深圳市早已将失地农民全部纳入社会保障体系,使他们也像市民一样参与各类保险,享受最低生活保障;苏州、北京等一些地方对城中村和城郊村实行集体资产股份制,"农民变股民,持股进城,按股分红"。浙江省以建设和谐社会的理念解决农民工问题，着力做好本省外出农民工的工作，使"农者有其地""新温州人"等称谓的出现，使"来者有其尊"；及时足额兑现劳动工资，使"劳者有其得"；兴建一批"安心公寓"，使"工者有其居"；扩大政府的公共服务，使"孤者有其养"；享有民主政治权利，使"优者有其荣"；丰富精神文化生活，使"力者有其乐"。许多地方通过订单培训、定向输出等形式，提高农民外出务工组织化程度，为农民进城就业提供职业介绍、培训、管理和维护权益"一条龙"服务。

四、重视文化建设，加强教育培训

群众"心理上城镇化"是城镇化的应有之义，也已经成为近年来一些地方推进城镇化的工作重点。如深圳市龙岗区龙城街道爱联小学开展的"我心中的城市化"活动，寓教于乐，让孩子们及时深入地了解城市化对自己和家庭带来的切实好处，从小培养孩子脚踏实地做一个合格市民。同时，也带动广大家长对城市化的了解，更快地适应新角色的转换。在课堂上，同学们首先以"学习'城市化'，做一个优秀的城里人"为内容进行了讨论。随后，老师让同学们展开丰富的想象，用笔描绘心中的理想城市。他们有的画林立的高楼、优雅的小区、宽敞的公路、人头攒动的商场；有的画蓝天白云飞鸟、小河流水游鱼；有的画少先队员扶老人过马路和警察叔叔文明执法的身影……这一幅幅画面展现了孩子们对现代都市生活的美好向往。接着，老师引导学生从自己做起，从小事做起，引发当代学生所应承担的社会责任和应具备的道德修养等问题的深刻理性思考。班会课后，许多孩子表示，为把龙岗建设得更加美好，回到家后他们将向父母、亲友传递城市化的信息，为龙岗城市化当"红领巾宣传员"，使农村城市化工程深入民心。从坚持用以人为本的科学发展观指导城镇化的要求来看，龙岗区龙城街道爱联小学开展"我心中的城市化"活动的经验，非常值得在全国推广。

群众"素质上城镇化"也是城镇化的应有之义，并且成为近年来一些地方推进城镇化的工作重点。如山东省2004年就启动了农村劳动力转移培训阳光工程，省财政每年都要拿出专项投资，较好地发挥了促进农民转移就业的作用。再如成都通过政府组织开展的"图书进万家""新市民文化艺术讲习班""高雅艺术进村镇"等8大工作项目，使广大农民接受到了先进、鲜活的城市文化、城市文明，提高了文化素养和自身修养。

五、创新发展思路，解决土地紧缺的城镇化瓶颈难题

土地是城镇化最重要的基础载体。中国人多地少的矛盾，决定了土地紧缺必然会成为城镇化的瓶颈难题。近年来，无锡市、济南市等一些地方，解放思想，创新政策和发展思路，较好地破解了城镇化中的用地难题。

无锡市的做法是：第一，厂房"长"高，向天要地。引导企业向上空发展，制定政策严格限制建造单层厂房，鼓励建造多层厂房，向天空要地。第二，农民住高楼。近几年来无锡主动调整行政区划，将中心镇建设、村庄撤并与宅基地制度创新相结合，通过统筹规划建造农民公寓，集中管理，使农民人均占用宅基地面积从 100 平方米降为 30 平方米，不仅集约了土地，而且改善了农民的生活和居住环境。第三，化短期闲置土地为"流动农场"。"短期闲置土地"是指招商储备地以及农民搬迁后不愿耕种的土地，这些土地从规划征用到动工兴建一般会有一段闲置时间。而"流动农场"的职能就是专门组织复垦无锡市区内的闲置土地。每年年初，"流动农场"通过对闲置土地的仔细"摸底"，有针对性地安排农作物生产。如对到年底才开工尚有接近 1 年耕种时间且具备较好灌溉条件的田块，及时安排种植水稻等农作物，对下半年就要开工的土地则种植生长期相对较短的玉米等农作物。

济南"城市综合开发模式"，通过引进城市运营商——三联集团，将土地获取、村民安置、区域经济与环境改善统一解决，对村民的生活保障及就业发展等多方面进行统筹安排。其具体做法是：第一，在政府授权、村民代表大会表决通过后，村庄作为经济组织整体加入企业——三联集团。第二，三联集团仅仅具有对该区域的开发权。为保证国家对用地的宏观调控，防止非法圈占、倒卖获利等违法行为，集团对区域内任何土地的使用都必须取得政府部门的审批。第三，三联集团土地的获取必须以保障失地农民的长期工作和生活为前提。这样，济南"城市综合开发模式"就把推进城镇化同企业的可持续发展有机结合起来，从而实现了"多赢"。

六、承包地流转

农区城镇化进程中，通过承包地的流转，土地的重新规划，有效地解决了土地资源不足以及土地资源浪费等问题。承包地流转主要有三种形式，即转包、租赁和入股。转包就是指承包方将部分或者全部土地承包经营权以一定期限转给同一集体经济组织的其他农户从事农业生产经营。租赁是指承包方将部分或者全部

土地承包经营权以一定期限租赁给他人从事农业生产经营。土地入股是指承包方之间为发展农业经济，将土地承包经营权作为股权，入股组成股份公司或合作社等，从事农业生产经营。通过承包地的合理流转，最终将土地集中到种植大户、农民专业合作社以及农业企业手中，实现了土地的高效利用，推动农业的规模化和集约化发展，为进一步释放农村剩余劳动力，推动城镇化的顺利进行创造了重要条件。

七、宅基地置换

随着城镇化进程的推进，大量农民进城务工，在城镇有稳定工作的农民，通过宅基地的置换在城镇换取相应的社会保障。置换的具体流程是农民进城后将宅基地交给政府，政府根据耕地增减挂钩原则，将宅基地平整为耕地，而多出来的耕地指标，被调整为城镇建设用地。同时将多出的城镇用地出让，并将这部分土地增值溢价的一部分返还给农民，换取城镇的政策保障房，商品房以及相应的社会保障。通过农村宅基地的置换，一定程度上为进城务工的农民提供了稳定的经济保障，同时也解决了城镇用地紧张问题。

八、产权认定

承包地流转以及宅基地置换的前提条件是要对农民的承包地使用权、宅基地使用权、农民房屋的产权进行确定。没有产权，农民盖的房子不能抵押，不能转让，甚至连出租都困难，只有农民有了产权，才能有效地保证并增加其财产性收入，其相应权益才能得到法律的保护。这样，进城的农民可以放心将土地、房屋进行转包、租赁或入股，在收入增加的同时，也不再担心因没有维权的法律凭证而使自己的权益受到侵害，解决了离开农村的后顾之忧。清楚的产权界定是市场交易的前提，2011年12月召开的中央农村工作会议已经明确提出了土地承包经营权、宅基地使用权、集体收益分配权等，是法律赋予农民的合法财产权利，任何人都无权剥夺。因此，在现阶段，尊重并保障农民土地财产权，并从法律、制度层面确权、还权及维权，是城镇化进程中各项工作开展的重要基础。

九、农业的规模化生产

农村家庭土地联产承包责任制实施以来，农民的生产积极性得到了释放，农业生产效率不断提高。但随着科技的进步以及农业机械的更新，以家庭农田为单位精耕细作的农业生产方式难以适应农业现代化的发展要求，以家庭为单位的农民也难以拿出充裕的资金购买新型农业机械或对农业进行技术改良。再加上近年来受到通货膨胀的冲击，农业生产成本不断上涨，农民单纯靠农业生产所能获得的收入十分有限，与城镇居民的收入差距也不断拉大。在这种条件下，有必要对现有的农业生产方式进行调整，以适应农业现代化发展的需要。农业现代化将改变过去以劳动力投入为主要生产要素的传统农业生产方式，并通过规模化、机械化以及技术创新，实现传统农业向资本和技术密集型行业转变，从而提高农业生产效率，在原有的耕地面积上获得更多的农业产品。具体而言，农民通过农田租赁、入股等多种形式与种植大户、专业合作社或农业企业签订协议，交由种植大户、专业合作社或农业企业对农田进行规模化耕种。种植大户、专业合作社或农业企业有资金有技术也有设备，他们通过规模化和机械化生产，降低了农业边际生产成本，从而实现农业生产效率的提高，并获得可观的利润。而农民除了定期获得土地租金、股份红利以外，还可以通过选择外出务工或被聘为农业工人而获得额外劳动报酬，实现了收入的增加。同时，更多的农村剩余劳动力也得到了释放，可以参与到城镇的第二或第三产业的就业中来。

十、农村金融支持

大力发展村镇银行、农村信用社、资金互动社、小额贷款公司等农村金融服务机构，为农民自主创业、扩大生产规模提供必要的资金支持。当前，农民贷款难这一问题十分突出，而导致农民贷款难主要源于两方面的原因：第一，农民可用于抵押贷款的资产十分有限，而农民的承包地、房屋由于没有产权，因此无法进行抵押，出于风险考虑，银行也就自然不愿放贷。即使在农民的承包地使用权、宅基地使用权和农民房屋产权认定，可以抵押贷款的前提下，银行贷款也会有顾虑，要是贷款到期农民不还款，银行又如何处理这些作为抵押品的土地和房屋？对于农民的承包地使用权、宅基地使用权和农民房屋产权，银行是无权进行随意出售的。第二，银行对农民的信用状况和资产情况不了解，即使要了解其成本及难度也不小，另外农民贷款多为小额贷款，收益也有限，再加上没有一定的担保，银行自然不愿贷款。因此，为解决这两方面的问题，首先可以在省、市一级成立农村产权交易中心，把到期不还的抵押品进行网上公示，吸引买主，成交后将地产和房产的交易金额直接划到银行抵债，解决银行抵押品处理问题。这里需要注意的是，贷款的额度要有控制，避免农民的土地和房屋因无法还贷而直接破产和无家可归，这里可以借鉴重庆的做法，即将部分财政扶贫款和补贴资金转为农民信贷基金，为农民支付银行贷款利息，转"输血"变为"造血"，在减轻农民还贷压力的同时鼓励农民进行贷款创业和扩大再生产。针对第二个问题，可以成立县一级的农村信用社担保中心，以此作为农民和银行之间的中介机构，调查贷款人的信用状况、资产负债状况并为贷款人担保向银行进行贷款。

第五章 中国城镇化中存在的不符合科学发展观要求的问题及成因

进入新世纪以来，尽管中国城镇化取得了较大成就，并积累了一系列经验做法，但不可否认，由于种种原因，中国城镇化实践中仍然存在很多不符合科学发展观要求的矛盾和问题。

第一节 突出问题

流动人口城市融入程度低，城市出现新二元结构。众所周知，自从中国城镇化进入加速期以来，流动人口无法有效融入城市就成为一个严重而尴尬的社会问题。半城镇化、流动人口边缘化、中国特色的贫民窟等词汇不一而足地呈现出来。2013年虽然我国城镇化水平达到53.7%，但户籍城镇化水平仅为36.7%左右。农业转移人口作为城镇化的主力军，不仅收入低、劳动强度大，且就业极不稳定。作为产业工人重要组成部分的农民工，大范围、高频率的流动使企业很难建立一支稳定的劳动队伍，从而导致劳动力市场上专业化的劳动力队伍难以形成。这不仅造成人力和经济效率的损失，而且，企业员工频繁的更换不利于形成有利于企业和工人的博弈与协商机制，对良性的劳资关系的建立形成障碍。农民工的频繁流动，降低了组织化的可能性，无法形成一个稳定的阶层，使他们对自身社会地位形不成长期的正面预期，对自己未来的定居地没有理想的归属感，对城市缺乏主人翁意识，不利于社会融合和社会互动。由此在城市形成当地居民与流动人口新的二元结构。这对城镇化质量的提高和健康发展构成挑战，并且会随着转移人口规模的扩大而进一步凸显出来。

　　乡村发展滞后，农村现代化和城乡一体化进展缓慢。高质量的城镇化必然是城镇化与农村现代化相互促进、同步发展的过程，是一体、平等和互惠的关系。然而，随着越来越多的人口涌向城市，农村的"空心化"加剧，农村人口结构发生重大的变化，以留守老人和留守儿童为主，面临着耕地流失，或者即使有土地，也已经无人耕种的问题。与此同时，在城镇建设如火如荼进行的过程中，农村基础设施建设、环境卫生治理、公共服务体系建设等方面的投入严重不足，导致农村与城镇不仅在经济方面，而且在社会、文化、医疗和教育等各个领域的发展差距加大，农村现代化进展缓慢，部分农村日益凋敝。

　　城镇发展不均衡，大城市膨胀，中小城市滞后，对人口有序转移形成制约。我国城市规模一般都与其行政等级一致，大城市不仅由于其自身历史积累和规模所显示出的发展优势，更由于其行政等级高，通过政府系统支配着更多的资源，在一系列倾向性政策的安排下取得显著的发展，很多特大城市和大城市的发展甚至超出了其承载力。相反，在以政府为主推动城镇建设的过程中，中小城市和小城镇在资源竞争的过程中普遍遇到困难，发展受限。由此，导致我国城镇发展极不均衡，大城市过大，小城市太小。我国城镇化过程中需要转移的人口规模庞大，依靠个别大城市和特大城市不仅不能完成城镇化的任务，而且会引发大量的城市问题和空间发展问题。中小城市和小城镇的优势得不到发挥，会制约不同规模和不同类型城镇功能互补、相互支撑的城市群的形成，导致城镇空间结构混乱和失序。

　　城镇开发速度超过人口城镇化的速度，土地利用粗放，资源浪费严重。城镇化的核心是人口的城镇化，城镇化的最终目的也是提高和改善人的生活、生产条件，释放个人和整个社会的潜能。城镇化过程中土地的开发过程和速度应该与人口城镇化的过程和速度相协调和匹配，要集约节约利用土地。然而，我国城镇建设用地的增长速度已经远远超过了城镇人口的增长速度，前者将近后者的1.5倍，出现城镇用地粗放、土地闲置、开发时序和用地功能混乱等问题。我国采取层层下拨的方式分配建设用地指标，在这一过程中，争取更多的城市建设用地指标成为各级政府的重要目标，现阶段土地利用指标刚下达，实际建设用地已经超出了下阶段的用地规模，寄希望采取既成事实的方式来争取土地指标，出现土地已经圈起来，但建设规模却很小，甚至土地圈而不用的现象。此外，由于行政级别越高的城市在建设用地指标的争取上处于越有利的地位，一些地区通过全区域调拨的方式把土地指标集中在中心城市利用，甚至通过各种方法把非建成区人口作为建成区来计算争取土地指标，出现一些城市囤积土地，而另一些城市得不到足够的用地指标，资源错配和浪费的现象并存。

交通拥堵、环境质量下降等大城市病呈集中爆发之势。大城市病虽然在西方国家的城市也爆发过，在一些国家至今也仍然存在，但是经过努力，已经有了很大的改善。在我国，由于过多的资源和人口过度集中到大城市，再加上发展速度太快，规划缺乏预见性，城市建设重生产、轻生活，大规模集中建设开发区，远离城市中心就业区建设大型居住区，致使城市内部空间失调，开发建设挤压绿色空间，大城市面临的交通拥堵等城市病问题更为严重。城市的宜居性下降，质量变差。一些特大城市由于人口和用地的爆发式膨胀，水资源利用紧张，不得不采取远距离、跨区域调水的方法解决燃眉之急。不断通过外区域的资源调入来解决本区域的发展，不仅引发区域之间的矛盾，而且通过资源调入只能解决暂时的问题，暂时问题的解决又带来进一步的规模膨胀，蕴藏着极大的风险。

城市文化破坏严重，城市建设不重视历史文化的传承和创新。城市是文明的容器，承载着历史和传统，一座城市就如一本书记录着这座城市的历史信息，像地层一样保存着各个历史阶段的积淀。在我国城镇化过程中，大规模的建设往往伴随着旧城改造和老城拆迁，由于对历史上留存的建筑、遗迹，及形成的城市景观、街区风貌和空间形态缺乏足够的尊重和保护，新建过程中规划、设计和建设又不注重历史文化的创新性传承，致使大量的历史留存毁掉，文化遗迹消失，造成千城一面，缺乏个性，城市的历史感消失。

中国城镇化进程中依然存在很多不符合科学发展观要求的突出问题，亟须引起我们的高度警惕和重视。

一、盲目追求城镇化率

美国著名经济学家斯蒂格利茨曾预言："中国的城市化和以美国为首的新技术革命将成为影响人类21世纪的两件大事"。目前中国正准备将这一预言变成现实。

前段时间召开的中央经济工作会议明确指出，城镇化是中国现代化建设的历史任务，也是扩大内需的最大潜力所在，要围绕提高城镇化质量，因势利导、趋利避害，积极引导城镇化健康发展。话音刚落，"新型城镇化"便成为中国的舆论焦点。

作为经济"晴雨表"的股市开始率先反应，房地产以及与投资有关的钢铁、水泥、机械、煤炭、有色等股票开始高调炒作"城镇化"概念，再加上发改委编制的《促进城镇化健康发展规划（2011–2020 年）》初稿称"城镇化将在未来十年拉动 40 万亿元投资"。另外，各地城镇化体系建设规划方案的纷纷出炉，使得城镇化概念进一步升温。且不论这 40 万亿从何而来，但从目前躁动的"城镇化"来看，若继续搞"大跃进"式的城镇化，则未来会有很多麻烦，比如失去了土地的农民在城市买不起房、享受不了市民的公共服务、无法真正融入城市化，再加上收入分配的两极化，后果会很严重。因此，新型城镇化千万不要再以城市建设和房地产开发为目标，否则这种房地产化的城镇化会失败。

从目前的情形来看，城镇化依然是以投资驱动和"房地产化"为主，是一种功利性的城镇化。如果城镇化的追求超过现实需要，将投资"铁公基"的发展模式转向城镇化建设，就有可能形成过度的城镇化。如果一味地扩建城市，抬高房价和地价，盲目求大，不考虑资源环境的承载能力和现代城市管理能力，则会给未来埋下衰退的种子。据 2010 年 8 月揭晓的中国城市国际形象调查推选结果显示，中国有 655 个城市正计划"走向世界"，200 多个地级市中有 183 个正在规划建设"国际大都市"。先不论其现实可行性，仅这种"膨胀"的规划就不免让人担忧。

现实的情形和历史的经验告诉我们，城市的扩张和城市人口的膨胀是有极限的，历史上很多曾经繁荣的古城最后大都沦为空城，主要是由于衣食住行的供给不足、水危机、空气污染、交通拥堵等因素导致人们无法继续生存，虽然现代的交通、物流业解决了超级大都市的衣食住行，但水资源、空气污染、突发性传染疾病、交通堵塞和城市化管理又成为新的挑战。有人统计，国际极度缺水标准是人均 500 立方米，300 立方米是危及人类生存生活底线的灾难性标准。而如果按照北京 10 年来年均 21.2 亿立方米水资源总量计算，2011 年北京人均水资源量仅有 107 立方米 / 人，仅为极度缺水线的 1/5。显然，全国各地盲目追求超级大都市的思路应该要调整，而小城镇的发展也不宜走集约化或扩张化的道路，否则也会埋下灾难的种子。

其次，切勿再将城镇化作为拉动经济增长的手段。

据国家统计局数据显示，2011 年末中国城镇人口占总人口比重达到51.27%，城镇人口数量首次超过农村。有人认为，这个"城镇化率"是按城镇常住人口统计的，其中还包括了 1.6 亿农民工，若按户籍来算，人口城镇化率只有35% 左右，远低于世界 52% 的平均水平，未来潜力巨大。如果农业人均产出能够达到非农产业平均水平或一半，则可以释放 1.5 亿至 2.1 亿农业剩余劳动力，随着这些农村剩余劳动力进入城市制造业和服务业，中国经济在未来十年仍将保持 8% ~ 9% 的增长率。

这种以追求经济增长为目标的"城镇化"逻辑，恰恰是需要我们反思和警惕的。现在中国经济增长出现颓势，在刺激政策捉襟见肘的情况下，很多人建议大干快上"城镇化"，将中国经济未来增长的希望寄托在"城镇化"上，这实际上是一种悲哀，是对中国经济结构转型缺乏信心的表现。这些年所谓的"城镇化"，实际上很多都是简单、粗暴的移民和拆迁，将年轻一代的农民工赶向城市，将农民的土地腾挪出来搞房地产开发，这种城市化实际是在搞"圈地运动"，而不是在推动农民"市民化"。从以往农民变市民的群体来看，大都是城中村、城乡结合部的农民，原因是他们的土地率先"城市化"了，"市民化"只是为了交换农民的土地。而 1.6 亿农民工却受户籍等制度的限制，进城之后在子女教育、医疗、住房、养老等方面都无法与真正的市民享有平等待遇。如果真想提高"城镇化"比率，除了要尽快启动户籍制度改革，加大公共福利供给和社会保障，提高进城农民的收入、就业，解决他们的后顾之忧，让他们真正融入城市，成为市民。

第三，不能再将掠夺农民利益作为城镇化或经济增长的目标。

农业生产产出较工业和服务业低真是农民生产率低下吗？未必！比如一个农民工从农村来到城市打工，收入较农业生产大幅增长，并非是进城农民的生产能力立即发生翻天覆地的变化，而是城乡"二元结构"和"以农补工"等定价机制所致，看看玉米、稻米和小麦这三大主粮价格有多少年没有动了，而城镇居民的收入和通胀速度在这十几年大幅飙升，再加上农业生产资料和日用品价格的不断上涨，农民收入低下和迫使年轻一代农民工背井离乡就成了必然，而非简单的生产率因素。如果宏观层面为了避免物价上涨而控制农产品价格，那就得增加对农业生产的补贴，不能再一味地压缩农民的利益，否则未来中国的粮食安全会存在大问题。显然，如果再不改革这样的城乡矛盾，继续搞掠夺式的城镇化增长逻辑，将难以为继。

因此，中国未来的新型城镇化切勿再搞"圈地运动"和集约化大发展，反而应该提高农村基础设施的供给、提高农民收入和提高农民生活质量才是正途，实现城乡共荣的局面，避免盲目追求那个充满矛盾的"城镇化率"。

马克思早就明确指出，"社会经济形态的发展是一种自然历史过程。"城镇化也是一个"自然历史过程"，不可能一蹴而就。《中共中央、国务院关于促进小城镇健康发展的若干意见》明确强调："城镇化水平的提高是一个渐进的过程。"

然而，自从 2000 年 10 月党的十五届五中全会明确提出实施城镇化战略以来，一些地区逐渐滋生了追求城镇化率的"狂热病"。2000 年至 2012 年，中国城镇化率从 36.22% 提高到 52.6%，年均增长 1.36 个百分点，这意味着每年有上千万的农村户口转化为城市户口，被有些专家称之为城镇化大跃进。

二、土地城镇化快于人口城镇化

在城镇化率不断提高的背后，我们还面临哪些问题？在周末召开的第二届城市管理高峰论坛上，一些专家认为，现阶段我国城镇化速度远远低于工业化进程，土地城镇化明显快于人口城镇化。因此，户籍制度改革和土地供给制度改革已刻不容缓。

全国人大财经委员会副主任尹中卿在论坛上表示，虽然改革开放 30 多年来城镇化建设取得了显著成就，但也要清醒地看到，长期以来各个地方都把推进城镇化简单地等同于城市建设，过分注重城市建成区规模的扩张而忽视了城市人口规模的集聚，把农业的转移人员仅仅当作生产者、当作劳动力，而不愿意接受他们本人和他的家属进入城市成为市民，结果导致了现在比较严重的城镇化滞后于工业化。

发改委中小城镇研究室的副主任乔润令也指出，虽然我国城镇化率过半，但发展质量并不高。他分析道，2011 年我国城镇化率达 51.27%，据此计算我国城镇人口已达 6.9 亿，但是，2011 年年底中国农村户籍人口是 9.3 亿，这意味着城镇人口数量仅为 4.2 亿，因此，我国城镇化水平至少要减掉三分之一。

"除城镇化质量低外，城镇化另一现实是城镇占用土地的速度远远快于吸纳人口的速度。"乔润令表示，在城镇化建设和推进过程当中，农村建设用地总量不减反增，这说明土地城镇化快于人口城镇化。

而对于未来城镇化发展，尹中卿提出下一步户籍制度变革是农民进城的关键，"由于 51.27% 的城镇化率实际上是一个伪命题，因此，在提高城镇化的质量的道路上，我们需要做的不是盲目地扩大城区，追求统计数据上的城镇化率，而是要更加紧迫地把实现人口的城镇化作为我们主要任务。"

尹中卿指出，应推动户籍制度改革，逐步放开大中城市落户限制，有序地推进农业转移人口市民化的进程。

"第二项任务是解决农村土地流转承包的机制，积极破解城乡二元结构和城市内部的二元结构。"尹中卿表示，在拒绝用摊大饼的方式简单扩大城市规模的前提下，打通城乡土地转化的渠道，加快征地制度改革，逐步缩小征地范围，规范征地程序，解决好被征土地的农民转移到城市后就业、住房、社会保障问题，保障对征地农民的长远生计。

全联房地产商会名誉会长聂梅生指出，只有进行户籍制度改革才能释放城镇化中的内需潜力，进行土地出让制度改革才能真正实行双轨制供地。

但对于土地管理制度改革，国土资源部司长董祚继表示，现阶段城镇化推进中面临用地两难。他指出，一方面我们要坚守耕地红线；另一方面我们还必须要保障城镇化发展的必要用地。在此背景下，我国加大土地管控力度，而现实却是，每年国家分配的用地指标，对于地方政府来说，至少有三分之一的缺口。

对此，董祚继指出，应着力推进土地管理制度改革，一方面要深化土地使用制度改革，着力推进城镇低效建设用地再开发，对存量用地和增量用地实行差别化管理。另一方面，推进城乡建设用地增加挂钩，促进农村土地整治深入开展。

"放开农村集体建设用地上市交易，使农村集体建设用地与城市建设用地真正实现同地、同权、同价，将弥补部分供地缺口。"国土部相关负责人在接受《经济参考报（微博）》记者采访时透露，现阶段是进行土地制度改革的好契机，未来将进一步在法律层面为农村集体用地市场化铺路。

此前，据媒体报道，国土部已开始农村用地紧急确权工作。按照此前制定的规划，在十八大闭幕之后，国土资源部将开展《土地管理法》第二轮修订前期准备和研究工作。在新一轮修订当中，将包括加大耕地保护力度、农村土地制度改革、政府土地收益改革、存量用地制度改革等关键领域的改革，范围也远远超过此次修订。

城镇化的核心，本应是农村人口的城镇化。然而，纵观近20多年的"城镇化热潮"，实际上成了"城市建设热潮"，城市建成区面积和城市建设用地面积都迅速扩大，但人口城镇化水平却没有得到相应的提高（见表5-1）。1990年至2011年的21年间，全国城市建成区面积扩大了2.39倍，城市建设用地面积扩大了2.61倍，而人口城镇化率仅增长0.94倍，空间扩张速度是人口城镇化增长速度的2.54倍，城市建设用地面积增长速度是人口城镇化增长速度的2.78倍。2000年至2011年的11年间，全国城市建成区面积扩大了94%，城市建设用地面积扩大了89%，而人口城镇化率仅增长42%，空间扩张速度是人口城镇化增长速度的2.24倍，城市建设用地面积增长速度是人口城镇化增长速度的2.12倍。

"参照国际标准，为了保证城市开发效率和资源环境保护效果，土地城镇化与人口城镇化速度应该基本相当，以用地增长弹性系数衡量，大约在 1 到 1.12 之间"，而中国 1990 年至 2011 年的 21 年间和 2000 年至 2011 年的 11 年间，用地增长弹性系数分别是 2.02 和 1.78，都已经大大超过了国际标准。

表 5-1　1990 ～ 2011 年中国城市面积和人口城镇化情况

项目	1990 年	2000 年	2010 年	2011 年	2011 年比 1990 年增长（%）	2011 年比 2000 年增长（%）
建成区面积（平方公里）	12856	22439	40058	43603	239	94
城市建设用地面积（平方公里）	11608	22114	39758	41861	261	89
人口城镇化率（%）	26.41	36.22	49.95	51.27	94	42
城镇人口数量（万人）	30195	45906	66978	69079	129	50

资料来源：中华人民共和国国家统计局.中国统计年鉴.2012 年

随着大量土地被征用和开发，中国出现了数目惊人的失地农民。国务院发展研究中心主任王梦奎曾经专门研究过中国城镇化中的失地农民问题，他发现："1987 ～ 2001 年，全国征用耕地 2400 多万亩，至少有 3400 万农民人均占有耕地减少到 0.3 亩以下或者完全失去土地。这里还不包括违法占用耕地。据卫星遥感资料，违法用地数量占用地总量的 20% ～ 30%，有的地方高达 80%。如果考虑到违法占用耕地，人均占有耕地 0.3 亩以下或者完全失去土地的人口可能高达 4000 万 ～ 5000 万人，占全国农村人口的 5% ～ 6%，是个很大的数量。由于征地范围过宽，补偿严重不足，被征地农民生活水平下降、就业没有着落的问题相当突出。国家统计局对全国 2942 个失地农户调查，46% 生活水平下降；这些失地农户共有 7187 个劳动力，安置就业的占 2.7%，被迫赋闲在家的占 20%。不少建设项目征地款占工程造价比重只有 3% ～ 5%。许多腐败和犯罪案件与土地问题有关。农民上访 60% 以上和土地有关。大量失地无业农民已经成为影响社会稳定的重要因素。"中国城市规划学会理事长、中国科学院院士、中国工程院院士周干峙也曾经在中国城市规划年会上的报告中提醒人们，中国城市化发展中的问题"最主要的是'四个透支'和'三个失衡'，即：土地资源透支、环境资源透支、能源资源透支、水资源透支；'失衡'表现在：城市内贫富差距扩大、城乡经济差距拉大、沿海和内地差距增大。"

三、"半城镇化"现象严重

近几年，我国城镇化进程加速推进，全国大部分省份城镇化率以年均1个百分点以上的速度增长，但这是一种"虚"的增长。根据目前一些城市的统计制度，农村人口在城镇居住一定时间就可按城镇人口计算，长期在城镇工作的农民工，多被统计在城镇人口之列。实际上，农民工"就业在城市、户籍在农村，劳力在城市、家属在农村，收入在城市、积累在农村，生活在城市、根基在农村"，从而形成了"半城镇化"现象，近几年我国城镇化率的高速增长，与"半城镇化"现象密切相关，而且由此带来一系列社会问题，必须引起高度重视，并采取有效措施加以解决。

"半城镇人口"不能享受真正意义上的城镇居民待遇。在现行城乡二元结构背景下，城市财政支出和公共产品提供以城市户籍人口为对象。"半城镇人口"仍为农村户籍，在劳动报酬、子女教育、社会保障、住房等许多方面并不能与城市居民享有同等待遇。与城镇居民相比，他们多数集中在累、脏、苦、差、险、毒等行业，存在"同工不同酬、同工不同权、同工不同时"等不公平待遇，并且随时面临失业的局面。

"半城镇化"就业不稳定，家庭不能团聚，带来一系列社会问题。在城镇化进程中，农民工在城镇就业处于弱势地位，多数没有与用工单位签订劳动合同，也没有购买相应的保险，一旦出现工伤或劳资纠纷等问题，农民工利益难以保障，易形成社会不安定因素。由于城市生活成本高，农民工往往夫妻分居，"留守儿童""空巢老人"的现象有增无减，加大了农村的妇女和老人的生产和生活负担，对子女教育、老人赡养等极为不利。尤其是"留守儿童"问题，直接影响到下一代人口素质的提高。

"半城镇化"在城镇的生活质量难以有效提高。农民工在城镇工作，干的是最脏、最累的体力活，而工资收入水平低、吃住条件差，参加社会活动少，同时，又要承受不能与亲人团聚的痛苦。

"半城镇化"不能有效拉动城市经济的发展。由于"半城镇人口"不得不在城乡之间"摆渡"，因此，在城镇生活归属感差，平时省吃俭用，消费较低。这在一定程度上抑制了城市化对消费增长的促进作用，不利于城市经济的发展。"半城镇化"的存在无形中"抬高"了城镇化率，影响政府在推进城镇化进程中的科学决策。

"半城镇化"不利于土地适度规模经营和土地生产率的提高。"半城镇人口"

户籍仍在农村，加之在城镇就业不稳定，多数不愿放弃承包的土地，不利于土地流转和适度规模经营。由于对承包的土地疏于管理，也不指望在土地上获得更多的收入，必然导致"广种薄收"，不利于土地生产率的提高。

从表面上来看一是融入城镇有"三难"，即子女进城上学难、缺少城镇居民社会保障、在城镇购不起房。二是在农村有两大"眷恋"，即承包土地使用权、宅基地及相应住房。在城镇无法得到保障的农民工往往把土地作为自己最后的"保障"，倾向于维持与土地的长久联系，而不愿割断。

就深层次分析，一是体制上的障碍。目前，尽管多数省份已实行城乡基本统一的户籍登记制度，但城市对外来人员落户仍然存在诸如房产、固定工作等多种限制，农民进城落户的"门槛"仍然较高。不解决"半城镇人口"的城市户籍问题，农民工就不可能享受到真正意义上的城镇居民待遇。二是地方政府推进城市化的重点与城市化建设的初衷的偏离。我国加快推进城市化建设的初衷，是转移农村人口、增加农民收入、扩大国内需求，以及缩小城乡二元结构矛盾和促进区域经济发展。但从实践看，地方政府大都把注意力放在建设城市、经营城市上，而对如何有效转移农村人口、增加城乡就业关注不够。

中国第五次人口普查以来，城乡人口统计采用按常住人口登记的原则，"已在本乡、镇、街道居住半年以上，常住户口在本乡、镇、街道以外的人"和"在本乡、镇、街道居住不满半年，但已离开常住户口登记地半年以上的人"均在现居地登记。按照这两条，绝大多数农民工被计算为城镇人口。据国家发改委城市和小城镇改革发展中心副主任乔润令提供的数据，2011 年中国城镇化率达 51.27%，据此计算中国城镇人口已达 6.9 亿，但是，2011 年底中国农村户籍人口是 9.3 亿，这意味着城镇户籍人口数量仅为 4.2 亿。由此可见，高达 2.7 亿的户籍在农村的人口被计算为了城镇人口。2012 年国民经济和社会发展统计公报也显示，2012 年末全国农民工总量为 26261 万人，其中，在本乡镇以外从业 6 个月以上的外出农民工 16336 万人，在本乡镇内从事非农产业 6 个月以上的本地农民工 9925 万人。广大农民工虽然在城镇化率统计中被计入了城镇人口，但并不是被内部化了的特定城镇人口。有关研究显示，目前只有 1.7% 的农民工落户城镇，户籍人口城镇化低于常住人口城镇化近 20 个百分点。这些已经发生了职业变化的数量庞大的农民工，因未获得在城市的合法户籍而不能享受相应的社会福利，只能每年无奈地往返于城乡之间，形成中国独特的"半城镇化"现象。

"进城就业的农民工已经成为产业工人的重要组成部分，为城市创造了财富、提供了税收。"但是，在城乡二元体制的制约之下，他们却难以获得正式市民的身份和待遇。一些农民连续三代在城市打工，已经在城里结婚生子，而且拥有稳定的工作和固定的住所，但是他们仍然不能像城里人一样享受到各种社会保障，无法享受到城市的住房补贴、在职培训或进修、社区服务，也享受不到公共财政提供的义务教育，农民工随迁子女在城市求学除了要跟城里的孩子一样缴纳各种费用外，还需要交纳插班费或借读费。与此同时，农民工与城市工人同工却不能同酬、同权，对农民工拖欠工资、人身伤害等各种侵权现象屡有发生。一些地方歧视农民工，对农民工就业进行种种不合理限制。在许多企业，农民工工作和生活条件恶劣，有的甚至因此酿成重大伤亡事故，还有的出现农民工自杀现象。不少企业有意识地不与农民工签订劳动合同，从而使农民工享受不到工伤保险及就业期间的医疗保障。国家统计局《2011 年我国农民工调查监测报告》显示：2011 年全国农民工总量达到 25278 万人，其中，外出农民工 15863 万人，住户中外出农民工 12584 万人，举家外出农民工 3279 万人，本地农民工 9415 万人。近年来随着国家法规的完善，尽管农民工劳动时间过长的问题略有改善，但在 2011 年每周工作超过法定 44 小时的农民工仍高达 84.5%，每天工作超过 8 小时的占 42.4%，每天工作 10 小时以上的占 32.2%。2008 年至 2011 年这 4 年间，被雇主或单位拖欠工资的农民工比例分别为 4.1%、1.8%、1.4% 和 0.8%。2011 年外出受雇农民工与雇主或单位签订劳动合同的仅有 43.8%，仍有半数以上农民工没有劳动合同保护；雇主或单位为农民工缴纳养老保险、工伤保险、医疗保险、失业保险和生育保险的比例分别为 13.9%、23.6%、16.7%、8% 和 5.6%；仅有 0.7% 的外出农民工在务工地自购房。由于广大农民工只能进城就业，无法举家在城镇生活，又导致农村留守妇女、留守儿童和留守老人等社会问题。有数据显示，在农村人口中，留守儿童有 5800 多万人，留守老人有 4000 多万人，留守妇女有 4700 多万人，这构成了中国城镇化中最尴尬且影响深远的家庭分离现象。

四、"被城镇化"问题屡见不鲜

所谓"被城镇化"，是指农民不是出于自身的主观意志选择，而是由于农村土地被强制征用、城中村被强拆或者是乡村撤并，农民被强制集中到城镇或中心村的多层楼房和双层住宅中集中居住等而被实现的"城镇化"。在"被城镇化"中，不仅农民起码的居住自由权、农民拥有宅基地财产的自由处置权受到野蛮侵害，生活成本随之增加，而且随着农民被逼进城而来的文化环境变化又给他们带来严重的心理失衡。因此，"被城镇化"成为当今社会摩擦最大、矛盾最尖锐、农民不满意甚至以死相抗等严重问题的重要起因。

各类城市具体城镇化路径首次明确提出，进一步传递了政府推进城镇化的坚定决心，勾勒了宏伟蓝图。尤其全面放开小城镇和小城市落户限制，更有利于引导农民就地就近城镇化，降低城镇化成本，避免人口过度流向大城市。

不过，放开落户限制并不意味着城镇化一片坦途，可以一蹴而就。对于广大农民来说，一纸城市户口看起来很美，拿起来却很重，纵然完成了身份上的转变，却不等于真正融入城市。往前看，买不起房，找不到工作，如何在城市惬意地栖居？往后看，失去了土地保障，有一天老无所依，何以"埋在春天里"？

2012年8月，中国社科院发布的《城市蓝皮书》中指出，"个别省份过快的速度，可能导致冒进城镇化、过度城镇化、虚假城镇化，也可能会带来一系列社会、经济和环境问题，加剧社会冲突和社会矛盾"。站在放开落户限制的新起点上，必须充分汲取此前的经验教训，拒绝半城镇化、房地产化，真正坚持以人的城镇化为核心，提高城镇化的质量和内涵，为百姓造福，使农民富裕起来。

明确成本分担，保障市民待遇。公共服务均等化，是城镇化的应有之义。放开落户限制，对城市社会保障、教育、医疗、住房等方面提出严峻考验。有学者做过测算，一个农民工市民化后的成本为20万元。这需要建立健全政府、企业、个人共同参与的市民化成本分担机制，政府尤其要加大财政投入，适当向中小城市倾斜，缩小其与大城市在公共服务能力方面的差距，保障市民待遇。

加快产业配套，确保安居乐业。近年来，一些地方热衷于城市摊大饼，却缺乏支撑空间扩张的产业，而洗脚进城的农民又普遍缺乏必要的技能，两眼一抹黑，难以找到适合的工作，也就不可能在城市扎下根来。在敞开胸怀接纳新市民后，这一问题可能愈发凸显。对此，有关部门必须有充分前瞻和科学研判，做好配套的产业规划，以及职业技能培训，让每个新市民获得人生出彩的机会。

不搞圈地造城，拒绝被城镇化。放开落户限制的前提是充分尊重农民意愿，引导有意愿有条件的农民进入城市。应该警惕一些地方将其视为大规模征地拆迁的信号，演绎出新一轮造城运动，导致农民被迫失去土地，被城镇化。必须坚持推进财税体制改革，突破"土地财政"的怪圈，同时，让农民参与到土地征收谈判和博弈，提高土地补偿标准，从而消弭地方政府跑马圈地的逐利冲动。

五、城镇化建设的"程式化"和"蜂窝化"

近年来，一些地区简单地把城镇化建设当成一种"程式化"的套路来做，从欧式建筑一条街到大型草地广场，从林立的高楼大厦到新区拓建，城市出现普遍的景观"克隆"现象。这不仅导致城市的可识别性和特色日渐缺失，而且伴随着这种所谓的"城镇化"建设，某些城市的历史建筑、城市风貌遭受灭绝性的毁坏。可以说，在近年来的城镇化"大跃进"中，中国的城市遗产正在遭受"文化大革命"以来的第二次普遍性破坏。

在全球经济一体化、信息化背景下，区域城镇一体化成为发展的必然趋势。然而，中国城镇化进程中却存在着城际分离、地方保护、恶性竞争等问题。各地都想把自己管辖的城市、城镇做大做强，搞行政割据，其直接后果就是造成城镇化建设的"蜂窝化"。相邻的城市之间产业结构雷同，基础设施重复建设，恶性争夺外来投资项目，内耗巨大。

总之，城镇化有着深远而广泛的影响，会带来经济、社会，乃至政治的巨大变化。但是这些积极的变化和影响并不是免费的午餐，需要一系列制度改革和制度完善加以保驾护航。中国城镇化过程中出现的问题也不能成为反对城镇化的借口。应对之策是主动破解城镇化面临的难题，最大化地释放城镇化的正能量，走新型城镇化道路。城镇化所具有的深化劳动分工、提高劳动生产率的效果需要合理的规制以破除行业垄断、地区垄断和部门垄断，需要破除技术、资金和劳动力自由流动的障碍，发挥市场在资源配置中的决定性作用；城镇化带来的消费需求的扩张，经济发展方式的转变不仅需要破除市场要素自由配置的障碍，而且需要保障劳动者、技术所有者和资本所有者的利益，形成共享的利益格局，促进大众消费能力的提升；城镇化过程中利益格局的调整，需要以人为本，照顾民生，保护中下层群众的生活，弥合社会鸿沟；城镇化带动群众参政议政能力的提升，要求政治改革呼应这种变化，循序渐进开放政治程序，吸纳广大群众进入政治体系中来，尊重公民自我治理的能力；城镇化有利于环境保护和空间优化，更需要强有力的空间规划手段，进行空间治理。

第二节　主要成因

当前中国城镇化中之所以存在盲目追求城镇化率的提高、土地的城镇化快于人口的城镇化、"半城镇化"和"被城镇化"、城镇化建设的"程式化"和"蜂窝化"等一系列不符合科学发展观要求的问题，主要根源于对城镇化的理解不全面、群众观念不强、规划指导不到位、相关制度不适应等。

一、对城镇化的理解不全面

尽管城镇化对于人们来说已经不再陌生，但是，现实生活中，对于城镇化的误解却比比皆是。

一是将城镇化等同于经济发展。经济发展是牵动城镇化的火车头，经济发展是因，城镇化是果。因此，城镇化决不能不顾经济发展水平而拔苗助长。当前中国城镇化中存在盲目追求城镇化率提高的现象，在很大程度上就是由于有些地方颠倒了城镇化和经济发展的因果关系，过分地夸大了城镇化对经济增长的拉动作用，从而导致他们对城镇化率的片面追求。

二是把城镇化等同于城市建设。正如国务院体改办小城镇发展中心主任李铁所指出，"所谓城镇化，主要解决的不是城市建设水平和质量提高的问题，而首先是就业、环境、社会保障、产业发展等问题。"然而，很多地方领导片面地认为楼房高了、广场建了、草坪有了、马路宽了就是城镇化。谈起城镇化，重点只在于城市建设花了多少钱，城市面积扩大了多少，城市面貌漂亮了多少。与此同时，多年以来，不少人心目中只装着城里人，一提到城镇化，结果自然而然地就去把它理解为城市自身的规划、建设和管理，当作是城市自身的美化、绿化和亮化。十几年"城镇化运动"的结果，高楼大厦起来了，城市面积扩大了，但农村人口却没有"化"掉多少。

三是把城镇化的内容简单归结为增加城镇户口居民。对于各级各类城市而言，放开户籍的歧视性限制，把农业户籍人口转为城镇人口，是"流"而不是"源"。一些地方单纯通过"突击批户口"而提高当地城镇化率的做法，对于中国的城镇化进程而言是毫无意义的。近年来，尽管一些城市取消入城门槛等限制，却没有吸引到很多农民进城。这不仅因为城市工作不稳定、社会保障不健全让农民不愿轻易放弃土地，城乡户口利益剪刀差的缩小也是很大原因。在市场经济条件下，"农转非"已变得意义不大。相比之下，原有的农村户口却可以得到实惠，比如承包土地转包后的稳定收益、能够建造别墅的宅基地等等。正如诺贝尔经济学奖获得者W·舒尔茨所指出："全世界的农民在处理成本、报酬和风险时是进行计算的经济人。在他们的小的、个人的、分配资源的领域中，他们是微调企业家"。新时期的农民已经从不断的利益损失中获得了经验，他们要全面仔细比较和衡量自己以及家人在城市生活的成本和收益。

四是片面认识城镇化发展的动力机制。改革开放30多年的实践证明，城镇化的健康有序发展需要政府和市场的双轮推动。然而，有的地方政府习惯于传统思维，过分看重和依赖政府部门的"推力"，仍然沿用计划经济的方法，甚至动用行政力量来推进城镇化，如强制规定农民的新住宅只能建在城镇上。这种做法不仅严重违背了城镇化发展的自身规律，而且极大地伤害了农民的利益和感情。有的地方政府则认为只要经济发展了，城镇化水平就会自然而然地提高，城镇化应完全依靠市场去推动，对城镇化放任自流，从而必然导致城镇化无序发展。

虽然城镇化是发达国家较早出现的现象，但不同国家的国情各异，发展路径和表现形式也各具特色。我国总结国内外城镇化发展的经验教训，提出了新型城镇化发展思路。这是立足我国具体国情对城镇化路径和实现方式的创新探索。

我国城镇化自改革开放后进入快速发展期，呈现三个主要特点：第一，政府主导的城镇化推动了城镇化快速发展，但也带来诸如资源配置低效、土地资源浪费、地方债务负担沉重等问题。第二，大批农村富余劳动力到城镇寻找新的就业机会，但由于我国长期实行城乡分割的户籍制度，这些人中的大部分并没有真正成为市民，致使土地城镇化快于人口城镇化。第三，小城镇的发展对带动地方经济、吸纳就业、增加当地居民收入起到一定作用，但也存在资源浪费、基础设施薄弱、环境污染等问题。城市发展规模不大，难以提高土地利用效率、实现规模经济，难以形成强大的经济增长中心、辐射带动较大区域的发展。

发达国家城镇化虽然促进了经济社会变革，但其伴生的"城市问题"却始终困扰着政府和社会。首先，交通拥堵。交通拥堵是世界性的城市难题，不少城市通过拓道路、建高架、修轻轨、铺地铁等技术及设施改善的方法增加容量，或是通过限行、控制个体交通等方式实施交通管制，但大部分城市未能彻底有效解决这一问题。其次，环境污染。发达国家城镇化过程中都出现过严重的环境问题。

城市人口和经济活动密集，细菌、病毒和微生物容易通过大气、水体、土壤、食品、人类交往等途径传播滋生，危害人类健康。再次，地价上涨过快。人口、经济活动集聚带来土地增值，但也导致地价快速增长，由此产生严重的房地产泡沫。第四，城市贫困。城市人口过剩和就业机会不足相伴，加上一些制度不合理，致使贫富差距拉大。

我国的新型城镇化既包含对我们过去城镇化道路经验教训的总结，也包含对西方城镇化过程中出现问题的思考和规避，更包含对未来城镇化前景的新设想，是对我国城镇化模式的新构思。新型城镇化内涵十分丰富，其中以人为本、低碳节约、格局优化、新技术引领这四点非常重要。

以人为本。以人为本在哲学层面上是对传统城镇化的扬弃。传统城镇化把物质财富的增加作为实现手段和追求目标。新型城镇化以人的城镇化为核心，推进人的全面发展和社会公平正义和谐，人是城镇化的主体。在理论层面，以人为本是对传统城乡二元结构的突破。新型城镇化突出城乡统筹、工农互惠，强调城乡要素平等交换和公共资源均衡配置，大中小城市和小城镇协调发展，城镇化和新农村建设协调推进，摒弃了"城市偏向"和"忽视乡村"的发展思维。在实践层面，以人为本是在对中国城镇化条件慎重考量的基础上，最大程度实现人的城镇化、最大程度保障人权的有效途径。在人多地少、农村人口数量庞大的特殊国情下，应有序推进农村人口向城镇流动和农业转移人口市民化，稳步推进城镇基本公共服务覆盖常住人口，充分尊重农民在城乡居住上的自主选择权，宜城则城，宜乡则乡。

低碳节约。新型城镇化将生态文明理念全面融入城镇发展过程，构建低碳节约的生产、生活和消费方式。首先，经济活动要节约集约，产业发展和城镇建设要节约集约利用土地、水和能源等资源，强化资源循环利用，发展环境友好型产业，推动环境友好型生产改造，降低污染排放。其次，发展绿色交通，加快发展新能源、低排量交通工具，完善公共交通体系，提高公共交通出行比例。再次，推广绿色建筑，最大限度地提高建筑能效。最后，推崇简约适度、文明和谐的生活方式，慢生活、简出行，培育绿色低碳的生态文化。

格局优化。新型城镇化以城镇体系和城市内部空间结构、格局和形态优化为基础。根据资源环境承载能力，优化空间布局，构建科学合理的城镇体系；依据城镇化发展阶段，优化城市内部空间结构，实施组团式发展，合理定位组团功能，增加组团内部联系，减少组团间通勤，以多中心组团为节点，构建城市综合交通体系；顺应城市发展趋势和生态文明新要求，通过规划引导、市场运作，培育各具特色的卫星城（镇），疏散中心城区功能，提高城市生产和生活效率，推动城市与生态环境良性融合。

技术引领。城市发展周期与经济技术周期紧密相连，城镇化过程必然留下当时产业和技术进步的烙印。蒸汽革命及之后的电力、化学革命，引起大量产业和人口向城市集聚，城市数量和规模迅速增加，进入"生产型城市"的发展阶段。20世纪后，以分工和专业化为基础的福特主义出现，实现了大批量生产并形成快速运输网络，促进了城市扩散，带来城市向生产和服务并重转变。之后信息技术、微电子技术广泛应用，以弹性专业化和精益生产为特征的后福特主义出现，使城市完成了从生产型到服务消费型的跨越。当前，物联网、大数据、云计算、移动互联等新一代信息技术正在深刻改变城市的生产和生活方式，产生诸多与此相适应的城市发展模式，智慧城市即是其一。新型城镇化应当应用智慧城市理念进行城市规划和建设，把技术和人有机结合，建立城市智慧管理系统，提升城市建设和管理的智能化、精准化，促进城市生产、流通、服务高效运作，促进城市健康可持续发展。

二、群众观念不强

在制定和实施城镇化战略过程中，少数城镇管理者群众意识淡薄，不顾广大群众的正当权益，纯粹为了个人"政绩"和提拔升级而大搞面子工程。一些城镇管理者好大喜功，不顾当地经济实情、居民生活水平和就业能力，盲目攀比，扩城建区，劳民伤财。据建设部城建司副司长王天锡披露，全国约有1/5的城镇建设存在形象工程，有个只有5万人口的城市却要修建容纳6万人的大广场。此外，还有的地方专注于土地经营收益，对于失地农民存在的就业、社会保障等亟待解决的事情却较少关注，有的甚至在土地征用中不惜侵害农民权益，在城镇拆迁中不惜侵害居民利益。

三、规划指导不到位

科学规划是城市高标准建设和高效能管理的前提。然而，在中国城镇化的实践中，有的地方不重视规划的先导作用，边建设边规划，甚至先建设后规划；有的地方城市规划缺乏战略前瞻性，规划获批之日即是落伍之时；有的城市政府一换届，规划立即被改，使得本应着眼于长远的规划缺乏连续性和权威性，人为地导致更大的无序和混乱。城市天天拆建，成为一个大工地。城市的财富由此慢慢流失，城市的人气慢慢散去，城市的产业发展也历经挫折。据人民网记者宣宇才报道，由于没有"规划在先"，昆明市的标志——金马碧鸡公园的1.6亿元建设资金中竟然有1.2亿元花在拆迁费用上。同时，各种专业规划的不协调统一，导致交通、绿化、通讯等设施反复重建。

四、相关制度不适应

科学的制度设计是推进城镇化科学发展的根本保障。配套制度改革滞后已经成为阻碍中国城镇化科学发展的深层原因。例如，在现行的财税制度和公共服务制度下，地方政府的税收收入以企业缴纳的增值税等间接税收为主，而不是以民众缴纳的消费税等直接税收为主，这就不能形成人口增加必然带来地方税收增加的机制，与此同时，城镇政府的财政支出和公共服务是以城镇户籍人口为依据来提供的，城镇户籍人口增加必然会带来地方财政支出和公共服务的增加。在这样的地方财政收入和财政支出机制条件下，必然导致地方政府缺乏解决"半城镇化"问题、加快推进农业转移人口市民化的动力和热情。在现行的土地制度下，农民对承包地的经营权和宅基地用益物权等土地权益不仅得不到应有的保障，而且也无法在市场上公平地变现，从而导致大批失地农民无法得到应有的征地补偿，大批农民工难以获得进城安家的足够初始成本。

第六章　坚持用科学发展观指导中国城镇化的对策措施

促进中国城镇化科学健康发展，需要政府及社会各界长期不懈的努力，同时需要在经济社会发展的各个层面进行统筹安排。

第一节　强化认识，牢固树立和认真落实科学发展观

一、加强学习理解，使科学发展观内化为发展信念

作为一种发展理念，只有内化于心，才能更好地实践于行。中国科学院和中国工程院院士大会上曾这样指出："在全社会大力宣传和普及科学发展观，使科学发展观深入人心，是树立和落实科学发展观的基础性工作。只有全体人民和社会方方面面都了解科学发展观、掌握科学发展观、实践科学发展观，科学发展观才能成为全社会的自觉行动，才能真正贯彻到经济社会发展和社会生活的各个领域、各个环节。"因此，全国社会各界都应该紧密结合自身工作，进一步深化对科学发展观重大意义与深刻内涵的理解和认识。这对各级领导干部来说尤其重要。因为多年来，在许多干部的思想深处，仍旧存在经济总量、财政收入第一的发展理念。要通过电视、报纸等多种媒体以及具体的行动实践，促使各级领导干部和广大人民群众将科学发展观内化为发展信念，是中国城镇化健康发展的有力保障。

二、促进用科学发展观指导城镇化的规范化和制度化

所谓规范化和制度化，就是要做到有章可循、按章办事；人人遵守，没有例外。鉴于中国目前的经济发展阶段和干部群众的文化意识水平，要建立科学发展

观指导的长效机制，必须使其规范化和制度化。要明确科学发展观在不同领域和不同地区的具体表现，并将科学发展观的精神真正细化到地方经济社会发展的有关法律和政策文件中，从而使其从抽象的理论概念转变为能够指导人们决策和行动的具体准则。

当前及今后一个时期，加快推进我国城镇化进程，必须直面城乡之间存在的制度性障碍，促进城乡经济社会协调发展。只有这样，才能理清发展思路，在统筹城乡发展中加快产业结构调整步伐，释放出城镇化的巨大增长动力。首先，受城乡二元结构等长期因素制约，我国农业、农村和农民在城镇化的进程中长期处于弱势地位，优质的生产要素向城市单向流动和聚集，在"减少农民"的同时也边缘化了农村、弱化了农业。无论从城市产业的合理布局来看，还是从社会主义新农村建设来看，这种状况是不可持续的。因此，保持经济长期稳定增长，必须破除城乡二元结构的体制障碍，让各种生产要素在"下乡"和"进城"的过程中得到优化配置，实现城乡产业在空间上的对接和互融。城乡产业互融发展，追求的应当是城市、郊区、郊县及至周边农村的资源利用价值的最大化。以往一些城市缺乏战略眼光，在大部分时段内被动地进行城市产业的单向拓展，造成产业布局上的同质化竞争。还有的地区为提高城镇化率，不顾自身经济发展实际，主要依靠行政手段推行"户口城镇化"。这种做法虽然在地理上扩展了城市范围，增加了城市人口，但由于城市经济总量偏小、产业发展水平较低、公共配套设施缺位，其结果是失地农民变身失业人员，城乡经济社会发展差距加大，反而影响城乡要素资源的合理配置。

其次，多年来在行政管理上形成的以 GDP 为主体的政绩考核办法，使我国难以在城乡之间实现商品市场和劳动力等要素市场的一体化，导致绝大多数地方城乡产业分割。在理论上，资源要素按市场规律流动是城乡产业互融发展的前提。但是，长期以来，在层层经济指标考核压力下，即使是同一个城市，在产业发展上更多考虑的是局部利益、眼前利益，而非全局利益、长远利益。这必然导致各地产业同构化，很难形成科学合理的空间布局和比较完备的产业链，不仅影响了产业结构的调整和经济发展方式的转变，还带来了资源浪费、环境污染等问题。例如，由于行政管理部门之间缺乏协同性，加上 GDP 的考核压力，不少地方简单地进行产业结构升级或城市功能提升，结果却造成了企业短时间内的二次、三次搬迁，甚至连近 10 年规划建设的新城区、开发区，也因与不断扩大的城市空间规划相矛盾，不得不加入"退二进三""腾笼换鸟"的潮流中，其发展的代价是巨大的。

再次，近年来随着城镇化进程加快，重城市规划、轻乡村规划成为普遍现象，尤其是在产业布局上重点突出形象工程、面子工程，也影响着城乡产业在空间上的对接和融合。在我国城乡规划中，行政主导特征显著。依靠行政主导，可以加快城镇化进程，加速城乡产业发展，这是不争的事实。但一味地依赖行政主导，忽视市场机制的作用，也容易导致地方领导片面追求表面政绩，助长粗放型城镇发展和经济增长，使本来应该由产业发展推动的城镇化，变成行政手段主导下的"土地城镇化"。我国是人口大国，人均资源占有率很低，无论是城市用地还是农村用地都非常宝贵，因而紧凑型的集约化增长方式才是我国城镇化道路的价值取向。只有在科学的规划理念引导下，加快建立起城乡产业互融发展的体制机制，才能在扭转城乡不平衡发展局面的同时，从根本上促进经济发展方式的转变，践诺善待城市和乡村每一寸土地的"空间责任"。

从中国的实际出发，加快推进我国城镇化进程，促进城乡经济社会发展一体化，不仅要在城乡规划、基础设施建设、公共服务一体化等方面实现突破，更要高度重视推动城乡产业互融发展，彻底打破城乡经济二元结构，促进公共资源在城乡之间均衡配置，实现生产要素在城乡之间自由流动，从整体上优化城乡产业布局。世界经济发展的经验表明，城市和乡村在工业化带动下，只有融合为一个整体，各种资源才能得到更加高效的开发和利用。从这个意义上看，我国以城乡产业融合来推动城乡一体化，有助于在中心城市、新城区、近郊区、都市发展区以及远郊区等不同层级之间形成"坡度"，填平长期以来由二元经济结构造成的城乡鸿沟，促进城市和农村的均衡发展。

实际上，以产业融合来推动城乡一体化，体现了我国在科学发展观指导下的新型城镇化战略。即把城市和农村作为一个整体来规划和建设，以工业化推进城乡资源和产业的合理聚集，不断促进产业结构的优化升级，同时注重区域协调和社会公平，确保城乡居民拥有公平的发展机会。与传统城镇化道路比较，我国实施的新型城镇化战略与新型工业化相适应，在城市圈层之间通过实施产业集聚和合理分工，彻底打破了局部地域的城乡界限，从而促进了产业布局的优化和区域发展价值的最大化。因此，以城乡产业融合来推动城乡一体化，其本质内涵就是绝不能以牺牲农村的发展来加快城镇化进程，而是要通过城乡统筹发展，实现高质量的城镇化。

具体到一个区域和城市，只有产业发展形成合理的空间布局，聚合成具有竞争力的产业链，才能促进城市要素资源集聚，实现郊区、郊县和邻近区域之间的合理分工，逐步消除城乡之间的界限和发展落差。从当前各地实践看，推动城乡产业互融发展主要表现为城乡一体化下的整体产业布局的调整和优化。可以预见，在科学发展观指导下，随着各地产业空间布局的不断调整和优化，不仅能减轻经济快速发展所带来的生态环境问题，还可以通过土地集约利用和产业转型升级提高经济收益，加快培育区域创新体系建设，实现经济社会发展的多重效应。这是保持我国经济长期持续增长的重要动力。

近年来，我国城市产业在空间布局上正在由集聚转向扩散，多数大中城市具备了辐射带动周边大区域发展的内在动力，这使得郊区、郊县的土地和生态价值突显，城区、郊区、农村的区位价值落差日渐缩小。我们要在准确把握市场与政府关系的基础上，牢固树立中国特色城镇化战略理念，切实建立起城乡产业互融发展的体制机制，走出一条符合科学发展观要求的城乡一体化道路。

一是准确把握我国城镇化的阶段性特点，着力突破城乡之间存在的户籍等制度性界限，促进城乡要素资源优化配置。回顾我国 30 多年来的城镇化道路，城市的空间扩展是单向的、粗放的，对农村实施的是"侵入"式的"空间并构"。实践证明，这种发展方式是不可持续的。实施新型城镇化战略，可以通过有效的产业空间转移，依据产业价值链来进行产业分工和载体建设，走"分散式集中"的路子，不仅可以找到诊治"大城市病""大城市周边贫困带"的药方，也有助于促进城乡产业的合理布局。当今世界，以现代交通体系和信息网络为依托的新产业体系，可以超越城市本位在大区域、都市区或城市群的空间中进行要素整合与资源配置，各类产业沿着产业价值链就可以互相延展和深化。由此，在产业空间布局上，大城市要敢于打破产业发展先城区次郊区再郊县的老路子，以加快形成城乡一体化发展格局为目标，根据生态承载能力来规划产业发展区域，提高城乡要素资源的利用效率。同时，要敢于突破城市本位观念，在一个较大的区域空间里，按照不同的城市功能定位和产业特征，实现城乡要素资源的低成本集聚与整合，并借助文化认同等地缘优势，合理布局特色产业，走差异化竞争之路。

二是积极创新农村用地制度和市镇建设体制，充分释放农村土地资源的空间价值，培育城乡产业融合的新动力。现阶段，我国已进入了城乡一体化规划和发展的新阶段。从产业空间布局来说，在一个城市范围内，以统一的土地规划利用为基础，合理划分工业园区、基本农田保护区、生活区、商贸区、生态涵养区等功能区，使城乡产业发展在空间上互相衔接，有利于在集约利用土地的基础上优化环境，提升区域的总体竞争力。但由于我国城市与农村在土地制度上的差别，农村土地转化为工业用地和城镇建设用地后，往往和失地农民的就业、当地产业的发展难以形成有机联系。究其原因，主要在于城乡产业发展相互脱节。而推进城乡产业互融发展，一方面可以通过农村土地整理为城镇建设提供用地保障，满足现有城市产业升级和转移需要；另一方面可以充分发挥农业产业化龙头企业的作用，使农村的种植养殖基地就地升级为产业加工区，打造特色地方农产品品牌，形成连接城乡产业发展的新动力。在此基础上，各地应以统筹城乡产业一体化为目标，积极引导城乡产业在空间上的持续重组和合理布局，尽快改变过去农村—农业、城市—工业的单向产业发展格局。

第二节　加强城市规划、建设和管理，提高城市发展效能

一、坚持高起点规划，奠定城市科学发展的基础

只有按照科学发展观要求，作出高水平的规划，"保证规划经得起实践和时间的检验"，才能稳定有序地建设高质量的城市。一是政府要加大规划的投入力度，保证规划所需经费，科学制定城市和区域的总体规划及各项具体规划思路。二是要引入竞争机制，提高规划水平。放开规划设计市场，吸引国内外高水平专家进行规划设计，使规划具有科学性、前瞻性和系统性。三是集思广益，科学论证。目前，开门编规划已经蔚然成风，成为保持规划科学性和可操作性的重要手段。在关系群众切身利益的城市规划中，更应当疏通各种渠道，建立与市民沟通的桥梁，听取吸收各方面的建议，只有这样，才能真正做到以人为本。四是搞好规划之间的衔接。经济社会总体发展战略规划、城镇化总体规划、产业发展规划、土地利用规划、市政建设规划等等，必须统筹协调，避免矛盾。五是要维护规划的权威性和严肃性，克服规划的随意性，增强规划引导的刚性。

二、坚持高标准建设，提高城市的承载和服务能力

要适应当前城镇化快速发展的客观规律要求，继续保持对城镇化建设的大规模投入，增强城市的承载能力和服务功能。一是城市建设要和整个城市发展规划

相吻合，适合城市发展整体思路。二是要高度重视提高城市道路、管网线路、商业设施等的配套建设质量，使其满足市民生活和城市可持续发展的需要。三是城市建设方法和手段要有高水平。高水平的市场化运作模式，是保障城市建设高水平的必要因素。

三、坚持高效能管理，提高城市运营效益

城镇化的科学发展，既需要发挥市场机制的作用，也需要发挥政府的管理和调控作用。中共中央政治局第二十五次集体学习时明确强调，要"全面考虑经济社会发展水平、市场条件和社会的可承受程度，发挥市场对推进城镇化的重要作用，通过市场实现城镇化过程中各种资源的有效配置，吸引各类必需的生产要素向城镇集聚，同时发挥政府的宏观调控作用，加强和改善政府对城镇化的管理、引导、规范"。政府对城市的管理和调控，要突出职能管理规范化、运行机制多元化两大重点，建立健全城市长效管理体制。同时，要充分利用城市地理信息系统等现代管理手段，提高管理的效率和水平。

第三节　优化产业结构和资源配置，培育和提升城市功能

与时俱进地培育和提升城市功能是城镇化科学发展的前提和基础。总体来看，城市的功能应当是多元的，而要培育和提升城市的生产、生活和生态等多元功能，就必须重视优化城市产业结构和资源配置。

一、优化产业结构

产业是城市发展的基础，是城市发挥辐射和带动作用的力量源泉。要促进中国城镇化的科学发展，城镇产业结构的优化提升是必要前提和物质保障。

首先，要提升工业化水平。一方面，应突出重点，培育骨干，大力发展高新技术产业。各类城市要按照有限目标、集中力量、重点突破的原则，根据各自优势，塑造新的工业增长点，并力争在国际上占有一席之地。另一方面，对于那些

尚具有竞争优势的传统产业，要积极采用高新技术和先进适用技术进行改造提升，以增强发展的后劲。

其次，要提升服务业发展水平。城市不仅是生产的中心，而且也是生活和区域服务的中心。因此，要以增强产业竞争力、提升服务功能、壮大辐射扩散能力为目标，在规范发展交通运输、餐饮服务等传统服务业的同时，高标准发展新兴服务业。一是发挥城市作为信息和交通枢纽的优势，大力发展现代物流业。二是适应人们不断增长的精神和文化生活需求，大力发展文化和旅游产业。三是继续推进城镇住房制度改革，稳定发展房地产业。四是加快发展社区服务业和家政服务业，逐步形成便民利民的网络化服务体系。

再次，促进区域农业的产业化进程。随着城镇化的推进，城市人口逐渐成为主体，区域农业发展将以城市消费为目标。农业产业化离不开工业化和城镇化的带动。只有在工业化和城镇化的带动下，才能拉长农业产业化链条，提高农产品附加值和农业竞争力。

二、优化资源配置

资源，尤其是不可再生资源，是一个国家或地区发展的重要支撑。城市是资源消耗比较集中的地方。对中国城镇化的科学发展而言，当前已经面临着土地和水资源短缺的困扰。

为此，要切实加强统一规划，贯彻资源开发与节约并重的方针，依法保护和开发利用土地资源。真正落实《土地管理法》，采取最严格的手段和政策保护耕地。运用市场机制优化配置土地资源，提高土地的经营管理水平和集约使用效益，对于闲置土地按照国家政策坚决回收。水是生命之源，目前水资源短缺已经成为中国城市发展的瓶颈制约。为此，要加强城市水资源的统一规划和管理，坚持开源和节流并重、治污和回用并重，积极开发新的水资源。同时，要健全机制，加快水价改革步伐，加大节水技术的研发和普及。总之，要通过综合措施，保证城市各种资源与发展的协调。

优美舒心的生态环境是现代化城市的一项重要标准。要提升城市生态功能，美化城市生态环境，必须在科学评估资源、环境承载能力的基础上，将城镇发展纳入科学规划的调控范围内，使城市的开发强度与环境适应能力相协调，防止出现城镇发展的无序现象。治理和消除"三废"污染，提高城市和区域的绿化自净水平，恢复和保持城市的生态平衡。发挥政策杠杆的作用，大力发展循环经济。

坚持依法办事，促进人们自觉参与城镇的可持续发展。

第四节　塑造城市特色，展现文明大国之底蕴

特色是城市的灵魂和持续发展的不竭动力。在城市规划和建设中，要真正把历史和现实、时代性和传统性有机结合起来，以古促新，古新一体，保持城市的时代风貌、传统优势和地方特色，以特色提升城市质量，以特色凝聚城市发展之魂，展现城市独有魅力，为城市发展提供不竭动力。

一、科学定位，明确特色

城市特色，是指一个城市在历史发展进程中，依托自身自然和人文优势，逐渐形成的区别于其他城市的个性特征，它包括城市性质、经济特征、历史文化、民俗风情等城市内涵及其外在表现。加强城市特色建设，首先应该对城市特色做出科学定位。两院院士吴良镛先生提出，对于城市特色美要"善于'识璞'，因材就势"；"继往开来，赓续创造"；"借鉴外来，发展自己"。

二、加强保护，保持特色

一个城市形成自身特色极不容易，但从全国城市建设的现状看，由于管理机制、特色意识、战略眼光等各个方面的差距，对城市特色的破坏非常严重。中国工程院院士孟兆祯就此指出，"当前城市景观的主要症结点是人工化太强，生趣不足。""要以素药艳，令人工之美入自然，清幽之趣药浓丽。"同时，要从软环境到硬措施等各个方面加以保护。一是要加强特色保护的规划和立法工作。对所有与城市特色紧密相关的有形和无形的建筑、文化等，都要在规划和立法中给予明确保护，如泉城济南早就单独制定了《济南市名泉保护条例》。二是加强城市特色的宣传教育。通过电视、网络等各种媒体宣传特色，使市民熟悉城市特色，热爱城市特色，尊重城市特色，从而形成整个城市保护特色、以特色自豪的良好氛围，形成保护城市特色的强大合力。

三、重视延伸，弘扬特色

在塑造城市特色的过程中，也要与时俱进，不断挖掘城市特色的丰富内涵和多重价值。正如上海同济城市规划设计研究院院长周俭所说，"历史文化风貌区是城市发展的一项独特的资源，保护风貌区的最终目的是为了风貌区本身以及整个城市的持续发展。"如何适应市场经济发展的时代要求，充分发挥城市特色的经济价值、社会价值，通过特色提高城市的竞争力，是城市特色保护和塑造中必须考虑的问题。强化城市特色与城市工业的关联，如济南趵突泉白酒等，可以利用城市特色促进工业产品和品牌的塑造，扩大影响，形成增殖效应和链条效应。强化城市特色与旅游休闲产业的联系，可以提高旅游业作为城市无烟产业的带动力。

第五节　多管齐下，着力解决好农民工和失地农民问题

马克思恩格斯早就深刻地认识到：城镇化的历史进步性是以农民阶级的痛苦蜕变为代价实现的。在英国城镇化发展史上，圈地运动成为农民到工人转变的起点，贫民窟的长期悲惨生活是农民进一步从工人向市民转化的代价。在英国圈地运动中，资产阶级采用血腥手段掠夺农民自有或租种的土地，将大片大片耕地变为牧场或工厂，而大批被驱赶的农民突然被抛到一个全新的环境中，"从乡村转到城市，从农业转到工业，从稳定的生活条件转到天天都在变化的、毫无保障的生活条件"。后来，在工人阶级的强烈反抗和经济危机频繁爆发所昭示的经济规律作用下，资产阶级被迫对资本主义生产关系作出自我调整，使工人阶级最终完成城市化，成为享有城市文明成果的市民阶层。英国城镇化的历史，对于中国今天实行城镇化具有重要的鉴戒价值。反思中国的城镇化进程，也已经存在着牺牲农民利益的状况，需要引起我们的高度重视，并采取切实有效措施予以解决。

一、努力解决好失地农民的生计问题

（1）继续推进征地制度改革

一是使集体所有的土地在法律上取得与国有土地相平等的产权地位。政府不能利用国家或政府的强制力专门为一般营利企业去取得土地。二是给予农民公平

的补偿。要充分考虑失地农民当时和长远的生计问题，实现土地增值收益的合理分配。三是完善征地程序。既要保证整个征地过程的合法、规范、透明，又要充分尊重农民的参与权、知情权和处置权。四是完善举报奖励制度。鉴于违法用地的隐蔽性和多元性，应加强城乡居民、社会媒体等对征地和用地的全过程监督，防止"暗箱操作"行为，避免拖欠征地补偿安置款项。五是成立有关组织保障农民权益。如组建农会等农民组织，以组织的力量保证土地征用的合法性和公平性。

（2）促进失地农民多元化就业安置

失地农民就业是地方政府的应尽责任。各级政府应当将被征地农民纳入城镇就业和再就业服务体系；有计划、有步骤地组织他们参加各类培训，提高其就业技能和就业竞争力。企事业用地单位也要把适宜的工作岗位优先安排给被征地农民。

（3）引导农民进城

推进中国的城镇化，政府不仅要积极推进城市的硬件建设，而且必须加强软件建设。在一定意义上，软件建设更为关键。为此，政府要降低农民进城的"门槛"，清除农民进城的障碍，疏通农民进城的渠道；发展城市经济，提供更多的就业岗位，增强城市对农民转移就业的吸纳能力；加大对农业转移人口的培训力度，提高农民进城的素质和能力。

（4）构建失地农民的社会保障体系

应当按照市场征地主体、个人、集体、国家"四个一点"的思路解决失地农民社会保障的资金问题：一是通过法律形式明确规定各类征地主体必须在土地收益中留出一定比例建立失地农民社会保障基金；二是引导农民从土地补偿金中拿出部分资金，存入自己的社会保障账户；三是有条件的集体经济组织出资补贴一点资金；四是政府从经营土地收益中拿出一点资金，共同解决好当前中国城镇化中遇到的比较棘手的失地农民社会保障资金缺口难题。

二、努力解决好农民工市民化问题

城镇化是产业聚集和人口聚集相结合的过程。当前和今后一个时期，积极稳妥地推进农民工市民化，是提高中国城镇化质量的一个重要标志。让农民工及其家属真正融入城市，既彰显了社会公平正义，也有利于提升国民经济持续发展的质量和效益。

（1）降低农民进入城市的成本，优化农民进城就业的环境要积极发展各类中介组织和农民组织，帮助农民解决进城中遇到的各种问题。消除针对农民工的各种显性和隐性的歧视性规定，降低农民工进城的成本。城市政府要切实把对进城农民工的服务和管理经费纳入正常的财政预算，积极营造农民进城就业的良好环境。

（2）落实市民待遇，促使农民工留在城市依法保障进城就业农民工的各项权益，同工同酬，并依法享受医疗和养老等各类保险。积极推进农民工社会保障体系与城市社会保障体系的对接和融合。推进统一的劳动力市场和平等就业制度建设，建立大城市流动人口生存保障和补助体制，强化对流动人口的人文关怀。

（3）加强职业技能培训和服务，使农民工适应和融入城市劳动者技能的提高和就业竞争力的增强，是其改变自身命运的最根本途径，也是推进城镇化科学发展的重要基础。随着城镇化的不断推进，城市的产业结构调整和转型升级，越来越需要农民工具有更高的劳动技能。只有具有了较高技能的农民工，才能在城镇中立足、生存下去。因此，针对农民工知识素养不高等特点，要加强对农民工的职业技能培训，使其能够适应市场经济条件下不断变化的城市发展需求。同时，政府也应建立农民进城就业的动态监测系统，对农民工的流向进行合理引导。

正如中央农村工作领导小组副组长陈锡文 2013 年 1 月在中国农业发展新年论坛上所说，中国城镇化"过去 30 年虽然取得了很大成就，但欠账很多，现在必须一边'还账'一边推进，而不能急着把农民从土地上赶出来。""现在城镇总人口中有 1/3 是农业户籍，农民进了城却成不了城里人，涉及的就业、住房、社保、子女教育等缺口问题如果不逐步解决，以后的欠账会更多。一定要抓紧制度设计，逐渐把人口有序转向城市，让农民有充分的自主选择权，同时又让城镇社会有接纳农民的过渡期。"

第六节　实施城市群发展战略，发挥城镇化中的区域整体优势

"国际经验表明，当一个国家或地区的城市人口占总人口的比例达到 50% 时，就会进入城市群为主导的发展阶段。"随着中国城镇化率已经达到 52.6%，我们应当实施积极的城市群发展战略。改革开放以来，特别是自 2006 年国家

"十一五"规划纲要提出"要把城市群作为推进城镇化的主体形态"以来，全国城市群方兴未艾，大大提高了城镇化的综合效益，并在一定程度上缓解了城镇化建设中的"蜂窝化"问题。与此同时，我们必须清醒地认识到，中国城市群在形成发育和发展过程中也还存在一些障碍和问题，主要是：缺乏规划引导和组织协调，地方保护主义倾向和行政分割现象依然存在，重复建设、恶性竞争仍较严重，区域内发展差距过大的问题令人担忧。只有采取切实有效的措施解决好了这些问题，才能促进城市群健康发展，进而真正发挥好城市群在城镇化乃至整个现代化建设中的独特作用。

一、加强规划引导和组织协调

城市群健康发展，离不开科学规划的引领。规划是指导城市群科学发展的行动指南。加强规划引导，既要做好城市群的经济社会发展总体规划和各项具体规划，还要注重实现城市群规划与相关城市规划、区域发展规划等的融合和衔接。

城市群的形成是有条件的，并且是一个从低级到高级不断演化的过程，并非所有的城市或地区都能发展成为城市群。

城市群是以一个或几个特大大城市为中心，依托良好的自然环境和发达的交通通信网络，由若干规模、功能不同的城镇共同组成，城市之间具有紧密的经济社会联系，对外具有高度的开放性，是城镇化进程中形成的一种地域空间组织的高级形态。它具有高密度性、网络性、枢纽性和共生性。城市群的形成是有条件的，并从低级到高级不断演化的过程，并非所有的城市或地区都能发展成为城市群。如果盲目推进城市群建设，只会适得其反，造成战略导向上的失误和不必要的资源浪费。以一定标准划定的城市群，只能说明这些区域具有成为城市群的基本条件，但每个城市群的成熟程度不同。随着城镇化进程的推进，可能会有一些区域也进入到具有城市群特征的系列中，但有些区域始终不会成为城市群，因为它们不具备城市群形成的基本条件。

城市群是我国未来承载城镇人口的主要区域。城市群作为城镇化过程中的一种高级形态，对我国的地域空间格局塑造产生了重大影响。目前，我国城市群以大约全国13%的土地，集中约45%的人口和69%的经济总量，其中京津冀、长江三角洲、珠江三角洲这三大城市群，以2.8%的国土面积集聚了18%的人口，创造了36%的国内生产总值。从未来趋势看，随着我国城镇化水平的提高，城市群的主导作用会更加明显，以大城市为核心的城市群仍将是我国承载城镇人口的主要区域，在沿海城市群城镇人口不断集聚的过程中，中西部城市群的人口承载能力也将得到提高。同时，城市群人口集中的程度应快于经济集中的程度，即人口与经济的匹配程度有所提高。

加快改革是促进城市群健康发展的根本保障。城市群是城镇化发展到高级阶段的产物，是市场机制作用下各类市场主体相互作用形成的一种空间形态，理论上讲，城市群具有巨大的综合效益，但我国城市群的发展总体上表现为地理空间上的集聚特征突出，而城市间合理的功能关系并没有形成，空间开发利用粗放、区域资源环境等问题也愈发严重。未来城市群发展的质量如何，关键取决于制约我国城镇化健康发展的一系列体制机制难题能否破解，包括促进城市间有序竞争的财税体制能否健全、以 GDP 为核心的政绩考核机制和干部任用制能否有效改进、政府能否转变为真正为居民服务的服务型政府、制约各种生产要素在城市间自由流动的障碍能否有效破除、城市间不公平竞争的等级关系能否改善，等等。

我们要积极应对城市群发展带来的挑战。伴随人口和经济活动向城市群进一步集聚，必将带来对国土空间利用结构的相应变化，为满足人口经济活动集中所必需的生产生活空间将进一步扩大，这必然对生态空间、农业空间保护带来挑战。同时，巨大的人口和经济活动，对城市群基础设施需求、公共产品供给、生态环境保护、资源供给、要素流动的安全性和稳定性都提出了更高的要求，城市间跨界冲突矛盾增多，大城市病、城际发展不平衡等问题也将显现。而这些问题靠单一城市地方政府难以有效解决，必须通过健全城市群治理机制，发挥中央、地方、社会组织、企业等多元主体的作用，创新多种治理手段，完善相关法律法规，积极有效合作应对。

因此，需要引导城市群差异化发展。我国区域发展差异巨大，受区位、自然条件、发展历史等诸多因素影响，城市群形成发育的状况不同，应根据每个城市群发展的阶段，实施差异化的战略和措施。总体上讲，沿海 3 大城市群，还包括山东半岛和辽中南城市群，将是我国未来参与国际竞争的主导力量，是我国跻身世界经济强国的重要支撑，这些城市群要更加注重如何提升区域的整体竞争力，通过整合区域资源，提升发展质量和水平，辐射带动全国其他区域发展。而长江中游等其他城市群大部分仍处于成长发育阶段，要更多地关注城市群中的每个城市能否按照健康的城镇化道路发展，并引导不同规模的城市以区域视野发现和强化自身在城市群中具备核心竞争优势的功能。

其中，尤其需要不断健全城市间合作治理机制。在城市群范围内，行政区与经济区的矛盾始终存在，随着城市间经济联系的不断加强，要通过建立完善城际合作治理机制，解决日益凸显的大量区域性公共问题越来越重要。构建新型的区域治理机制，可考虑改变传统的自上而下的治理模式，向自下而上与自上而下相结合转变，建立起由各级政府、企业和社会组织等共同构成的治理网络。要加快推进全国或区域统一大市场建设，消除制约社会组织参与城市群治理的障碍。要积极推进横向合作，建立起组织保障、规划衔接、利益协调、信息共享、政策协调和争议解决等机制。

实现城市群资源的优化配置，必须打破行政壁垒，加强政府的组织协调。鉴于城市群一般都会跨越不同层级的多个行政区，发挥政府的作用，需要国家和地方各级政府从多个层面进行纵向协调和横向协调，尤其是要重视加强行政级别不同的政府之间的直接沟通和交流。为使政府的组织协调作用发挥得更加及时、有力，更具有连续性和长期性，既要完善国家的宏观政策和规划引导，也应建立健全跨城市的定期联席会议和对话协商机制，还可以设立常设机构，安排专人负责处理违规监控、争议裁决、公共问题治理等相关协调事宜。为了调动政府推动城市群健康发展的积极性和主动性，应重视发挥政绩考核的导向作用，为此，就需要在国家层面上制定统一的城市群空间范围识别标准、构建科学的城市群发展统计指标体系和数据库系统，并将相关目标责任列入动态监测和政绩考核内容。

加强组织协调，既要重视政府的引导和调控作用，也要充分发挥公民社会组织的主体性作用，从而构建起不同利益主体、多元力量参与的组织协调机制，搭建起多领域、多层次的区域合作交流平台，促进城市群内各种生产要素的优化配置。

二、大力推进分工协作和一体化建设

分工协作和一体化建设是城市群又好又快发展的关键。只有在城市群内通过加强城市之间的分工协作实现优势互补和资源整合，通过一体化建设实现商品和人才、资金、技术、信息、劳动力等要素跨区流动的额外成本接近于零，才能更好地发挥"整体大于部分之和"的效应，增强城市群的整体竞争力。

分工协作，就是城市群内的大中小城市和小城镇根据各自的资源禀赋、比较优势，明确功能定位，实现有序分工、错位发展、互利多赢。从工业化的发展视角来看，作为城市群中心城市的大城市在产业选择和发展中要突出高端化、服务化，强化其作为区域增长极的极核作用、辐射作用和作为科技创新的"孵化器"

功能，同时要善于将部分产业和生产环节逐步地转移和扩散出去；中小城市则要突出专业化、特色化，积极发展服务于大城市的制造业；小城镇要紧密结合自身作为城乡结合部的特点，积极发展农产品加工业，不断提升农业产业化的水平。这样，通过完整的城镇体系，不断拓展区域分工合作的深度和广度，形成产业集群，拉长产业链条，推动区域发展总体实力不断壮大。当然，各个城市的情况千差万别，因此，城市群内的分工和协作应当因地制宜，善于挖掘和发挥各个城市的比较优势。

一体化建设，就是要在城市群区域，通过不断加强铁路、公路、航空、水运、管道、通讯等基础设施建设，并重视这些设施之间的紧密配合、有机衔接，从而形成快速、通达、便捷、高效、安全的综合交通网络和信息网络，缩短时空距离，增强紧密联系。在硬件建设一体化的基础上，也要重视软件建设的一体化，如市场体系一体化、文化建设一体化、公共服务一体化、社会管理一体化、环境保护一体化等。这样，通过硬件一体化和软件一体化相结合，形成"同城效应"和"拳头优势"。

三、完善利益分享和平衡机制

利益问题是城市群发展中的核心问题。城市群区域里面的大中小城市、小城镇和广大农村腹地，从本质上构成一个经济共同体、社会共同体、利益共同体。促进城市群又好又快发展，必须完善利益分享和平衡机制。

利益分享是实现城市群内合作的前提和基础。为推动区域合作，实现城市群协同效益最大化，应积极创新利益分享机制。例如，在长三角城市群内，规定招商引资项目异地落户之后，可以在招商引资者（如上海、南京）和项目所在地（如苏州）之间实行税收按比例分配，也可通过投资入股分享利润，从而较好地激励和推动了生产要素在整个城市群内的优化配置。

利益平衡是实现城市群和谐持续发展的重要保证。实践证明，在市场机制作用下，城市群内的发达地区由于具有较好的集聚效应往往发展得更快，而不发达地区则会由于劳动力、资金、资源等生产要素被"吸走"而发展得更慢。这种情况，虽然在一定时期内有利于提升中心城市的竞争力，但是如果长期发展下去，则不仅会诱发中心城市产生"城市病"，还会导致贫富差距进一步拉大，影响社会和谐。例如，在京津冀城市群内，作为中心城市的北京、天津国际化、现代化程度都已经比较高，但同时却存在着一个拥有数百万农村贫困人口的"环京津贫困带"，被认为是"大树底下不长草"，成为京津冀城市群提升整体竞争力、实现和谐发展的重大障碍。由此可见，为推进城市群又好又快发展，必须完善利益补偿和平衡机制，运用税收等优惠政策，扶持中小城市和小城镇协调发展，促进人口在城市群内合理流动。同时，还要通过城市群内各城市按本地 GDP 一定比例上缴的办法建立城市群公共财政，实行城市群内的财政转移支付和公共服务均等化，逐渐缩小贫富差距。

第七节　深化体制机制改革，营造城镇化发展的良好环境

体制机制的作用更具有根本性、稳定性和长期性。体制机制改革滞后已经成为导致当前中国城镇化中存在诸多不符合科学发展观要求问题的重要因素。早在中共中央政治局第二十五次集体学习时强调："要通过深化改革，研究制定适合中国国情、符合社会主义市场经济规律的政策措施和体制机制，营造城镇化发展的良好环境。"同年 10 月，党的十六届五中全会通过的关于国家"十一五"规划的建议进一步提出："建立健全与城镇化健康发展相适应的财税、征地、行政管理和公共服务等制度，完善户籍和流动人口管理办法。"2013 年 3 月，李克强总理在答记者问时也明确强调，城镇化是一个复杂的系统工程，需要各项配套改革去推进。

一、深化户籍制度改革，有序推进农业转移人口市民化

1958 年 1 月，《中华人民共和国户口登记条例》正式实施，从此形成了具有中国特色的户籍管理体制——人为地将农村人口和城镇人口分割为性质不同的农业户口与非农业户口。此后，又以户籍制度为基础，制定了在粮食、副食品、住房、教育、就业、医疗、养老等领域实施差别化待遇的一系列城乡二元制度。特定时代下产生的户籍制度，在一定时期内的国家社会管理中发挥了应有的作用，但附加在户籍制度之上的社会福利待遇，给城乡居民带来巨大的利益鸿沟，导致农民与市民生来就面临起点不平等和发展机会的不平等。"户籍制度滋生了'身份等级'观念，身份歧视的背后是公共服务的严重不平等。"

改革开放以后，中国城乡二元户籍制度的壁垒首先从小城镇被打破。1984年中央提议"各省、自治区、直辖市可选若干集镇进行试点，允许务工、经商、办服务业的农民自理口粮到集镇落户"。1993年11月党的十四届三中全会提出，"逐步改革小城镇的户籍管理制度，允许农民进入小城镇务工经商"。党的十六届三中全会提出，"在城市有稳定职业和住所的农业人口，可按当地规定在就业地或居住地登记户籍"。在全国治安工作会议上，公安部宣布，我国将大力推进以建立城乡统一的户口登记制度为重点的户籍管理制度改革，逐步取消农业户口、非农业户口的二元户口性质，实现公民身份平等。2012年2月，《国务院办公厅关于积极稳妥推进户籍管理制度改革的通知》发布，明确了县级市市区、县人民政府驻地镇和其他建制镇，设区的市（不含直辖市、副省级市和其他大城市），直辖市、副省级市和其他大城市等三类不同的户口迁移政策，并要求"今后出台有关就业、义务教育、技能培训等政策措施，不要与户口性质挂钩"。

事实上，户籍制度改革的重点不仅仅是户口的登记与管理，更重要的是应剥离户籍制度的福利分配功能，恢复户籍本真的管理和服务功能，实现城乡一体化、迁徙自由化和登记管理信息化。"户籍的根本问题是其蕴含的公共服务，解决农民的户籍问题其实就是要让他们与城镇居民一起享受福利待遇、医疗、住房、义务教育等各方面的公共服务。"有研究表明，过去户口本上所附着的城乡居民不平等待遇曾经有67种。党的十八大报告提出："加快改革户籍制度，有序推进农业转移人口市民化，努力实现城镇基本公共服务常住人口全覆盖。"但在实践中，这一要求却遇到了较大阻力，因为"户籍改革是有成本的，这个成本其实就是要为农民提供和城市居民一样的公共服务，这是一笔巨额的投入。"因此，深化户籍制度改革，必须同时配套推进土地制度、劳动就业制度、社会保障制度等一系列嵌入户籍制度之中的二元制度改革，消解附加在城市户口上的特殊利益。此外，还必须配套推进财政税收体制改革，以为户籍制度改革提供合理的财政支撑。

两亿多农民工虽然工作、生活在城市，但却因无法获得城市户籍而无法享受与城镇居民平等的公共服务待遇，并由此造成其下一代的求学、就业、医疗等难题。这已经成为影响中国城镇化质量的一个突出问题。李克强明确指出："把符合条件的农民工逐步转为城镇居民，是推进城镇化的一项重要任务。"目前，许多城市特别是大城市都有数量庞大的外来人口，由于城市对公共服务的供给能力总体上是有限的，因此让所有外来人员一下子全部入户不仅是不现实的，还有可能造成新的社会矛盾。中山、深圳、东莞等广东的一些城市，自 2010 年起实行的"积分入户"政策，规定学历、职称、年龄、房产、投资、缴纳社保都可获得积分，进入技校学习一技之长、参加义工、做志愿者、义务献血等各种社会公益活动也可以获得加分，达到一定分数即可申请入户。这让外来务工人员有希望、有盼头，激励他们更加辛勤劳动、更加遵纪守法、更加爱护所在城市，既提升了外来务工人员的城市归属感，也促进了本地人和外地人之间的融合，从而探索出了一条公平分配有限公共资源、促进农业转移人口在城市有序落户的现实路径。这一经验，对于当前贯彻落实党的十八提出的"加快改革户籍制度，有序推进农业转移人口市民化"，具有一定的借鉴和推广价值。当然，对于广东一些城市实行的"积分入户"政策，也有人提出了批评，认为积分偏重学历、职称、年龄、房产、投资，在一定意义上体现了嫌贫爱富、嫌老爱壮，未能很好地满足农民工的合理需要和内心愿望。因此，城市在实行积分入户的同时，也要积极推进基本公共服务的均等化和全覆盖。

二、深化土地制度改革，促进城乡和谐发展

土地是城镇化最重要的载体。土地问题是中国城镇化进程中面临的焦点问题。正如中国社科院学部委员、农村发展研究所原所长张晓山所指出："当前和今后相当长时期，农村土地制度改革将在深化农村改革、统筹城乡发展、形成城乡经济社会发展一体化新格局的大战略中处于关键性位置。"适应农民工进城落户和城镇化科学发展的需要，必须从如下几个方面深化土地制度改革。

第一，改革和完善农村土地产权制度，让农民真正享受到承包地和宅基地带来的财产收益。党的十七届三中全会通过的《中共中央关于推进农村改革发展若干重大问题的决定》提出，"赋予农民更加充分而有保障的土地承包经营权，现有土地承包关系要保持稳定并长久不变……搞好农村土地确权、登记、颁证工作。完善土地承包经营权权能，依法保障农民对承包土地的占有、使用、收益等权利。""按照依法自愿有偿原则，允许农民以转包、出租、互换、转让、股份合作等形式流转土地承包经营权……完善农村宅基地制度，严格宅基地管理，依法保障农户宅基地用益物权。"这些政策规定，不仅有利于推动农村土地流转和农业适度规模经营，而且有利于解除农民进城的后顾之忧，并使他们可以依靠土地获得进城初期的生活和安置费用。

第二，改革土地征用制度，让农民公平分享城镇化和现代化成果。"现行征

地制度是历史的产物,在我国工业化城镇化发展过程中发挥了重要作用。但也带来人口城镇化明显滞后于土地城镇化的矛盾,以及对农民土地财产权利保护不够和建设用地粗放等问题"。党的十七届三中全会通过的《中共中央关于推进农村改革发展若干重大问题的决定》明确提出:"改革征地制度,严格界定公益性和经营性建设用地,逐步缩小征地范围,完善征地补偿机制。依法征收农村集体土地,按照同地同价原则及时足额给农村集体组织和农民合理补偿,解决好被征地农民就业、住房、社会保障。"2012年党的十八大报告也明确提出:"改革征地制度,提高农民在土地增值收益中的分配比例。"这些政策规定的贯彻落实,必将较好地保障农民在城镇化中的利益。实践表明,征地补偿款完全以现金方式一次性地发给农民,往往很难保证他们长远生计有保障,而让被征地农民与政府进行土地的合作开发不失为一举多赢的政策办法,它既有利于减轻政府用于征地补偿的财政负担,也能使被征地农民从土地增值中获益,既能使被征地农民的长久生计有保障,也能使征地拆迁中的社会矛盾得到较好的避免或缓解。

第三,完善用地增减指标挂钩机制,促进人口城镇化。为了化解快速城镇化进程中的用地供需矛盾,改变过去土地城镇化快于人口城镇化的模式,应实行"人地挂钩"的政策,即在土地综合整治的基础上,将建设用地指标与安置人口数量挂钩,对那些吸纳外来人口定居的城市给予增加建设用地指标,并相应扣减那些户口迁出地的建设用地指标。

三、深化社会保障制度改革,促进城镇化成果公平共享

"社会保障是保障人民生活、调节社会分配的一项基本制度。"中国坚持以人为本,促进城镇化科学发展,必须全面建成覆盖城乡居民的社会保障体系,实现城乡基本公共服务的均等化和一体化。

新中国成立以后,我国建立了城乡有别的二元社会保障制度,城市的社会保障逐渐完善,但农村社会保障却长期处于较低水平。进入新世纪以后,国家在社会保障体系建设方面先后做出了启动"新农合""新农保"等一系列重大部署。但是,由于历史原因,到目前为止,中国社会保障体系还是城乡隔离的、"碎片化"的。这实际上已经成为阻碍农民工市民化的根本性障碍。

城镇化是一个动态的过程,当前和今后一个时期,以深化社会保障制度改革推进城镇化健康有序发展,必须统筹推进城乡社会保障体系建设,在增强公平性的同时,适应流动性需要,实现随着人口迁徙社会保障可转移接续,切实解决好

农民工流动性大、新农合异地报销难等现实问题。

以深化社会保障制度改革推进城镇化科学发展，还应深化住房制度改革。2012 年 9 月李克强在省部级领导干部推进城镇化建设研讨班学员座谈会上分析指出：“释放城镇化带来的内需潜力，就不能抬高城镇化过程中人口转移的门槛。这几年，我们抑制房价过快上涨，大规模推进保障性安居工程建设，既是保障和改善民生的现实需要，也是为了使工业化、城镇化进程不至于受阻。”2012 年 11 月在党的十八大报告上明确强调：“建立市场配置和政府保障相结合的住房制度，加强保障性住房建设和管理，满足困难家庭基本需求。”2013 年 2 月 20 日国务院常务会议专题研究部署继续做好房地产市场调控工作，在明确提出加快保障性安居工程规划建设的同时，还强调 2013 年底前地级以上城市要把符合条件的外来务工人员纳入当地住房保障范围。我们有理由相信，随着上述一系列重要指示精神的贯彻落实，将会较好地促进人们在城镇化进程中安居乐业。

四、深化财税体制改革，发挥财政和税收的导向与扶持作用

政府提供公共服务，离不开财政和税收。避免城镇化走以往“土地财政”、“要地不要人”、要“人手”不要“人口”的老路，必须深化财税体制改革，确保地方财政有稳定可靠的税源，形成人口增加必然带来税收增加的机制。为此，就要尽快实现间接税收（企业缴纳的增值税等）向直接税收（个人缴纳的房产税、遗产税、赠与税、消费税等）的转变，从而建立起地方政府税收增加主要依靠居民缴纳的机制。中国目前的税制结构偏重于企业缴纳，表面看来是企业承担了税收的大头，个人缴纳只占了很小的比例，但实际上企业缴纳的税收已经被隐性地分摊到消费者身上了，这不仅使国人不能充分体会到作为纳税人的光荣，而且导致地方政府“亲商”重于亲民，也不利于减轻中小企业负担、调节收入分配、缩小贫富差距。

征收房产税，是城镇化进程中加强房地产市场调控的有效手段。实践证明，按转让所得征收房产个人所得税，具有很大的局限性。从长远来看，住房征税应从交易环节转向保有环节，尤其应对占有多套房产的人员征税，这不仅有利于缩小贫富差距，而且还会促使部分拥有多套房的人员出售房产从而增加市场供给进而平抑房价。

要实现党的十八大报告提出的“加快改革户籍制度，有序推进农业转移人口市民化，努力实现城镇基本公共服务常住人口全覆盖”，还必须完善公共服务的

财政分担机制。基于各地经济发展水平不均衡的现实，公共服务均等化目标的实现，必须依靠财政的转移支付。比如当一个贫困县或者属于限制开发的地区，由于财力不足的确难以保障本地居民享有与全国大体相当的公共服务水平时，中央和省级政府就应给予财政转移支持。另外，对于流动人口的公共服务支出，要实行政府转移支付的额度与地方已经吸收的流动人口数量挂钩，从而调动就业地城镇政府吸纳人口的积极性。

五、推动教育改革和创新，启动城镇化科学发展的绿色引擎

教育资源配置对中国城镇化布局的影响是非常显著的。"再苦不能苦孩子，再穷不能穷教育"，几乎所有的中国父母都希望自己的子女能够接受最好的教育。城乡教育资源不均衡，在一定程度上成为中国人口迁移型城镇化的动力，绝大多数农村居民正是冲着城市优越的教育资源而千方百计进入城镇落户或居住的。因此，要使中国的城镇化布局更加合理，可以把优化各级各类学校的结构和布局作为切入点、着力点。

教育对中国城镇化进程的整体影响也是非常显著的。如果到 2020 年，受过高等教育的人口比例增加 10 个百分点，将能带动我国城镇化水平提高大约 4 个百分点，为未来 10 年的城镇化进程做出巨大贡献。"因此，推动城镇化科学发展，必须高度重视教育改革和创新的重要作用。

六、制定实施科学的政绩评价机制，防止和克服"形象工程"

政府主导，是中国城镇化的显著特征。从一定意义上来说，政府行为是否科学是影响中国城镇化进程和质量的关键因素。"近几年，尽管城市建设取得很大进展，但这些建设有许多都是形象工程、政绩工程和有利于营利增值工程，而真正能带来人口深度城市化的公共服务和公共设施建设并不多见。结果是，GDP 做大了，财政收入做多了，城市现代化水平提高了，而城市化率实际水平并没有真正提高。"事实证明，一些领导干部在贯彻落实科学发展观上之所以存在这样那样的问题，一个重要原因就在于缺乏一整套符合科学发展观要求的政绩考核体系。因此，胡锦涛强调指出："要建立和完善科学的干部政绩考核体系和奖惩制度，形成正确的用人导向和用人制度。"

针对中国城镇化的现状和历史任务，当前和今后一个时期，为确保中国城镇化健康发展，要将城镇化质量纳入政绩考核和重大事项督查范围，特别是要突出

完善公共服务、健全社会保障等方面的指标要求，从而引导建设服务型的政府，提高政府的城乡治理能力和公共产品供给能力。同时，要把考核结果与对干部的管理和使用有机结合，从而真正发挥出考核机制对推动城镇化科学发展的导向和引领作用。

第七章　正确对待推进城镇化与建设社会主义新农村的关系

全国人大通过的《中华人民共和国国民经济和社会发展第十一个五年规划纲要》明确指出："坚持统筹城乡经济社会发展的基本方略，在积极稳妥地推进城镇化的同时，按照生产发展、生活宽裕、乡风文明、村容整洁、管理民主的要求，扎实稳步推进新农村建设。"同年，在"七一讲话"中，明确要求正确处理建设社会主义新农村和推进城镇化的关系。在中央经济工作会议上，胡锦涛再次强调要"使稳妥推进城镇化和扎实推进社会主义新农村建设成为我国现代化进程的双轮驱动"。然而，提出建设社会主义新农村之后，关于新农村建设与城镇化的关系，人们有了种种片面的理解，有的人将二者等同起来，有的人则将二者对立起来。这些片面认识，如果不及时纠正，将会背离新农村建设的初衷，阻碍城镇化进程，对现代化建设产生不利影响。因此，从理论和实践的结合上对城镇化与新农村建设的关系问题进行研究，已经显得非常重要而紧迫。

第一节　城镇化和新农村建设都是中国现代化的重大战略任务

城镇化与建设社会主义新农村，二者具有不同的内涵。城镇化是将农民变为市民、将农村变为城市，将农业用地变为城市用地的过程。而建设社会主义新农村，是对农村的改造和提升，并不改变农村原有的性质。

目前关于新农村建设与城镇化的关系存在两种截然不同的观点：一种观点是，中国现代化发展的重心在城镇，在现代化进程中农村的衰落是难以避免的，因此没有必要在农村建设上花费心思；另一种观点是，农村之所以落后，正是因为用于"三农"发展的各种资源被城市剥夺了，因此应关注和加快农村发展，放慢城镇化步伐。这两种观点都具有片面性。城镇化与新农村建设都是中国现代化进程中的重大战略任务。

推进工业化和城镇化，是迄今为止世界各国实现现代化的普遍规律，也是中国实现现代化的必然选择。中国在特殊的历史背景下快速推进工业化，城镇化长期滞后于工业化进程。目前，中国城镇化率虽然已经达到52.6%，但仍明显低于同等经济发展水平的国家。推进城镇化，是中国现代化建设的历史任务，是解决"三农"问题的重要途径，是经济持续健康发展的有力支撑，是社会整体文明发展的推动力量，是统筹国内发展与对外开放的必然选择。因此，我们必须坚定不移地、积极稳妥地推进城镇化。

"三农"问题始终是关系中国特色社会主义事业发展的全局性和根本性问题。邓小平指出："中国社会是不是安定，中国经济能不能发展，首先要看农村能不能发展，农民生活是不是好起来。"胡锦涛也强调："农业丰则基础强，农民富则国家盛，农村稳则社会安。"城市和农村不可分割。农村的发展离不开城市的辐射和带动，城市的发展也离不开农村的促进和支持。解决"三农"问题，顺利实现现代化，既要跳出"三农"，又要立足"三农"，归根结底要靠逐步形成城市带动农村、农村促进城市、城乡互动协调和一体化发展的机制与格局。从国际经验来看，拉美国家在城镇化推进阶段未能处理好城镇与农村的关系，造成农业衰弱、农村凋敝、农民贫困，这一教训给我们以深刻警示。正如全国农村税费改革试点工作会议上所指出："我国正处在工业化和城镇化快速发展的阶段。在这个阶段，如何保持农业持续发展，避免在一些国家曾经出现过的农业萎缩、农村萧条、农民受到损失的问题。这对我们是一个极具挑战性而必须解决好的历史性课题。"

从农村和城市的距离来看，我国存在近郊型农村和远郊型农村，二者实现城镇化的条件和难易程度截然不同。这也要求我们在现代化进程中，必须实行建设社会主义新农村与城镇化并举的发展战略。对此，全国农村税费改革试点工作会议指出："我国农村人口数量巨大，将来即使城镇化水平达到了百分之六十甚至百分之七十，仍然会有绝对量相当大的人口继续生活在农村。因此，在推进城镇化的同时，必须把农村也建设好，使留在农村的人口也能逐步过上经济发展、生活富裕、精神文明的生活。"2011年底在中央农村工作会议上，温家宝再次指出：

"我国人口总规模巨大，即使今后城镇化水平大幅提高，仍将有数亿人生活在农村，必须让他们也过上现代文明生活。这就是我们一再强调要统筹城乡发展，一手抓城镇化一手抓新农村建设的基本考虑。"李克强也于 2012 年 9 月在省部级领导干部推进城镇化建设研讨班学员座谈会上强调："我国的城镇化，是与工业化、农业现代化协调推进的城镇化。""没有农业的发展、农村的繁荣、农民的富裕，就不可能有城镇的繁荣与发展。""即使未来我国城镇化率达到65% ~ 70%左右，还会有几亿人口在农村生产生活。农业、农村、农民问题始终是中国面临的巨大挑战和重大问题。"

第二节　城镇化与新农村建设之间的相互影响关系

从本质上说，城镇化过程也是城市现代文明不断向广大农村区域扩散和辐射的过程；建设社会主义新农村的过程，也是城乡各种差距不断缩小的过程。因此，城镇化与新农村建设是内在统一、互相交融的。

一、城镇化对新农村建设的影响

城镇化对农村的发展，既有积极作用，也可能带来负面影响。

（1）城镇化对新农村建设的积极影响

首先，城镇化有利于转移农村剩余劳动力，增加农民收入。李君如在担任中共中央党校副校长期间曾经指出："我们 13 亿人口，农村户籍人口 9.4 亿，其中乡村劳动力 4.9 亿，农户 2.49 亿户，而耕地只有 18 亿亩，人均耕地面积 1.41 亩，乡村劳均耕地面积 3.67 亩，户均耕地也只有 7.3 亩。既不像欧洲人均几百亩，也不像北美人均上千亩。如果单凭这些耕地来发展农业，要解决 9.4 亿人口的富裕问题，要解决 2.49 亿户农户的居住条件以及生态环境问题，是无法想像的。"新农村建设要让农民生活宽裕起来，就得把农民减少下去，而城镇化可以为农村剩余劳动力转移提供广阔的空间。

其次，城镇化有利于促进农村产业结构调整，实现农业现代化。城镇化在减少农村人口的同时，也推动着耕地经营的集中化和规模化，促进着农业产业化和农产品及其加工的安全化和优质化。

再次，城镇化有利于现代文明的传播，为新农村建设塑造新型农民。城镇化促进了城乡之间的紧密联系，使广大农民不断地经受现代文明的冲击与洗礼，从而逐步改变长期形成的封闭、保守、传统、落后的思想观念，接受许多新思想、新观念，变得视野开阔，逐渐成为具有开拓进取精神的新型农民。

（2）城镇化对新农村建设的消极影响

一是城镇化使农村中大量生产要素流失。在城镇化进程中，随着一些农民举家迁移到城镇工作和生活，也从农村带走了大量的财富和资源，从而在一定程度上削弱农村发展的实力和后劲。

二是把城镇化等同于城市建设的不良倾向，造成土地的城镇化快于人口的城镇化，出现大批徘徊在城市边缘的失地农民。

三是农村青壮劳动力到城市打工，带来农村养老和子女教育等社会问题。

四是城市污染源的扩散。由于城市环境整治力度加大，众多污染型的企业被转移到了郊区小城镇或农村。这样，在生产由城市向农村及其附近转移的同时，也同步把污染扩散到了农村。"据统计，全国每年因工业废水而污染的耕地面积达2亿多亩，占耕地总面积的15%左右，每年因污染减少的粮食超过了100亿公斤，直接经济损失125亿元"。

二、新农村建设对城镇化的影响

新农村建设的好坏会直接影响中国城镇化的质量和进程。"只要农村还是贫困落后的汪洋大海，城市的局部繁荣就只能是漂浮在大海上的冰山。"

（1）新农村建设为城镇化提供经济支撑

发展现代农业，是建设新农村的首要任务。现代农业发展了，不仅能为城镇化的迅速发展提供充足的农副产品，而且能够提供大量的剩余劳动力，保障城镇的经济发展之需。正如马克思在《资本论》第三卷中所指出："因为食物的生产是直接生产者的生存和一切生产的首要的条件，所以在这种生产中使用的劳动，即经济学上最广义的农业劳动，必须有足够的生产率，使可供支配的劳动时间，不致全被直接生产者的食物生产占去；也就是使农业剩余劳动，从而农业剩余产品成为可能。""社会上的一部分人用在农业上的全部劳动——必要劳动和剩余劳动——必须足以为整个社会，从而也为非农业工人生产必要的食物"。

促进农民增收，改善农村的基础设施，是新农村建设的重点。这也可以通过拉动农村消费需求间接地推动城市经济的发展。中国内需不足，主要症结在于农民消费能力太低。究其原因，一是农民收入水平太低，多数农民没有更多的钱用于享受；二是缺乏应有的基础设施支撑。消费现代工业产品需要有电、上下水、道路等支撑，但是这些基础设施在广大农村严重不足，大大限制了部分富裕村民的消费能力。随着农民的日渐富裕，农村的基础设施一旦完善，农村的巨大消费市场潜力就有可能变为现实的购买力，从而给城市相关制造业和流通业带来巨大商机。

（2）新农村建设推动"无形的城市化"

中国著名的地理学者崔功豪教授曾经指出，城市化"包括两个方面的含义：一是物化了的城市化，即物质上和形态上的城市化，主要反映在人口的集中、空间形态的改变和社会经济结构的变化等方面；二是无形的城市化，即精神上的、意识上的城市化，生活方式的城市化，主要反映在农村意识、行动方式、生活方式向城市意识、行动方式、生活方式的转化或城市生活方式的扩散"。由此可见，按照生产发展、生活宽裕、乡风文明、村容整洁、管理民主的要求建设社会主义新农村，必然有利于大大推动"无形的城市化"。

（3）新农村建设有利于城镇化健康发展

党的十六届五中全会通过的关于国家"十一五"规划的建议指出："坚持把解决好'三农'问题作为全党工作的重中之重，实行工业反哺农业、城市支持农村，推进社会主义新农村建设，促进城镇化健康发展。"

"三农"问题如果得不到妥善解决，就会成为农民被迫涌入城市的强大"推力"，从而导致像拉美国家那样的"过度城市化"问题。因此，"在很大程度上，发展健康的城市化的功夫要花在城市以外，即要使乡村得到较好的发展。"新农村建设不仅带来农村就业机会的增加，而且也不断改善着农村的生活条件和生态环境，使一些农民更愿意选择留在农村，从而减轻巨大的城市就业压力，避免"城市病"在中国的出现或蔓延。而且，新农村建设也有利于优化中国的城镇体系，实现大中小城市、小城镇和农村社区的合理布局、功能互补。

新农村建设和城镇化都需要大量的生产要素投入，在要素总量有限的情况下，两者不可避免地会存在竞争。20世纪90年代以来中国城镇化的高速发展，使资本、劳动力、土地等大量要素从农村流向城市，这正是导致城乡发展不平衡问题的主要原因之一。在新农村建设中，国家加大对农村的投入力度，并鼓励和支持人力资本和社会资本到农村创业，从而对城镇化的高速发展产生反推力。这有利于中国保持合理的城镇化进度，避免因城镇化太快而造成城镇"消化不良"，防止像拉美一些国家那样在城市化进程中产生大量贫民窟等问题。

第三节　推进城镇化与建设社会主义新农村和谐发展的对策建议

城市和农村作为人类社会两种主要集聚地，历来是相互影响、相互促进、动态发展的。从系统论角度看，城市和农村都是区域系统的组成部分，是不可分割的统一整体，城市依托农村而存在，农村依托城市而发展。新农村建设与城镇化本应该是一个和谐发展、良性互动的过程。但在实践中，从认识到行动都存在很多问题，出现了诸多不和谐音符。这集中体现在两个方面：其一，有人将城镇化和新农村建设等同起来，认为建设新农村就是城镇化，从而片面追求"消灭农村"的城镇化，强调利用城市模式建设新农村，结果在修建诸多劳民伤财的形象工程的同时，削弱了农村的物质基础，淹没了农村经济和文化的独有特色。其二，有人将城镇化和新农村建设截然分离开来，抛却二者之间的内在联系。他们有的把城镇化等同于城镇的自身建设，致使城乡差距不断拉大；有的则仅仅囿于"三农"之内建设新农村，结果只能事倍功半。我们认为，解决上述认识和实践问题，应当采取如下对策措施。

一、树立城乡统筹的发展理念

从目前国内发展看，无论基于历史的积淀遗存，还是出于现实的认识偏差，在城乡发展问题上一直存在一些错误或模糊的思想意识。意识指导行动，这些错误的思想如果不尽快加以纠正，难免会导致巨大的失误。为此，必须端正思想认识，做到"两破两立"。

（1）破除"城乡二元"的传统思维模式，树立城乡一体的新观念

中国城乡二元结构的形成，既有历史原因，也有现代人为因素。在古代和近代，城市就是达官贵人的居住地，而农村则是贫穷农民的集聚地。新中国成立后，受苏联模式的影响，中国实行了以户籍制度为核心的一系列城乡二元制度。在城乡二元制度下，广大农村剩余劳动力难以顺利转移，广大农民收入低的状况长期

没有根本改观，广大的农村内需无法得到很好的释放，从而严重影响和制约了中国经济的持续健康发展与社会的和谐稳定。

综观世界经济和城市发展的历史，城镇化和城乡一体化是必然规律。在新世纪新阶段，中国正处在迈向城乡一体化的历史转折时期。新的形势要求我们把城镇化和新农村建设看作一个相互联系、共同发展的有机整体，即农村的问题不能仅在农村中找出路，城镇化问题也不能仅在城市中找出路，必须联系城市发展探索解决农村问题，也必须联系农村发展促进城镇化健康发展。

（2）破除"厚城薄乡"的惯性思维模式，树立"工农并举"的观念

由于中国城乡二元结构长期存在，一些人尤其是行政管理者思维中总是重城轻乡，并在政策制定和工作实践中，以各种方式体现出来。例如，新中国成立后，党和国家将工作重心从农村转向城市。为加快发展城市工业，中国实施了一系列以农补工的政策体系。有关专家认为，工农产品的剪刀差为城市的积累和发展作出了重大贡献。"从 1952 年至 1978 年，工农产品剪刀差呈逐步扩大趋势。1978 年比 1955 年扩大 44.65%，绝对量达到 364 亿元，相对量达到 25.5%，即农民每创造 100 元产值，通过剪刀差无偿流失 25.5 元。"改革开放后，在城镇化的快速发展中，仍然延续了"厚城薄乡"的思想和行动，最集中的表现：一是以各种借口和手段限制农民进城和转变为城市居民；二是对城市各项投入远远大于农村；三是把农民排斥在社会保障体系之外。即使进入 21 世纪，这种"厚城薄乡"思想意识依然存在，不仅导致"三农"问题日益严重，而且引发了日益紧张的农民工问题、失地农民问题等等。

中国农村人口数量庞大的现实国情，以及全面建设小康社会的奋斗目标，都决定了我们必须坚持走城乡一体、工农并举的发展之路。"农村消亡论"和"新农村独立发展论"都是不合时宜的。

二、提升城镇的辐射带动功能

集聚和辐射是城市功能的综合体现。很长一段时期以来，城市对农村生产要素的集聚功能不断增强，而对农村的辐射带动功能却没有得到应有的发挥，甚至还有弱化的趋势，从而进一步拉大了中国的城乡差距。为此，胡锦涛反复强调，要"按照统筹城乡发展的要求"，"发挥城市对农村的辐射和带动作用，发挥工业对农业的支持和反哺作用，走城乡互动、工农互促的协调发展道路。"

（1）强化产业的辐射带动

产业是城市实力之本，是城市辐射带动力和集聚力的根源。城市要在大力发展工业的同时，大力发展现代服务业，改造提升传统服务业，从而不断创造就业机会，吸纳农村富余劳动力进城就业。同时，要以现代工业装备现代农业、以工业的资金、管理、技术提升农业，拉长农业产业化链条，为农民创造更大的就业空间和利润空间。

（2）强化人才的辐射带动

建设社会主义新农村的根本力量，在于要有一大批高素质的新农民。中国农村人力资本投资长期处于不足的状态，而且投资的收益又有相当部分随着农村大学毕业生在城市工作、农村精壮劳动力到城市打工"溢出"到城市地区。在较高素质的农村人才不断流向城市的同时，很少有城市人力资本流向农村的情况发生。针对目前不少农村地区现有劳动力基本为妇女、儿童、老人组成的"386199部队"的事实，一些专家提出"谁来建设新农村"的问题。

解决"谁来建设新农村"的问题，要从农村内外两个方面找出路。首先，要加强农村基础教育，使教育真正成为弥补城乡差距的有效因素。其次，要大规模开展农村劳动力培训，使农业转移人口更好地适应二三产业和城市发展的要求，并使广大留村务农的农民提高务农技术。再次，推进政策创新，吸引农民工回乡创业，鼓励高校毕业生到农村创业。

（3）强化基础设施的辐射带动

很长一段时期以来，中国城市和农村的基础设施建设可以说是存在着天壤之别。城市的基础设施越来越现代化，而农村除了对外交通、供电基础设施基本完备外，其他基础设施基本处于一穷二白的状态。这不仅造成城乡生产和生活质量上的巨大差距，而且也限制了城乡之间的联系和交流。城市基础设施建设向农村延伸，是城镇化和新农村建设良性互动的基础和前提。由于基础设施投入大，公益性强，因此，必须认真搞好规划建设。同时，还要按照"谁投资、谁拥有、谁受益、谁负责"的原则，着力建立健全农村基础设施投入和管护的长效机制，彻底改变原来农村基础设施建设投入不足和"重建轻管"等状况。

（4）强化先进文化的辐射带动

城市文明向农村辐射，是人类文明发展的一般规律，也是城镇化的重要体现。1993年，美国新版的《世界城市》认为，"都市化是一个过程，包括两个方面的变化。其一是人口从乡村向城市运动，并在都市中从事非农业的工作。其二是乡村生活方式向都市生活方式的转变，这包括价值观、态度和行为等方面。第一方面是强调人口的密度和经济职能，第二方面强调社会、心理和行为的因素。实质上这两方面是互动的。"因此，推进城镇化与建设社会主义新农村良性互动，不仅要注重城市对农村物质层面的反哺，更要注重城市对农村精神层面的反哺。

三、突出和重塑城乡本色

无论是城镇化，还是新农村建设，如果搞得城市像农村、农村像城市，都将是最大的败笔。同时，近年来，我国城镇化建设中跟风问题严重，造成千城一面，教训深刻。如今，很多地方在新农村规划建设中也出现了这种苗头，简单化地将新农村建设等同于拆农村、建楼房、修广场。这已经引起了社会学家、人口学家、历史学家、文物保护专家的强烈忧虑。他们共同认为，必须尊重和弘扬城乡的特色，差异发展，互补提升。

（1）维护城乡产业特色

城乡的资源环境条件不同，因此应该发挥各自的优势，互补发展。城市的优势在于工业和服务业的集聚发展，而农村在发展农业方面则具有城市不可替代的地位和优势。如今，在推进城镇化与新农村建设和谐发展的过程中，城市要继续保持高层次服务业和工业集聚地的特色功能；农村则应当以农业发展为重，切实巩固农业在我国发展全局中的基础地位。

（2）维护城乡景观特色

近年来，在新农村建设中，有些地方简单地套用城市的规划建设模式，致使农村不仅丧失了自身的田园风光特色，而且也影响了农村特有的生态保障功能。正如湖南省芷江县委书记石希欣所指出：建设社会主义新农村，"要注意在人们逐步回归自然、追求生态的过程中努力保护生态、保持乡村的田园风光，防止村庄城镇化，避免出现城市人追求乡村环境的时候，农村人却逆反而行，去过城里人不愿过的生活。"

（3）维护城乡文化特色

中国的城市和农村，在几千年的文明史中，都积淀了深厚的文化传统。然而，综观30多年的快速城镇化过程，却是一个文化传统大破坏的过程。在新农村建设中，我们不能再犯同样的错误。

综上所述，正如温家宝2011年12月27日在中央农村工作会议上所强调："城镇化不可能取代新农村建设，城镇与农村在经济社会生活中的功能性差别不可能、也不应该被消除。不能把城镇建设的做法简单地套用到农村建设中去，不能把城镇的居民小区照搬到农村去、赶农民上楼。农村建设还是应该保持农村的特点，有利于农民生产生活，保持田园风光和良好生态环境。"也正如山东大学博士生导师林聚任所指出：建构新型城乡关系应坚持"同异应然原则"，"城乡之间应有的普遍性和相同处主要表现在人权平等、机会均等以及社会保障平等和公共产品均享方面。""一方面应当缩小城乡差别，增加农村与城市的共同性，另一方面还应当科学认识和利用自然规律和条件，按照比较优势、生态保护原则尊重并保留和发展城乡之间的应有差异性。"

四、加强政府的宏观调控

推进城镇化和新农村建设和谐发展，离不开政府在科学规划、政策引导、投资安排等方面的导向作用。

（1）统筹城乡规划

规划是发展的龙头。规划的科学合理是最大的节约。对资源紧缺、人口众多的中国来说，科学的规划具有特殊重要的意义。只有科学、合理地规划出中国城镇化和新农村建设的宏伟蓝图，才能保证二者的和谐、健康发展。为此，2006年的中央一号文件将村庄规划正式纳入政府工作范畴。2007年十届全国人大常委会又通过了《中华人民共和国城乡规划法》，并规定从2008年1月1日起开始施行该法。与以前的《城市规划法》比较，《城乡规划法》体现了城乡统筹协调的精神，有利于加强城乡规划管理，协调城乡空间布局，标志着城乡规划步入一体化的新时代。

（2）加强政策引导

中国的城乡差别，在很大程度上，是由于城乡政策不对等而导致的。城乡互动至少要建立在城乡政策平等的基础上。同时，由于中国目前乡村较之城市处于明显的弱势地位，因此，为了迅速改变农村的落后面貌，还需要政府出台一些特殊的扶持农村的政策。近年来中央出台的一些对农业、农村、农民少取多予的政策就是一个良好的开端。在运用政策引导的过程中，政府要特别注意制定科学的财政、税收等经济政策，运用市场机制促进资本、技术、人才等生产要素在城乡之间的合理配置。

（3）合理调整国民收入分配格局

城镇化建设需要大规模资金，新农村建设同样需要较多资金。鉴于当前城乡发展严重不协调的现实，适应中国经济社会发展新阶段的要求，贯彻工业反哺农业、城市支持农村的方针，必须合理调整国民收入分配格局，加大对农业、农村和农民的投入力度。

（4）加强研究和监测

中国城镇化和新农村建设都是复杂的系统工程。在二者和谐发展的漫长过程中，必然会出现不少矛盾和问题。为此，各级党政干部要以建设学习型政党、学习型组织为契机，针对中国城镇化和新农村建设的客观实际，深入开展调查研究，及时化解各种矛盾和问题。各级各地政府都应把中央关于城镇化和建设社会主义新农村的基本要求同各地的实际情况结合起来，制定符合本地实际的城镇化和新农村建设实施方案和指标体系，加强对城乡发展情况的监测，并根据监测结果及时作出有关政策调整。同时，发挥网络、电视、报刊等媒体的监督作用，确保中国城镇化和新农村建设的顺利进行。

第八章 正确处理城镇化快速发展和"城市病"防治的关系

城市是城镇化的物质载体,要科学推进城镇化进程,就必须解决好城市发展中存在的问题。恩格斯早在《英国工人阶级状况》中就详细记述了英国城镇化进程中的"城市病"问题。他指出:"人口向大城市集中这件事本身就已经引起了极端不利的后果。伦敦的空气永远不会像乡间那样清新而充满氧气。""曼彻斯特和利物浦的流行病所引起的死亡率,一般说来比农业区高 2 倍;城市中患神经系统疾病的比农村中多 4 倍,而患胃病的则比农村多 1 倍多,同时,城市中因肺部疾病而死的人数和农村中的比较起来是 2.5∶1。在城市里,因天花、麻疹、百日咳和猩红热而死的小孩子比农村中多 3 倍,因脑水肿而死的多 2 倍,因痉挛而死的多 9 倍。"同时,"伦敦人为了创造充满他们的城市的一切文明奇迹,不得不牺牲他们的人类本性的优良品质……在这种街头的拥挤中已经包含着某种丑恶的违反人性的东西。……所有这些人愈是聚集在一个小小的空间里,每一个人在追逐私人利益时的这种可怕的冷淡、这种不近人情的孤僻就愈是使人难堪,愈是可恨。"恩格斯的这些论述,深刻地警示我们,在充分认识城镇化积极作用的同时,也必须高度重视城镇化快速发展和高度集中可能带来的负面影响。近年来,随着中国城镇化快速发展,"城市病"日益凸显,已经给城市的生产生活带来了严重影响,也引起社会各界的广泛关注。为此,国家"十二五"规划纲要明确提出要"预防和治理'城市病'。"

第一节　快速城镇化进程中"城市病"的
主要表现及其危害

所谓"城市病"，主要是指伴随着城镇化进程，在城市内部产生的一系列经济、社会和环境问题。当前中国的"城市病"具有系统性、综合性和多发性，已经严重影响和制约着城市的健康发展。中国社科院蓝皮书《国际城市发展报告2012》指出，"中国大型城市正步入'城市病'集中爆发期。"蓝皮书预测，未来一段时期，"城市病"将成为影响城市和谐稳定的关键隐患。

一、交通拥堵严重

近年来，许多城市纷纷陷入交通堵局。交通拥堵同时导致事故增多，事故增多又加剧了交通拥堵，形成了恶性循环。交通不畅导致车辆平均速度严重降低，频繁的停车和启动不仅加大了能源消耗，增加了居民生产生活的运行时间和成本，降低了城市活力，而且汽车尾气排放增多，进而加剧了环境污染，降低了城市生活质量。"由于交通拥堵，人们浪费了大量的时间'在路上'，生活和工作效率也就降低了。当众多车辆在路面上排成一片却寸步难行的时候，受到伤害的并不只是我们的肺，而是生活方式的改变、生理'三急'的忍耐、肌体运动的不协调、焦虑、暴躁。"交通拥堵使城市的人流、物流等陷入瘫痪，影响城市生产和生活功能的正常发挥，还有可能造成城市的衰败。

二、能源资源短缺

中国人均耕地面积不到世界平均水平的一半，全国三分之一县市的人均耕地面积在国际公认的警戒线之下；人均水资源占有量仅占世界平均水平的四分之一，全国660座城市中400多座缺水；石油、天然气人均剩余可采储量只有世界平均水平的7.7%和7.1%，储量比较丰富的煤炭也只有世界平均水平的58.6%。城市是消耗能源资源的最大主体。"联合国一份报告指出，虽然城市面积只占全世界土地总面积的2%，却消耗着全球75%的资源"。国际经验表明，城镇化快速发展阶段，往往也是一个国家能源资源需求和消耗量最多的一个阶段。近年来，土地、水、石油等不可再生资源紧缺问题日益显现，已经影响和制约了中国城市经济社会的持续健康发展。

三、生态环境恶化

随着城镇化快速发展，城市生产生活所产生的各种废弃物对水源地、大气的污染问题非常突出，机动车保有量迅速增长带来的污染更为严峻，酸雨及其带来的危害仍然很重。许多城市由于垃圾处理不及时而深陷"垃圾围城"的困扰。"调查表明，许多城市的垃圾产量年均递增值达 7% 以上，几乎与 GDP 增速同步。"国务院参事刘秀晨在 2013 年两会期间披露，"据测算，2009 年中国城市生活垃圾约 1.7 亿吨，每年以 3% 的速度增加。由于设备不足，每年大量垃圾未得到处理，全国累积未处理的生活垃圾约 40 亿吨。三分之一的城市出现垃圾围城现象。另外每年产生建筑垃圾 5 亿吨，大部分也未经处理利用。"中国城市生态失衡问题较为严重。由于城市生态系统受到严重破坏，自净和修复能力严重降低，导致"城市热岛"、"城市荒漠"现象出现。环境污染和生态破坏导致城市面临现代健康危机，近年来，空气污染、噪音污染、光污染等导致的疾病频现。"环境污染对城市经济的影响越来越大、越来越负面。世界银行曾对此做出过估算，认为由于污染造成的健康成本和生产力的损失大约相当于国内生产总值的1%到5%。"

四、安全基础脆弱

近年来，中国城市安全生产状况不容乐观，重特大事故时有发生，给人民群众生命财产造成重大损失。城市抵御灾害能力不足的问题也日益凸显。2010 年 8 月舟曲一场泥石流瞬间夺走了 1765 个鲜活的生命，2011 年 6 月北京的一场暴雨造成几乎全城交通瘫痪。传统不安全因素和现代危险交织，城市安全基础日显脆弱。"一些特大型城市每年建筑面积都在一亿平方米以上，越建越多，越建越高，消防能力却严重滞后。许多城市地上、地下管线网络密布，纵横交错，高负荷运转，部分设备设施老化，防御灾害水平普遍较低。这些庞大的网络一旦发生事故极易造成次生、衍生灾害，严重影响城市的稳定运行。"

五、社会矛盾凸显

近年来，随着城镇化的快速发展而来的农民工问题和城市贫困问题，导致社会矛盾多发、激化。农民工背井离乡起早贪黑含辛茹苦地为城市发展作贡献，但在城市中却不能与城市居民享有同等待遇。中国社会科学院人口与劳动经济研究所所长蔡昉指出，"调查研究显示，城市中农民工及其家属的社会保障覆盖水平大约仅为城市户籍人口的1/10。"许多农民工随迁子女面临在异乡入学难的境地。城市对农民工持经济吸纳和社会拒入的双重态度，使得他们在城市中缺乏归属感和主人翁意识，甚至存在反城镇化的心理倾向，致使他们中间短期行为和越轨行为时有发生，从而增加了城市的不安定因素。

在中国，一直以来，贫困问题往往被看作是农村现象，但近年来，在中国经济体制转轨和社会转型的进程中，城市贫困人口数量增多，程度加深，发展趋势严峻，应当引起我们的足够重视。国内外的实践证明，只有有效解决城市贫困问题，才能实现经济社会的健康发展，才能维护安定团结的政治局面。

第二节　快速城镇化进程中"城市病"的复杂成因

中国城镇化进程中的"城市病"不仅症状多样，而且成因复杂。很多"城市病"问题的产生既有不可避免的客观必然性，也有主观失误因素的叠加。

一、快速城镇化阶段"城市病"多发具有客观必然性

历史表明，"城市病"是一种带有普遍性和发展阶段性的世界现象。实践证明，当一个国家的城镇化率超过30%，就会进入城镇化加速发展阶段；当城镇化率达到70%时，城镇化发展将进入相对稳定的状态。"城市病"和城镇化之间存在不可分割的内在联系。"国际经验表明，'城市病'是城市发展过程中的必然现象，而快速城市化的阶段往往是各种'城市病'的频发期。""尽管各国'城市病'的症状有异，程度不一，但它从显现、发作直到康复都有其内在的客观规律，而这一规律又直接地与城市化的生命周期密切相连。在其发展过程中，城市化具有呈'S'型的上升规律，而'城市病'则具有倒'U'型的升降规律。""'城市病'显性阶段，也是城市化的加速发展阶段，城市化水平大致在30%-50%"。"'城市病'的发作阶段，也是城市化的基本实现阶段。在这一阶段城市化水平大致在50%-70%，这是城市化的一个革命性的阶段……在这一阶段中，不仅'城市病'的症状最多，而且其症状也最严重。""'新兴+转轨+转型+快速城市化'使

得我国'城市病'问题更具复杂性、综合性。中国城市的'急症、慢症、并发症'存在共发的可能。"

二、发展理念和发展方式的偏差是"城市病"的症结所在

多年来，在城镇化建设中，国内部分城市贪大求洋，大搞面子工程，过多看重经济建设和地标建筑，对保障城市正常运营、关系市民生产生活的基础设施工程关注不够，投入不足。有的城市建设方式粗放，大拆大建。为了"政绩"，许多城市热衷于"经营城市""土地经济"，把城镇化简单地理解为卖地、盖楼。"许多城市都在爆发短视的、透支子孙资源的、杀鸡取卵的野蛮开发冲动，以牺牲人的生命健康和长远利益为代价，换来昙花一现的经济繁荣。"华丽而羸弱，成了我们许多城市的通病。2013年春节前后困扰中国不少城市的雾霾天气的形成，从表面上看与汽车尾气、工业污染等有关，但本质根源则在于我国工业化和城镇化过程中长期过分追求速度和经济效益、忽视环境保护和社会效益而累积的恶果。

经济社会发展不平衡，大城市和中小城市之间发展不均衡，城市和乡村之间发展不均衡，也是我们多年来在发展方式上存在的弊端，从而成为催生"城市病"的重要因素。"归根结底，城市病的出现就是快速膨胀的人口与城市资源不协调的问题。"由于大城市在就业、文化等方面的巨大优势，吸引了来自四面八方的人群。"中国的一线城市集聚了过多的资源，但城市与城市之间资源发展的不平衡问题反而加剧一线城市等交通、污染问题的恶化。"国家发改委城市和小城镇改革发展中心研究员冯奎提供的数据显示："到2009年底，全国地级以上城市人口占全国人口总数的29%，但固定资产投资占全国的62%，GDP占全国总量的52%。大中城市在基础设施、公共服务水平等方面明显优于中小城市和小城镇。"正因为如此，尽管党的十五届五中全会就明确提出"走出一条符合我国国情、大中小城市和小城镇协调发展的城镇化道路"，但是10多年下来，结果并非如此。中央农村工作领导小组副组长、办公室主任陈锡文在2013年"两会"期间透露，"我国小城镇人口占比从上世纪90年代初的27%，下降到目前的20.7%。"这一结果的产生，与中国多年来在发展中人为地造成生活条件和社会资源的严重不平衡密切相关。

三、城市规划和建设存在问题导致"城市病"难以避免

很多"城市病"源自不科学的规划。在城市规划专家王军看来，"中国城市之所以会出现不同程度的城市病，是因为城市规划多是在继续沿用 1930 年代的规划思想。""这种已经落伍的规划思想，是 1933 年雅典宪章所确立的功能主义城市规划思路，最核心的观点就是将城市解构成工作、居住、休闲、交通，前三个区域通过最后的交通加以连接，从而形成了城市的单中心结构。特别是对大型城市，这样的单中心结构非常要命。"职住分离的城市规划和建设模式，使人口不得不在城市内大范围地集中流动，这不仅让不少市民几乎每天都要在居住点、工作点、活动点之间长距离地奔波，经受"钟摆式"流动之累，而且还导致"潮汐式交通拥堵"现象。

四、城市管理欠科学加剧"城市病"

多年来，一些城市管理者的思维方式，仍然没有实现从计划经济到市场经济的转变，习惯于采用计划经济年代的工作方式。以对交通拥堵的治理为例，北京、上海实行的限牌、限行方法，不仅妨碍了大家出行的方便性，而且还刺激市民去买更多的车从而进一步加剧交通拥堵。"很多城市想简单地通过限购、限行等手段来解决，一时看来是让路上的车少了点，但长期而言只会刺激市民去买更多的车，反而会使城市交通压力变得更大。城市管理部门治理交通拥堵时，在要求人们放弃小汽车之前，要首先考虑的是公交出行问题解决了没有？城市交通的智能化管理做到了没有？现有道路设施的使用效率发挥出来了没有？……治理城市病，不能光从约束使用者开展所谓'需求管理'上找出路，而更应该从要求管理者提供更好的服务——即加强'供给管理'方面下工夫。城市管理部门没有更多地去提高服务质量和管理水平，而总是在想办法限制市民，限制各种服务对象，这种简单粗暴的传统管制思路不仅不能治病，还是很多城市不断'生病'的根源所在。"

第三节　快速城镇化进程中"城市病"的防治对策

面对接踵而至的"城市病"，一方面，我们决不能消极悲观、因噎废食，而

要深刻认识它是我国快速城镇化发展中的问题，可以在城镇化进程中通过发展的办法获得解决；另一方面，我们也决不能麻木不仁、听之任之，而要深刻认识"城市病"的严重危害及其防治的重要性和紧迫性，并在科学发展观指导下，采取积极有效的对策措施。

一、防治"城市病"，须走以人为本的新型城镇化道路

长期以来，中国城镇化实践中"物本"突出、"人本"不足：许多大型建设与民生问题根本不搭界，但是浪费了大量资金；包括失地农民、农民工、城镇拆迁原住民等在内的庞大群体的利益得不到有效保障。此类问题得不到合理解决，不仅加剧"城市病"，更会引发一系列的连锁反应。如会点燃人民群众对社会的不满情绪，激化社会矛盾，引发群体性事件。

走以人为本的新型城镇化道路，就要尊重人民群众在城镇化中的主体地位，把人民群众幸福作为城镇化的根本目的，把人民群众是否赞成、高兴、答应作为城镇化决策的首要标准，切实做到城镇化发展成果由人民群众共享。

二、防治"城市病"，须科学规划先行

"早期资本主义国家为治理'城市病'采取了一系列措施，但往往效果不佳。吸取发达国家工业革命的经验，对'城市病'应该是'防'重于'治'。"因此，必须高度重视并切实发挥好科学规划的先导性作用。

发挥科学规划对防治"城市病"的先导性作用，不应当把城市分割成不同的组成部分单独考虑，而应利用系统论的理念和方法，努力去创造一个多层有序、综合动态的环境。为此，要以"联系"视角和"前瞻"思维完善城镇化布局和形态，特别是要"将紧凑、鼓励步行、公共交通主导、混合使用等作为城市规划的原则。"在科学编制了城市规划之后，还要切实保证规划的贯彻与坚守，从而切实把美好的规划蓝图转化为实际的科学发展。

三、防治"城市病"，须城市建设配套

防治交通拥堵这　"城市病"，必须大力完善舒适、快捷的城市公共交通体系。近年来，中国很多城市都在规划建设地铁和轻轨。轨道交通投资大，建设周期长，涉及面广，必须科学规划、精心组织。在实际的规划建设过程中，要注意地铁出入口的规划和设计，使之能够"抓住"更多乘客、提升运载力。与此同时，

要注重做好轨道交通和其他公共交通线路的配套、衔接。

防治城市生态恶化、安全基础脆弱等"城市病",必须转变观念,绷紧恢复和保障人居环境这根弦;必须加大投入,提高对环境保护设施和污染治理的高科技改造,加强对城市生命线工程的建设;必须加强管理,确保各类环保和安全设施的正常高效运营。

四、防治"城市病",须创新城市管理方式

"在市场的选择下,城市的实际规模会大于最优规模,这个理论已被经济学界证明。"因此,政府必须发挥其宏观调控的功能,弥补市场缺陷,适当控制大城市的规模。在此过程中,政府应当制定合理的城市发展政策,灵活运用经济手段引导和鼓励教育、医疗、重点项目等资源流入中小城市,积极促进基本公共服务均等化。

解决"城市病",至关重要的是要实现城市共同治理。"让生活在城市里的每个人都充分体现出各自对公共决策的权利和影响,也各自承担起建设美好城市的义务和责任,我们的城市才会真的越来越美好。而且,即使城市在我们的共同努力下变得很美好,将来还可能再变得'有病',唯一不变的是,要'治病'只能靠全民共治,正如身体健康的根本是每个细胞的机能完善一样。"

防治交通拥堵等"城市病",城市管理者应善于运用经济手段等市场机制。例如,在香港,老百姓自驾车出行的很少,一方面是因为公共交通非常发达,另一方面是因为停车费很贵;美国一些地方规定只有两个人一起乘车才能走快车道,刺激了拼车共享的产生和普及,这对我们都具有启发和借鉴价值。

防治"垃圾围城"这一"城市病",需要政府各有关部门通力合作,综合运用宣传教育、政策引导、法律约束、经济激励等各种手段,充分调动和发挥公众、非政府组织、媒体等多方面的作用,走多样化、市场化、社会化管理的新路子。特别重要的是,要建立健全垃圾分类回收的奖励机制,为实现垃圾无害化和资源化处理奠定坚实的基础。

防治社会矛盾凸显等"城市病",要从分析矛盾产生的原因入手,坚持堵疏结合,防控并举,建立健全监测预警、应急响应、协调联动、调处化解等工作机制。

创新城市管理方式,防治"城市病",还要积极推动城市的信息化建设。"治理'城市病'自然是一项复杂的系统工程,它需要体制、政策、道德、文化、技术等多方面的支持,而信息化的意义并不仅在于技术的进步和创新,更在于信息

技术、网络技术、数字技术在城市运行的各个层面的渗透、融和与互动，而引发的'质的革命'。'城市病'正是在信息化与城市化相互协调，相互促进的双赢中被治疗、最终被治愈的。"

综上所述，"城市病"并不是中国城镇化进程中的特有问题，也并非不治之症。英国曾经是世界上"城市病"的首发国家，也是第一个较为成功地治理了"城市病"的国家。我们有理由相信，在科学发展观指导下，中国一定能够成功预防和控制"城市病"，一定能够让中国城市生活更美好！

第九章　农民工市民化制度意义及概念

现代化源于工业化，工业化伴随城市化，城市化导致大量农村人口非农化、市民化，这是人类社会发展的趋势，是世界各国现代化的基本特点和一般规律。由于中国现代化进程与独特的工业化路径相联系，致使中国城市化在长期滞后于工业化的态势下发展，其重要结果是农民工群体的涌现及与其相关的种种社会问题的显现。20世纪80年代以来随着中国"民工潮"的涌现，交通、城市人口管理、义务教育普及、新的劳资矛盾、社会治安等一系列社会问题随之出现，其中最为严重的莫过于农民工群体背后隐含的社会公平、社会稳定以及社会和谐等问题，而这又是事关全面建设小康社会的重要问题。在全面建设小康社会新时期社会各界都非常关注农民工权益维护问题，而从更进一步的意义上，超越农民工权益的视线，从农民工市民化制度演进与创新视角，探析解决中国农民工问题的基本思路，这不仅具有重要的理论意义，亦具有重大的现实意义。

第一节　农民工市民化制度的意义

农民工是1978年中国改革开放后社会转型、制度变迁的产物。20世纪80年代家庭联产承包责任制以及粮食流通体制等改革，使1958年开始锁定农村人口进入城市的户籍制度的效力走低（单项制度不足以限制人口流动，人口流动是多向制度合力的结果），至此农民进城就业成为可能。1984年，全国有流动人口2000万人，此后城市流动人口增势迅猛。"1993年，全国约有6000多万农村劳动力在外流动，占全国农村劳动力总数的15%。1995年，全国流动人口进一步增加到8000千万人。"2016我国农民工增速有所回暖，全年农民工总量28171万人，比上年增加424万人，增长1.5%。其中，本地农民工11237万人，增长 3.4%；外出农民工 16934 万人，增长 0.3%。

农民工为中国城市建设、工业化、现代化作出巨大贡献，但是农民工处于城市社会底层，经济收入普遍较低、生活质量较差。从 20 世纪 90 年代中期开始，一些大中城市先后出台对农民工就业行业、工种限制的政策规定。所以，尽管进入新世纪尤其是中共十六大以来农民工进城务工政策基本放开，但农民工大多在脏、累、苦、险、且工资较低行业就业的现状并未从根本上改变。许多农民工不能按时、足额领到工资，恶意拖欠、克扣农民工工资的现象非常普遍。农民工没有融入城市，未能获得与市民及城镇职工的同等待遇，农民工在生活方式、居住环境等与市民有很大的差异，农民工作为劳动者还没有实现"体面劳动"，这是理论和现实不可回避的问题。

目前，农民工问题日益严重，这里的严重不仅是指农民工工作环境、生存环境、收入状况问题，而且是指农民工群体引发的城市管理、城市治安、交通以及农村留守老人、儿童等问题。由此，党和政府高度重视农民工问题，就中央政府方面，2014 年至 2015 年组织大规模的农民工问题调研工作，2015 年完成了《中国农民工调研报告》，同年，国务院出台《关于解决农民工问题的若干意见》。此后，全国出现了"农民工热"，农民工问题不再是单纯的流动人口问题，而是全面建设小康社会新时期的一个重要政治问题、经济问题、社会问题等等，农民工问题开始得到各级党组织和政府的重视，得到理论界的关注。由此，各地解决农民工问题的新举措不断出台并实施，理论界研究农民工问题的成果层出不穷，应该说目前农民工问题得到部分的解决。但是，对于农民工来说，他们期待的春天并没有到来；对于党和政府以及社会来说，他们在解决农民工问题上仅仅是迈出了一大步，前面还有很长的路要走。

基于以上背景，如何立足于现实并在已有的研究基础上，站在一个新的层面和角度，运用马克思主义世界观和方法论，对中国农民工问题作深入的研究，则显得尤为重要。农民工市民化制度演进与创新研究，对农民工问题给出较为系统的、富有阐释力的解释。探寻中国农民工未来的应然走向，构成本文研究的出发点。

首先，就理论意义而言，农民问题是中国革命和建设的基本问题，中国农民数量位居世界之首，占中国人口 65.6%（根据国家统计局 2016 年度统计数据显示），农民工又是中国若大农民人口中的独特社会群体（从户籍的角度看，农民工属于农民，从职业的角度看，农民工属于非农）。本书遵循马克思主义制度理论、马克思主义农民非农化思想（马克思主义人口城市化思想）的基本观点，吸收和运用新制度经济学中有价值的理论观点，结合中国农民工及农民工市民化现状，分析中国农民工市民化制度关联问题，考察与中国农民工密切相关的制度演进，对中国农民工市民化制度演进与创新问题给出一个比较系统的、富有阐释力的理论解说。这对深化马克思主义制度理论以及马克思主义农民非农化思想（马克思主义人口城市化思想）的研究具有一定的理论意义。

农民工市民化制度演进与创新研究，从农民工市民化制度演进的视角研究中国农民工问题，它有助于经济学、政治学、社会学等社会科学分支学科在农民工研究领域的应用和发展。

其次，就现实意义而言，农民工市民化是中国实现工业化，走向现代化，达到全面小康社会的必经之路，是社会和谐所必需的，是中国当前及未来较长时期内的一个重大现实问题。中国农民工市民化制度演进与创新研究，正是基于中国2亿多农民工的现实；基于农民工作为边缘化的城市劳动者，作为城乡间两栖流动人口，作为挑战现存制度和引发多种社会问题的独特社会群体的现实；基于农民工问题是中国现代化、工业化、城市化发展以及构建和谐的全面小康社会不能绕过的现实问题而提出的。所以，它具有很高的现实意义：一是为党和政府制定有关农民工问题的方针、政策提供理论参考；二是对于党和政府总结有关城市化进程中农民工问题的经验教训，增强对中国城市化、农民工市民化及其二者相互联系的认识，进一步把握农民工现象背后的本质和规律，提高党和政府领导中国特色社会主义现代化建设的本领具有重要的现实意义；三是有助于中国农民工问题在良性轨道上得到解决。

第二节　农民工市民化制度若干概念界定

对于一个问题的研究，总是要从概念的分析开始，因此，对相关概念的精确界定，是问题研究的一个关键步骤。与"中国农民工市民化制度演进与创新"问题相关的概念很多，其中最为重要的是农民、农民工、农民工市民化和制度等等。

第一，农民。农民——一个久远并至今依存的概念，一个历史性概念、一个现实的概念，一个普通的常见常闻的概念，一个困扰中国特色社会主义现代化发展的概念。认识、理解和把握这个概念，是完成本文的基础性工作。

　　首先，典籍中对农民的释义。《礼记·月令》和《吕氏春秋》是较早出现"农民"一词的中国典籍，《礼记·月令》有"农民毋有所使"的语句；《吕氏春秋》有"古圣之重农民"的表述。老子的《道德经》有"是以圣人处上而民不重"之句，《康熙字典》说"耕也种也"为农，"其庶人力于农穑"，"种曰农敛曰穑"。

　　在中国历史文化典籍中"农"主要是个职业概念，从古汉语的角度，"农"字蕴涵着该职业身份低下的意思。"民"是与"圣人"（统治者）相对的概念，"民"是表达人的身份的概念，与"圣人"相比，"民"的身份低下。在中国近代社会以前的较长期内，有时"民"被泛用为农民，这与"民"中"农民"众多有关。

　　进入现代以来，人们从不同的角度定义农民。据我国《辞海》条目，农民是"直接从事农业生产的劳动者。"据《经济学大辞典（农业经济卷）》，农民是个人或集体占有或部分占有生产资料，从事农业劳动为主的人。根据《现代汉语词典》里的解释，农民是"在农村从事农业生产的劳动者。"

　　农民一词的英文表达是 peasant（总称 peasantry），《不列颠百科全书》对 peasantry 的解释是"小规模农业生产者的一种亚文化群，peasant 与其他农业生产者不同之点就在于要受外部权势的支配。这种使其整合于更大社会的方式通常被认为是定义 peasantry 的标准，虽然有些作者在给 peasant 一词下定义时强调诸如自给自足或小规模生产等特征。在 peasant 社会，生产手段的最终支配权通常不是掌握在主要生产者手里。生产品及劳务不是由生产者直接交换，而是被提供给一些中心，重新分配。剩余的东西要转移到统治者和其他非农业者手里。……这种权力往往集中于一个城市中心，尽管并非永远如此。"众多对农民的解释归根结底在于：农民是与农业联系的人，农民和非农民的界限是按照职业划分的。无论过去、现在和将来，农民都是以生物有机体为主要劳动对象，直接从事农业生产的人。

　　其次，传统农民的定义。传统农民是与农业社会相联系的，是指近代社会以前的农民。传统农民是以自给自足的自然经济为基础，以一家一户为单位，拥有一小块土地，在封闭、分散、落后（相对于现当现代）的生产方式下从事农业生产活动的人。正如马克思、恩格斯所说："一小块土地，一个农民和一个家庭；旁边是另外一块土地，另一个农民和另一个家庭。一批这样的单位就形成一个村子；一批这样的村子就形成一个省。这样，法国国民的广大群众，便是由一些同名数简单相加形成的，好像一袋马铃薯是由袋中的一个个马铃薯所集成的那样。数百万家庭的经济生活条件使他们的生活方式、利益和教育程度与其他阶级的生活方式、利益和教育程度各不相同并互相敌对，就这一点而言，他们是一个阶级。而各小农彼此之间只存在地域的联系，他们利益的同一性并不使他们彼此间形成共同关系，形成全国性的联系，形成政治组织，就这一点而言，他们又不是一个阶级。"这是马克思对传统农民的生动描述。

传统农民有以下主要特征：一是，束缚在土地上，具有人身依附性；二是，孤立、分散的个体经营，可谓"小农"；三是，心理、文化、生产生活等均缺少自由人的个性。

再次，当代中国农民的解说。自 1949 年新中国成立至今，中国农民经历了革命胜利获得土地的个体农民、社会主义改造后在社会主义条件下的农民、改革开放后迈向现代化的新型农民等发展阶段。今天，中国仍未完成工业化，换言之，中国依然是一个农业国，农民人口众多。理解当代中国农民，更重要的在于认识改革开放后尤其是步入 21 世纪的中国农民。

21 世纪的中国农民在进一步分化，著名农村社会学家陆学艺经过调查研究得出：专门从事农业生产的农业劳动者 1989 年占农村总人口 55% ~ 57% 左右，1999 年占农村总人口的 46% ~ 50%，此外农村中还有农民工、雇工、农村知识分子、个体劳动者、私营企业主、乡镇企业管理者、农村管理者，等等。可见，中国农村人口在高度分化，中国农民正处于千载不遇的分化、转变、发展时期。

21 世纪的中国农民是与中国特色社会主义发展，与中国生产的现代化、市场化、社会化、国际化乃至政治民主化相联系的，他们必将从思想观念、生活方式、生产方式等方面走向现代化。

21 世纪的中国农民是社会主义市场经济条件下中国农村市场经济发展的主体，是党和政府农村政策作用的对象，是农村经济社会制度创新的主体。同时，到目前为止中国农民还是拥有农村户口这一特殊身份符号的社会阶层。

总之，改革开放以来，随着社会主义市场经济的发展，中国农民已不再是传统意义上的"旧式农民"。"农民"一词按照社会主义市场经济发展所赋予的特定内容，应该是具备民事能力，享有民事权利的主体，在农村统分结合的经营体制下，独立从事农业生产的社会主义新型农民。

第二，农民工。研究农民工问题，要把握农民工的内涵与外延，对农民工概念有一个全面的认识。农民工的内涵反映农民工的根本属性，体现农民工的质，农民工的外延是农民工概念所指的对象范围，它反映农民工的量。

农民工与中国城市化、工业化相联系，产生于我国二元经济社会制度背景下。

至于何谓农民工？"多数学者对此有基本相似或相近的认可：首先，他们来自于农村，属于农业户口；其次，他们的社会身份虽然是农民，但他们的主要时间是在从事非农生产活动；再次，他们的非农活动不限于工业领域，还包括商业、服务业等第三产业活动。"有的学者认为，"农民工是从农民中率先分化出来、与农村土地保持着一定经济联系、从事非农业生产或经营、以工资收入为主要来源，而不具有城镇居民身份的非农产业从业人员。"根据 1991 年 7 月 25 日国务院令第 87 号《全民所有制企业招用农民合同制工人的规定》，"农民合同制工人是指从农民中招用的使用期限在一年以上，实行劳动合同制的工人，包括从农民中招用的定期轮换工"，简称"农民工"，以区别于在城市的全民所有制和集体所有制企业中拥有城市户口的工人。国务院公布的《国务院关于解决农民工问题的若干意见》中指出："农民工是我国改革开放和工业化、城镇化进程中涌现出的一支新型劳动大军。他们户籍仍在农村，主要从事非农产业，有的在农闲季节外出务工、亦工亦农，流动性强。有的长期在城市就业，已成为产业工人的重要组成部分。"这里所谓的"新型劳动大军"，一是意指农民工与现时代的中国改革开放、工业化、城镇化进程相联系；二是意指农民工与现代的二、三产业相联系，与先进的生产力相联系；三是意指农民工与城镇职工不同，是一支独特的、流动性很强的农民身份的二、三产业劳动大军。农民务农人者，工人务工人者，泾渭分明，农民工则不然，尽管《国务院关于解决农民工问题的若干意见》将农民工定性为"产业工人的重要组成部分"但是，农民工仍具有双重含义，即从字面上，农民工可以理解为务工的农民，也可以理解为农民身份的工人。农民工是一个复杂的概念，它反映并透视出中国社会转型期复杂的社会现实，他们是城市的一部分，却受到城市的排斥，成为城市边缘人，他们属于农村人口，却常年或一年的大部分时间工作、生活在城市。

可见，农民工既不是完全意义上的农民，也不是纯粹的市民，农民工是从农民中分离出来的一个特殊的社会群体。农民工这一概念表明的不仅仅是一种职业，也不仅仅是一种社会身份或社会地位，而是社会身份与职业的结合。从职业上看，农民工是工人；从社会层面上看，农民工是介于农民与市民之间的边缘社会群体；从户籍上看，农民工是农民。

从外延上看，自 20 世纪 80 年代大量农民涌入城市以来，城市人口构成逐步复杂化，在城市务工的流动人口中，除了有来自农村的农民，还有来自非农村的城镇人口（这些人口流动的原因是复杂的），以及就职于一些大中城市的大中型企业中外国工程技术人员，等等，这其中只有来自农村并拥有农村户籍的农民，才是农民工。有的农民生活在村镇，但从事非农产业，这部分人也属于农民工（离土不离乡的农民工）范畴。另外，农民工也在不断分化，有的农民工由于个人努力或其他因素，在城乡从事个体工商业、企业管理工作，有的甚至成为私营企业主，在这部分人中，有的依然拥有农村户籍，没有改变农民身份，但其生活状况良好。这部分拥有农村户籍的人群，我们不能再称其为农民工了，对于其生活在农村的，应该称其为农村新社会阶层，对于生活在城市应称之为城市新社会阶层。从总体上，中国农民工有两部分，一部分是进城农民工，一部分是离土不离乡的农民工。鉴于大量城市农民工生存工作环境差，农村留守老人儿童等问题，本文认为当前有关农民工最为重要的问题是城市农民工问题，城市农民工问题的解决有利于离土不离乡的农民工问题的解决。所以，本文所关注的是城市农民工问题。

第三，农民工市民化。中国农民工市民化问题是在全面落实科学发展观、构建社会主义和谐社会、推进全面建设小康社会进程的大背景下提出的。目前，国内学术界提出了农民工市民化概念并对农民工市民化的基本内涵作了初步界定，但要正确理解农民工市民化的内涵，必须正确把握市民这个概念。

关于"市民"，1999 年版的《辞海》指出，"市民：1. 在古罗马，指享有公民权的罗马人，以别于没有公民权的外来移民。2. 指中世纪欧洲城市的居民。因商品交换的迅速发展和城市的出现而形成。包括手工业者和商人等。反对封建领主，要求改革社会经济制度。17、18 世纪，随着资本主义生产方式的形成和发展，市民逐步分化为资产阶级、无产阶级、小资产阶级和城市贫民。3 泛指住在城市的本国公民。"有的学者认为"市民一般是指长期或固定生活、工作在城里，以非农产业为劳动对象的居民。"—对于中国来说，市民具有以下四个特征：具有城市户籍；生活工作在城里；从事非农产业；意识、行为方式和生活方式与城市文化相联系。

从农民工与农民、市民对比的角度看，农民工有如下特点：一是，与农村文化相连，深受农村文化影响，其思想中的农村文化根深蒂固。同时，他们又受城市文化的影响。二是，进入城市的农民工脱离了农村生活方式，向往市民生活方式，但其经济状况决定他们的生活方式难以与市民趋近，他们的居住环境和生活水平明显低于市民。三是，进入城市的农民工失去其在农村的政治参与权利，也基本不享有或很少享有"市民待遇"，他们是城市边缘人。四是，农民工是非农（农民）非工（城市职工）的特殊社会群体，他们以非农产业为其主要收入来源，拥有农村户口，属于"候鸟式"人群，"两栖类"人口。

对于农民工市民化的内涵，有的学者认为"'农民工'市民化，是指在我国城镇化的建设过程中，借助于'农民工'已经进入城市从事非农产业的优势，使其在身份、地位、价值观念及工作和生活方式等方面向城市市民转化的经济和社会过程。"有的学者认为："农民工市民化是指离开原居地半年以上在城市务工经商的农民工逐步向市民转化的过程。农民工市民化不仅包含了农民工的户籍变动（由农村户口转化为城市户口），产业转换（由农业转向非农产业）和地域转移（由农村社区转向城市社区），更重要的是农民工生活观念、思想方式、行为习惯、社会组织形态的转化，由农民工转变为一个真正意义上的城市居民。"农民工市民化关键在于"化"，这里的"化"具有动态的意义。农民工市民化至少要经历这样几个动态阶段（这几个动态阶段也可能合并进行，但其所体现的不是农民工市民化，而是农民非农化、城市化），一是农民从农业领域退出；二是农民进入非农产业领域从业，实现其职业的转换；三是农民工实现社会身份、生活方式、思想观念等方面的市民化而成为市民。可见，农民工市民化的深刻内涵在于，它不是简单的城乡人口结构的转化，更重要的是传统劳动方式、生活方式向现代化劳动方式与生活方式的转化，即农民工逐渐转变为市民的一种过程和状态，期间伴随着劳动方式、思想意识、行为方式、生活方式和交往方式等的变化。简单地说农民工市民化就是农民工社会身份、社会角色转化的过程。

第四，制度。人类社会自原始氏族到如今，始终伴存着制度，制度是人类社会所必需的，也是农民工市民化所必需的，是本文的一个关键性概念。与制度联系起来的概念术语很多，例如，社会主义制度、社会保障制度、婚姻家庭制度、政治经济制度、法律制度、选举制度、作息制度，等等，从中可见"制度"在不同层面的运用，制度是一个不好把握的概念。

现代汉语词典对制度有两个解释：一是，要求大家共同遵守的办事规程或行动准则；二是，在一定历史条件下形成的政治、文化等方面的体系。如果按照现代汉语词典的解释，社会主义制度所指的"制度"是后者，作息制度所指的制度是前者。汉语中的"制度"一词与英语相对应的有三个单词：institution、system、regime，在英义中system和regime常常通用，语义基本相同，主要指的是"制度"中的体制、体系含义，英文中institution一词具有宽泛、复杂的含义。所以，正如人们观山色一样，要获得其真，必须山下望山、山上观山、山中感悟，正确地界定制度概念也在于此，即要从多视角去认识和把握。

首先，什么是制度。按照传统的理解，人们往往把制度理解为一种主义，一种社会制度，如"社会主义制度"或着"资本主义制度"，事实上制度的视阈是广泛的。在对制度问题的研究中，有的研究者是从社会学的角度研究，有的是从政治学的角度研究，有的是从经济学的角度研究，还有的从制度哲学的角度深入，等等，综合目前文献研究，大多数研究者还是从经济学的角度关注制度问题，而从经济学一个学科领域对制度作研究，也因人们研究的侧重点不同而获得对制度互为差异的认识并作出不同的制度定义，更何况学科的划分是人为的，有的制度研究成果可能在多学科交叉综合研究中获得的。制度主义者对制度有不同的定义：凡勃伦认为，"制度实质上就是个人或社群在某些关系或某些作用方面的流行思想和习惯"。康芒斯认为，制度无非是集体行动控制个人行动。科斯从交易成本的角度，将"私人部门中一系列治理交易活动的结构看成制度，它包括市场、组织和组织间的契约关系。"D•C•诺斯认为，"制度是一个社会的游戏规则，或更规范的说，它们是为决定人们的相互关系而人为设定的一些制约"。青木昌彦从博弈的角度提出，"制度作为共有理念的自我维系系统可以采取各种不同的形式，这具体取决于博弈的性质和对应的适当的均衡概念以及均衡达成的方式。"我国学者李建德定义制度为："人类社会中得以规范行为、形成相互合作关系所必要的共同信息。"中国学者辛鸣认为，"制度，就是这样一些具有规范意味的——实体的或非实体的——历史性存在物，它作为人与人、人与社会之间的中介，调整着相互之间的关系，以一种强制性的方式影响着人与社会的发展。"研究者对制度的定义不止于此。

在对制度的众多定义中，有的将制度理解为一种习惯；有的认为制度是博弈参与者，尤其是组织；有的认为制度是博弈均衡；有的认为制度是规则，等等。事实上，制度可以是习惯，但并非所有习惯都是制度，早睡早起是个好习惯，但不是制度。制度也不是组织及组织结构，组织与制度密切相连，但组织是人类合作的载体和方式，制度则不然。制度的确富有博弈的特征，但如果说制度是博弈均衡，那么现实中就不会存在不被遵守的制度，事实上现实中有些制度是无效的，因此也不能简单的理解制度为博弈均衡。那么，到底什么是制度呢？作者更倾向于制度是主体的行为规则这一观点，当涉及不同主体互为联系时，制度是不同主体交往博弈的规则。有的行为规则体现为主体权利、有的行为规则是主体责任，有的行为规则是对主体行为的禁忌。

其次，制度层次和类型。按照不同的标准，制度有不同的分类，从主体的行为规则所涉及的活动领域，可以将制度划分为经济制度、政治制度和其他制度。

从制度起源方式的角度可以将制度分为正式制度和非正式制度，政府机构、非政府组织制定以及非政府组织之间形成的契约等属于正式制度；公众舆论和道德规范、非强制性习俗、个体习惯等构成了非正式制度。在正式制度和非正式制度之间，有的属于社会规则，有的属于个体规则，有的属于内生性制度，有的属于外生性制度。

从功能作用的角度，制度可以划分为基本的核心制度和非基本非核心的制度，就产权制度和作息制度而言，前者是基本的，后者不然。

此外，从事物互为关联的角度，制度又有单项制度，制度系统之分。例如社会主义制度是一制度系统，是由多层面的众多制度构成的，而作息制度则是一单项制度。

再次，制度特征。不能简单谈制度特征，不同类别的制度有相对不同的特征。就制度意义上的习惯而言，公众舆论和道德规范带有强制性特征，个体的规则，则不具有强制性特征。另外，所有的正式制度均具有强制性特征，即无论主体是否愿意都必须遵从。总体来说，正式制度和强制性习俗具有强制性、外部性、公共性、普适性或局部性、利益中性或利益非中性等特征。

第三节　农民工市民化制度相关研究

国外关于流动人口、农村劳动力转移等问题的研究较为深入，但对中国农民工问题尤其是对中国农民工市民化问题的研究却不多见。

自 20 世纪 80 年代中国农民工潮出现后，进入 20 世纪 90 年代，农民工问题日益成为中国经济社会发展的一个重要现实问题，也成为学术界研究的热点问题，国内关于农民工问题的研究也不断地拓展和深入，大量公开发表的论文和一批代表作问世：如魏礼群、韩长赋的《中国农民工调研报告》、李培林的《农民工：中国进城农民工的经济社会分析》、李强的《农民工与中国社会分层》、余红、丁骋骋的《中国农民工考察》等，目前国内关于农民工问题的学术著作有几十部。国内有关中国农民工生存现状、权益保护、教育培训、工资待遇、社会关系等学术研究成果丰硕，但学术界关于农民工市民化问题的研究还不够深入。

第一，国外相关问题研究综述。在已经实现现代化、城市化、工业化的国家中有农民市民化的历程，却很少有农民工市民化的现象和问题。因此，国外的一些学者更多关注农民市民化或者说农村劳动力转移问题的研究。

首先，从人口迁移角度研究农村劳动力转移的人口学家唐纳德·柏格（Donald Bogue）等人，从宏观上分析了影响人口迁移的经济原因并在此基础上提出"推拉"理论，认为人口迁移是其原住地的推力或排斥力和迁入地的拉力或吸引力两种力量共同作用的结果。"推拉"论认为，人口之所以流动是"推"与"拉"两种力量共同作用的结果，而且"推"与"拉"两种力量在人口流出地和人口流入地可能同时存在，也就是说人口流出地和人口流入地可能同时存在着"推力"与"拉力"。例如，农村较低收入构成中国农民工流入城市推力，但土地保障收益以及农村社会关系资源又构成了中国农民工回流农村的拉力。事实上，无论推力还是拉力，都是促使人口向着有利于人生存和发展的区域流动，即人口的流动总是处于人的自利需要而发生的。

其次，用城市化与城市发展的观点分析农民市民化，比较有代表性的观点包括发展经济学家阿瑟·刘易斯的"二元经济结构模型"中的劳动力转移理论和托达罗的收入预期理论中关于农民市民化的基本观点。

阿瑟·刘易斯在20世纪50年代发表《劳动无限供给条件下的经济发展》一文，提出劳动力转移理论。刘易斯认为，发展中国家普遍存在着"二元经济结构"，经济发展依赖于现代工业部门的扩张，而现代工业部门的扩张又需要农业部门提供廉价的劳动力，从而吸引农村人口向城市转移。这个过程一直要进行到农村剩余劳动力全部被工业部门吸收完为止，这便是发展中国家经济发展的第一阶段。一旦农村剩余劳动力转移完毕，农业劳动生产率就会提高，收入水平也会相应提高。在这种情况下，工业部门要想雇佣更多的农村劳动力，就得提高工资水平与农业竞争，农业部门就会像工业部门一样逐渐地实现了现代化，发展中国家二元经济也就变成了一元经济，这就是发展中国家经济发展的第二阶段。

20世纪六、七十年代美国发展经济学家托达罗发表系列文章，提出其劳动力转移观点。托达罗认为，农民是否迁往城市取决于城乡收入差别的预期。这种预期的城乡收入差别取决于城乡实际收入差别和进城后找到工作的可能性（即就业概率）之大小。而城市就业概率的大小，一方面取决于城市失业率的大小，另一方面取决于城市新创造的就业机会的多少，还与迁移者在城市中停留时间的长短有关。在托达罗看来，较高的城市失业率和较少的就业机会无疑会对农民进城就业产生负面影响，但随着农民进城逗留时间的延长，找到工作的可能性也会增大。因此，即使城市失业率相当严重，农民仍不断涌入城市。

再次，国外关于农村劳动力非永久性迁移理论。20 世纪 80 年代以来，以斯达克为代表的新劳动力迁移经济学派，提出发展中国家劳动力非永久性迁移的解释说，斯达克等认为，发展中国家在资本和信贷市场不发达，劳动力市场不稳定，同时缺乏足够的社会保险机制等条件下，迁移者家庭为充分利用家庭资源，最大限度地增加家庭的就业和收入并降低风险所采取的一种非永久性迁移策略。

从迁入地的角度看，新劳动力迁移经济学派皮埃尔（Piore）认为非永久性迁移的形成与工业社会对外来劳动力的内在需求有关。由于经济在萧条和繁荣间的涨落，消费者时尚和喜好的变化，经营者在成功和失败间的转折，以至天气和季节的变化等原因，所有经济活动都有着波动和不确定性。为避免或减小这种波动和不确定性，投资者所采取的策略是将其生产分为两个部门，一个是资本密集只需较少劳动力的部门；另一个是劳动密集只需较少资本投资的部门需求下降时，投资者可以通过解雇多余劳动力来作出反应，让这部分劳动力来承担由于市场波动所造成的损失，避免或减少自己由于设备闲置而造成的损失。与这种策略相伴随的是劳动力市场的二元化：一方面，资本密集部门需要一批工作技能和工资都相对较高的员工从事较稳定的工作，另一方面，劳动密集部门，当需要非熟练、低工资的员工从事不稳定的工作。后者不仅工作报酬和稳定性差，而且社会地位低，因而难以吸引当地劳动力。对于暂时迁移者来说，虽然他们在迁入地工作，其社会身份却仍在其迁出地。无论是工资水平还是社会地位，他们所参照的是相对落后的迁出地水平。迁入地的低层次工作岗位对他们而言不仅是可以接受的，而且是他们获取收入以改善其在迁出地生活水平和社会地位的重要手段，同时又恰能满足迁入地的上述需求。从这一意义上说，非永久性迁移不仅是许多迁移者而且也是许多迁入地雇主所需要的迁移形式。

第二，国内相关研究。在此从农民工问题研究和农民工市民化问题研究两个方面综述国内相关研究成果。

首先，国内关于农民工问题研究现状。随着近年来农民工问题得到全社会的重视，学术界对农民工问题作了大量的研究，国内学术界围绕着农民工就业问题、权益保障、社会角色、教育管理等问题，从经济学、政治学、社会学、管理学等视角展开了广泛而深入的研究，取得了可喜的成果，提出许多富有建树的观点：

国内在农民工劳动力市场方面的研究，目前主要的学术观点是：农民从乡村流入城市就业的原因在于产业之间和区域之间的比较利益所导致的城乡收入差距，在于"生存压力"和"理性选择"共同作用的结果；农民从乡村流入城市就业的最大障碍是户籍制度；城市农民工劳动力市场目前尚处于比较原始的阶段，各方面有待完善；农民工就业属于只拿工资，较少享有任何福利保障的非正规的合法就业模式；农民工职业流动体现了农业劳动者向非农业劳动者的流动，农民工在非农产业间职业流动频繁，但其社会地位却未发生变化。

有关农民工社会角色的研究，目前基本的学术观点是：农民工社会地位边缘化，20世纪80年代和90年代初期农民工仅仅是城市的"边缘人"，而近年来的新生代农民工除了是城市"边缘人"外，他们对家乡农村和农业的依赖减退，不愿回归农村，只能成为城乡之间的"候鸟"，由此成为"双重边缘人"。城市农民工群体具有异质性，20世纪80年代外出的农民工为第一代农民工，20世纪90年代中后期外出的农民工被称为新生代农民工，前者大多在农村务过农，后者大多没有务农经历，受教育的程度也相对高些。如果新生代城市农民工长期处于边缘地位，那么，他们的社会认同将逐步"内卷化"，成为既不认同城市社区，又不认同农村社区的"游民"。农民工的社会资本主要是以老乡为主的初级关系和以业缘为主的次级关系。农民工家庭模式以分居为主要特点，但其家庭关系还继续维持着。农民工的收入较城市居民低，较农村农业生产者的收入要高。农民工有政治参与的积极性，但他们的政治参与同样具有明显的"边缘性"特点。由于乡土意识和都市文明的双重作用，城市农民工的思想观念具有复杂性、矛盾性和不平衡性的特点，加之诸如权益的缺失、管理等因素，农民工犯罪是城市一个严重的社会问题。

有关农民工权益保障的研究，目前的主要学术观点是：由于没有城市户籍和相关的制度安排，农民工的劳动权益和其他权益时常受到侵害，主要表现为失业率高、劳动时间长、签订劳动合同少或签订限定性的劳动合同、就业受歧视、劳动保护标准低，农民工缺少社会保障。所以，重视和发展农民工社会保障十分必要。

在农民工教育管理方面的研究，目前主要的学术观点是：要重视农民工培训，提高政府对农民工培训投入的额度，形成多方投入的多层次的农民工培训体系。加强农民工的安全教育，实行义务教育制度创新，加强农民工的子女教育，要对农民工实行社区化管理和行业安全管理。

其次，国内关于农民工市民化研究现状。当前学术界对农民工问题研究取得了丰硕的成果，但是对农民工市民化问题尤其是农民工市民化制度问题的研究不够深入。

在对农民工市民化内涵上，学界主要有以下解读：从整合理论看，城市化就是农村人口在城市的社会融合，包括经济、政治、文化、制度系统构成的系统层面的整合，社会层面的整合和对城市的归属感。农民工市民化包括其职业地位的改变、自身素质的提高、社会身份的转变、社会待遇、生活方式、意识形态和行为方式的城市化。从广义上说，农民工市民化是农民向城市迁移并逐步融入到城市生活的过程，是指他们在身份上获得与城市居民相同的合法身份和社会权利的过程。农民工市民化，是指伴随着一国的工业化及城市化，农村人口逐步向城市转移并转变为城市市民的过程。就我国而言，实现农民工市民化至少要达到以下三个条件：一是农村劳动力已经在城市就业并且工作及收入相对较稳定；二是将其原农村户籍转变为城市户籍；三是使其能平等地成为城市公共产品的供给对象，如能公平地获得各种社会保障、公共教育及公共服务等。农民工市民化，指的是在城市化进程中，借助于工业化的推动，让世世代代生活在农村的大部分农民，离开土地和农业生产活动，进入城市从事非农产业，其身份、地位、价值观念及工作生活方式和交际方式向城市市民转化的经济社会过程。

在农民工市民化制度方面，学术界的观点基本相同，认为影响农民工市民化因素较多，但主要因素是制度，促进农民工市民化措施手段主要是制度创新。

程亮、郭剑雄认为"传统的户籍制度把户籍与社会保障制度、医疗、子女教育、社会福利、社会地位等直接挂钩。因为农民工的农业户口、农民身份，使农民工在城市生存和发展遇到了重重的阻碍。"所以继续推进经济体制和政府职能的改革，消除二元经济社会制度的影响，为农民工创造一个更好的市民化条件是很有必要的。张伟青认为，城乡二元户籍制度是农民工体制得以长期存在的主要根源之一，促进农民工市民化应创新户籍制度、劳动就业制度、农村土地承包制度、社会保障制度、工会管理机制等。豆小红认为，当前实现新质农民工群体社会身份向市民转化，具有决定性影响的是取决于宏观体制改革和相关制度的创新。吕柯认为"在推进'农民工'市民化的过程中，仍然会遇到这样和那样的困难，存在着思想认识、政策制度、不同社会群体以及'农民工'自身素质等方面的障碍，阻碍着'农民工'市民化的顺利推进。"并指出"'农民工'市民化，不仅能够推动我国整个的现代化进程，促进现代社会结构的转型和发展，有力地推动我国城镇化的进程，而且还有利于扩大内需，促进经济发展，有效减少'民工潮'的流动所带来的负面影响，成为解决'三农'问题和维护社会稳定的有力举措，具有重要的作用和现实意义。"朱秋莲、刘艳文认为农民工市民化的困境在于：社会认同趋向不明确，职业技能水平低，价值体系紊乱。切实加强农民工的职业培训，加强社区服务、培养社区意识与社区归属感。陈丰认为，当前农民工市民化缺乏合法性的制度认同。形成于计划经济时代的户籍制度，以及与之密切关联的就业制度、教育制度、社会保障制度，构成了农民工群体市民化的制度性障碍。胡平认为，城市农民工市民化受阻的原因分析，追溯其根源，可归结为两方面的障碍，即社会制度性障碍和农民工自身的障碍。因此，实现城市农民工市民化的途径彻底打破城乡二元结构，改革户籍制度，建立城乡统一的劳动力市场；建立健全维护农民工权益的法律和制度；加强对农民工的职业技术培训，提高农民工的竞争力；政府和社会要转变观念，尊重农民工，帮助农民工融入城市生活；农民工努力提高自身素质，积极实现市民化转变。钱正武从构建社会政策支持系统的角度，提出了推进农民工市民化进程的建议，"树立正确认识、完善社会政策内容、规范社会政策决策程序、培育社会政策行动主体。"

第三，国内外相关研究成果评述。农民工市民化涉及到人口迁移、劳动力转移、社会转型等各方面的影响，是人口学、社会学、政治学、经济学等共同关注的问题。综合现有的研究资料，可以发现关于农民工市民化的研究具有以下特点：

首先，就国外研究现状来看，由于国外不存在农民市民化的户籍、社会保障等制度屏障，所以，国外研究者关注农村劳动力向非农产业转移的问题。国外"推拉"理论、"二元经济结构模型"中的劳动力转移理论、"收入预期理论"、"农村劳动力非永久性迁移理论"等等都从资本主义工业化、城市化的现实，观察和研究农村劳动力转移问题，而且其理论大都建立在一定假设条件基础上。例如，刘易斯的二元经济结构理论包含了这样一个假定：城市中不存在失业，基于城乡收入差距，任何一个愿意迁移到城市的劳动者都可以在城市现代工业部门找到工作，这种理论描述与实际不相符。20世纪六、七十年代，发展中国家的城市失业问题严重，但人口从农村流入城市的速度反而呈现有增无减的趋势，这一事实使得刘易斯模型丧失它的解释力与有效性。刘易斯的理论研究针对当时城市中劳动密集型生产，但像中国这样的发展中国家随着城市资本、技术密集型生产的发展，工业部门对农村劳动力的吸纳作用在逐步下降，单纯依靠城市工业部门吸纳农村劳动力对发展中国家而言不现实。刘易斯的理论与发达工业化国家城市化现实相符，但该理论不具有普遍性，也不一定适用于发展中国家农村劳动力转移的现实。尽管如此，我们却不能否定发展中国家农业人口向非农产业、城市转移的普遍性趋势。此外，收入预期理论、农村劳动力非永久性迁移理论等等，也都不具有普遍性。

其次，就国内研究现状来看，一是，国内研究者注重实地调研和运用统计软件进行分析说明。越来越多的学者使用实地考察和调查问卷的方式考察农民工及其市民化问题，并根据调查得到的数据，运用统计软件进行分析，对农民工市民化过程中的问题进行解释说明。二是，重视农民工市民化的国际比较研究。我国农民工市民化没有历史经验可以借鉴，在经济体制急速转变的同时，社会体制也面临着巨大的冲击。所以，很多学者将考察重点放在了发达国家农民市民化过程上，同时对部分城市化具有典型特征的发展中国家也进行了研究。这种比较研究有助于我国缩短和减轻发展过程中的痛苦。三是，学术界基本认同户籍制度是农民工市民化的主要障碍，而事实上除户籍制度外，教育、社会保障、就业等具体制度也制约着农民工市民化，而且国家宏观上的经济发展战略同样影响着农民工市民化。

再次，农民工市民化作为一项巨大的社会工程，涉及到方方面面的影响，现有的研究还有待于进一步深入发展。主要表现在以下几个方面：

关于农民工市民化的调查研究越来越多，但是这些研究大多只是进行了简单的汇总分析，诸如通过调查问卷可以反映诸如年龄、性别、结婚与否、社会网络等等对农民工市民化意愿和过程的影响，但是这些研究大多只是做了简单的定性分析，缺少定量分析，并且没有反映这些因素在影响程度上的差异。

关于国际比较分析，大多是介绍相关国家城市化的发展历程，缺少对这些国家在劳动力转移过程中社会政策的研究以及社会转型过程中出现的社会问题的研究，同时，关于这些国家劳动力转移的阻碍因素研究的也比较少。我们在借鉴发达国家农村劳动力转移经验的同时，应该既关注其积极的一面，又要考虑其带给社会的负面影响。

对农民工市民化的速度，市民化的诱致因素进行数理分析和模型分析的很少，大部分学者都是借鉴西方学者的理论，停留在用实例分析问题的基础上，缺乏具有普遍适用性的理论。

总的来说，目前有关中国农民工及农民工市民化学术研究已取得丰硕的成果，但从学术研究本身和适应实践的需要方面看，有关农民工问题尤其是农民工市民化问题的学术研究还需进一步加强。一是个案研究多，且方法不同，所得结论缺少可比性；二是多从单一的某一学科或某一视角入手加以研究论证，缺少从多学科、多视角进行综合研究，所以许多研究者的结论往往缺少全面性；对农民工的目前状况描述和解释多，而对其未来的发展趋势研究不多；提出解决问题的建议多，但较为抽象，缺少可操作性；对农民工的城市适应性研究不够；在以维护和提高农民工利益和地位为价值趋向的研究中，却造成固化农民工群体的结果等。

第四节　农民工市民化制度相关理论述要

在世界其他国家现代化进程中都曾伴随工业化、城市化、农民市民化的历程，但却很少像中国因城乡二元户籍、社会保障等制度作用而出现农民工现象。尽管如此，中国农民工还是与人类社会发展所共有的工业化、城市化、现代化相联系的概念，农民工群体是中国特色社会主义现代化发展中出现的。农民工问题是中国特色社会主义发展中面临并须解决的问题。农民工市民化是一个与社会转型、人口流动密切相连的问题。促进农民工市民化，是解决农民工问题的一个重要理路。对中国农民工市民化制度演进与创新问题进行研究，涉及马克思主义农民非农化（人口城市化）思想、马克思主义制度思想、发展经济学、社会学、人口学等理论知识。有鉴于此，研究中国农民工市民化制度演进与创新问题，必须首先研究、认识和梳理与此问题密切相关的理论。本文仅对与农民工市民化制度演进与创新问题研究内容相关的理论知识及主要观点作概要式阐述。

一、马克思主义农民非农化思想基本点

马克思主义经典作家对农业农村和农民问题有大量的论述，这些论述是马克思主义理论的组成部分。农业的基础地位、农业现代化、农业企业化经营等问题，城乡差别和工农差别问题，农民的双重性特点、农民阶层的分化、农业人口向城市转移等问题，都是马克思主义经典作家所关注的问题。马克思主义农民观内容丰富，长期以来学术界对马克思主义农民观作了广泛而深入的研究。马克思主义经典作家在世的时候，还没有遇到农民工问题，他们也没有对农民工问题的论述，但其对农村人口向城市转移问题即农民非农化问题的论述，对解决我国农民工问题仍具有重要的理论指导意义。这里仅对马克思主义农民非农化思想（人口城市化思想）作简要的梳理。

第一，马克思、恩格斯、列宁、斯大林等经典作家关于农民非农化问题的主要论述。农民非农化总是与工业化、城市化、现代化联系在一起。狭义的农民非农化主要是指农民职业的转变，广义的农民非农化包括农民从农业领域退出而在非农产业从业，并由此实现农民在社会身份、生活方式、文化心理等方面的城市化（市民化）。广义的农民非农化与农民市民化是一致的，但狭义的农民非农化与农民市民化的侧重点则有所不同。

马克思、恩格斯从分析资本主义社会入手，对农民非农化问题作了全面的论述。首先，马克思、恩格斯认为，社会分工、生产力发展到一定阶段所引发的工业化是农民非农化的根源，农民非农化与工业化相伴，具有其历史必然性。

分析社会分工、生产力发展到一定阶段所引发的工业化，是农民非农化的根源问题，要先分析在社会分工简单、生产力发展水平较低的传统自然经济条件下，人口流动的状况如何，按照马克思、恩格斯的逻辑，社会分工与生产力密切联系，社会分工、生产力状况又与城乡分离、人口流动互为关联。在马克思、恩格斯看来，社会分工既是社会生产力发展的结果，又是社会生产力进步体现，他们用分工来解释全部经济史，"一切发达的、以商品交换为媒介的分工的基础，都是城乡的分离。可以说，社会的全部经济史都概括为这种对立的运动。"既然全部经济史都概括为"这种对立的运动"，那么，城乡分离并不是资本主义工业化后出现的。但城乡差别、对立与分离是社会分工、生产力发展的必然结果，则是不可否认的。而城乡分离是农民非农化的必要前提，因为有了城乡分离，才有农民向非农产业和城市转移的可能，即才有农民的非农化、市民化。从这个意义上说农民非农化是社会分工、生产力发展的必然趋势和结果。尽管如此，在传统的自然经济条件下，因社会分工简单、生产力不发达，虽然已经存在了城乡分离，但还未出现大量农村人口的非农化，对此马克思、恩格斯指出，"小农人数众多，他们的生活条件相同，但是彼此间并没有发生多种多样的关系。他们的生产方式不是使他们互相交往，而是使他们互相隔离。"也就是说，在社会分工简单、生产力发展水平较低的传统自然经济条件下，人口流动水平较低，还没有出现大规模农村人口向城市转移的现象。

随着社会分工和生产力的发展，机器大工业取代工场手工业，工业化向广大农村蔓延，农业社会逐步过渡到工业社会，工业成为社会主要的决定性的生产部门。工业化造成纯粹工业人口的增加和作为工业中心城市的不断形成和扩张，工业化也促使农村人口从土地上游离出来向城市和工业部门集中，它们共同构成了城市化的根本动力。"现代科学在生产中的运用，把农村居民从土地上赶走，而使人口集中于工业城镇。……农业人口这种现代社会中最稳定最保守的因素正在消失，同时工业无产阶级正是由于现代生产的作用，在大城市中围绕着巨大的生产力聚集起来，"所以，在工业成为社会的决定性生产部门时，必然引起大量农民向工业部门的转移，实现农民的非农化。

总之，不可否认随着社会分工、生产力的发展以及由此引发的工业化，使农民非农化成为可能。一是，随着社会分工和生产力的发展，尤其是农业生产力的提高，机器武装农业，农业的规模经营，大量过剩的农业人口从土地上释放出来，为农民非农化做了准备。二是，随着社会分工、生产力的发展以及由此引发的工业化，使农民获得人身自由，当农民失去了生产资料，成为自由流动的劳动者时，他们与前资本主义时期的农业劳动者有本质的区别。为此，马克思指出："自由劳动者有双重意义：他们本身既不像奴隶、农奴等等那样，直接属于生产资料之列，也不像自耕农等等那样，有生产资料属于他们，相反的，他们脱离生产资料而自由了，同生产资料分离了，失去了生产资料。""资本关系以劳动者和劳动实现条件的所有权之间的分离为前提。"这种分离促进了资本主义工业的发展，也促进了人口的自由流动。社会分工、生产力的发展以及由此引发的工业化为城市更大规模地吸收农业人口创造了有利条件。

其次，马克思、恩格斯经典作家认为，城市人口较高的经济收入是农民非农化的根本动力。一谈到农民非农化，农村人口城市化问题，人们总是先想到西方发展经济学家刘易斯等提出的二元经济结构模型中的劳动力转移理论。事实上，恩格斯早在1844年的《英国工人阶级状况》中详细论述了农民非农化的动力问题。恩格斯指出，"工业的迅速发展产生了对人手的需要；工资提高了，因此，工人成群结队地从农业地区涌入城市。人口以令人难以相信的速度增长起来，而且增加的差不多全是工人阶级。"恩格斯认识到工资的提高对促进农村人口向城市转移的重要作用。事实上，由于农业生产受自然条件的约束力大，农业生产所具有的地方闭塞性和分散性以及农民墨守成规的经营方式等等，导致农业劳动生产率低于工业。由此，城市居民的生活水平因实际收入的提高而逐步提高，而农村居民则因生产的分散性、地域的闭塞性、生产的抗风险能力差而与市民形成鲜明对比。正是这种落差促使农村人口向城市流动。

再次，马克思、恩格斯认为，农民非农化有两种途径。在马克思、恩格斯看来，"城市本身表明了人口、生产工具、资本、享乐和需求的集中；而在乡村里所看到的却是完全相反的情况：孤立和分散。"正因为城市与乡村的不同特征导致农民非农化的不同方式：一种途径是因城市工业向乡村扩散而实现农民的就地非农化，农民就地非农化是乡村卷入工业化的结果，英国的情况就是这样，我国乡镇企业发展中出现的农民非农化亦如此；另一种方式是因工业化带来交通工具的革新以及城市吸纳力而实现的农民异地（城市）非农化。第一种农民非农化方式适应了农村孤立和分散的特征；第二种农民非农化方式适应了城市集中性的特征。

其四，马克思、恩格斯认为，资本主义社会人口自由流动与原始资本积累有直接的关系。资本主义原始积累大多是通过暴力方式实现的，最为典型的是英国的圈地运动。资本主义采取暴力迫使农民同土地分离而流向城市和工厂。"大量的人突然被强制地同自己的生存资料分离，被当作不受法律保护的无产者抛向劳动市场。对农业生产者即农民的土地的剥夺，形成全部过程的基础。这种剥夺的历史在不同的国家带有不同的色彩，按不同的顺序、在不同的历史时代通过不同的阶段。"而在法国也有类似的情况，"当法国的大地产被暴力分割时，英国的小块土地却被大地产侵占和吞并。和自耕农同时存在的还有小租佃者，他们通常除种地外还从事织布；这些人在现代的英国再也找不到了；现在几乎全部土地都划分成数量不多的大庄园，并以庄园为单位出租。大租佃者的竞争把小租佃者和自耕农从市场上排挤出去，使他们穷困潦倒；于是他们就变成雇农和靠工资生活的织工，这些人大批流入城市，使城市以极其惊人的速度扩大起来。"

其五，马克思、恩格斯认为，农民非农化的方向在于农民向工人的转变。农民向工人转变，是生产力的发展或者说是工业化的必然结果。工人阶级主要来源农民，与农民阶级相比，工人阶级是先进生产力的代表。"对农村居民断断续续的、一再重复的剥夺和驱逐，不断地为城市工业提供大批完全处于行会关系之外的无产者。"具体说，18世纪开始的工业革命引起整个生产方式的重大变革，集中性的社会化大生产成为现实，随着资本主义社会生产力的突飞猛进，大量农民开始向工人阶级转化。

第二，中国共产党关于农民非农化思想的基本点。农民问题是中国革命和建设的中心问题，不解决农民问题中国革命不会成功，不解决农民问题中国社会主义现代化、工业化、城市化难以实现。革命时期农民问题的解决在于使农民获得经济和政治上的解放；社会主义建设时期农民问题的根本解决在于使农民富起来并使农民数量大幅度减少，即逐步实现农民非农化。

和当今世界其他国家相比，中国农民不仅数量众多，而且富有中国特点，这主要是指 1958 年国家在农村普遍确立人民公社体制后，人为地把农民与非农民（城镇居民）的划分增加了一层，即农民和城镇居民除了职业区别外，还有户籍方面的区别，或者说具有农村户口的都是农民，具有城镇户口的都是非农民。人民公社体制以及与之相应的政策使中国农民数量居高不减，直到 1978 年中国农民数量和建国初期基本一致，农民占全国人口的 80% 左右，可以说改革开放前农民非农化进程迟缓。如果说毛泽东非常重视农民问题，在革命时期成功地把农民组织起来参加革命并在革命实践中使农民获得经济政治上的解放，那么在建设时期他没有很好地使农民富起来并逐步使其非农化、现代化。改革开放后中国共产党在领导中国社会主义现代化建设实践中，对中国农民的非农化进行了有益的探索，在理论和实践上作出重要的贡献。

首先，中共十一届三中全会后，中国共产党以改革为动力推动农民非农化。中国改革的理论依据是马克思主义社会矛盾学说。马克思主义认为，人类社会基本矛盾是生产力和生产关系、经济基础和上层建筑之间的矛盾，它们是人类社会发展的根本动力。囿于客观实际马克思没有具体回答未来社会主义社会和共产主义社会发展的动力问题。毛泽东在实践中发展了马克思主义的社会矛盾学说，1957 年他在《关于正确处理人民内部矛盾的问题》中指出："在社会主义社会中，基本的矛盾仍然是生产关系和生产力之间的矛盾，上层建筑和经济基础之间的矛盾。"正是这些矛盾推动着社会主义向前发展。党的十一届三中全会后邓小平发展了毛泽东关于社会基本矛盾学说，他认为必须通过改革同生产力不相适应的生产关系和上层建筑来促进生产力的发展。邓小平把改革同革命联系在一起，在理论和实践上解决了社会主义发展的直接动力问题。以邓小平改革思想为指导，党的十一届三中全会后中国首先从农村开始了广泛、深刻、持久的社会改革浪潮，中国改革"是社会主义社会发展的直接动力"，"改革促进了生产力的发展，引发了经济生活、社会生活、工作方式和精神状态的一系列深刻变化。"这一系列深刻变化包括中国农民的非农化。有资料显示"改革开放 20 多年来，是新中国成立后农村劳动力转移速度最快、规模最大、效果最为明显的时期，……经过20 多年时间，有近 1.35 亿农村劳动力通过不同方式实现就业转移，其速度之快和规模之大，不仅是改革开放前 20 多年不可比拟的，就是与其他发展中国家相比，也是了不起的巨大的成就"。这说明改革促进了农民非农化，改革是农民非农化的动力。

在实践中，农村改革打破了农村集体统一经营的管理体制，绝大多数农村实行家庭联产承包责任制，这对农民来说是一次解放：一是农民获得了土地的使用权和经营权，成为独立的生产经营者；二是农民获得了可以自由选择职业的自主权，在一定程度上可以自由流动，可以从事农业生产，也可以在其它产业部门从业；三是农民获得了参与市场竞争的权利。这些在一定程度上解除了身份制对农民行动造成的种种限制，有助于农民向非农方向发展。改革还促使城市的第二产业迅速发展，第三产业快速崛起，从而吸引着众多农民流入城市，进入二、三产业部门。在实践中一些农民抓住改革赋予他们的权利和给他们带来的机遇，开始从事农业以外的生产劳动，他们或从事个体工商业、或进入乡镇企业、或进城务工等等，这样许多农民首先通过职业的转变开始向非农化演进。改革还促使政府做出适应社会发展和进步的政策选择，即限制农村劳动力转移的种种政策性壁垒逐步解冻以至被撤消，促进农村劳动力向城镇转移的政策逐步确定。改革开放后，国家基本放开县镇户籍政策以及有限度地放开中小城市户籍的政策等等。这种政策选择在一定意义上为农村劳动力转移营造社会环境，促使农民朝着非农化的方向发展。

其次，中共十一届三中全会后，中国共产党坚持生产力是社会发展决定力量这一马克思主义基本观点，认为生产力发展水平是农民非农化的物质基础，并决定农民非农化的社会环境。邓小平指出："发展才是硬道理"，这里所谓的"硬"在于：发展是解决中国所有问题的关键。所以，中国农民非农化的关键是发展，基础也是发展，没有经济和社会的发展，就没有农民自身发展及其非农化的物质基础，农民非农化的自身条件（农民自身的素质、经营非农产业资本、外出资金等等）都需要在社会经济发展基础上来解决，农民非农化的社会条件和环境包括：促使农民非农化的产业结构、促使农民非农化的社会教育环境以及农民非农化的社会政策环境等等，都必须在一定社会生产力发展的基础上和过程中得以解决。邓小平指出："我国百分之八十的人口是农民。农民没有积极性，国家就发展不起来。……农民积极性提高，农产品大幅度增加，大量农业劳动力转到新兴的城镇和新兴的中小企业。这恐怕是必由之路。"中共十七大指出："增强发展的协调性，努力实现经济又好又快发展。……城镇人口比例明显增加。"也就是说党和政府始终关注社会生产力发展对农村剩余劳动力转移（农民非农化）的重要意义。

在实践中，改革开放后在原本农民就占我国人口绝大多数的境况下，因为生产力的发展，大批农村剩余劳动力转移问题显得尤为突出，成为政府和社会各界所关注的一个重要问题。同样，改革开放后，随着城市经济社会的快速发展以及中国工业化进程的快速推进，一些经济发展较快的区域吸引着经济相对落后地区的农村剩余劳动力：一是城市经济的快速发展吸引众多农村剩余劳动力涌入城市，他们在城市从事个体工商业和二、三产业生产，这些进城务工、务商及从事服务业的农民实现了职业非农化，其中绝大多数成为现代化进程中的特殊群体——农民工。二是区域性经济发达圈对农民产生极大的吸引力，例如，随着珠江三角洲、闽南三角区、长江三角洲和环渤海湾地带等经济发达圈形成，这些地方对农民产生了极大吸引力，从20世纪80年代开始的"民工潮"，基本上是朝这些经济社会较为发达的区域流动。此外，农村经济尤其是农村二、三产业的形成和发展为众多农村剩余劳动力就地向非农产业转移，提供了物质基础并营造了社会环境。

再次，中共十一届三中全会后，中国共产党从农村、城市的不同特点以及中国客观实际出发，通过多种途径和方式促进农民非农化。在身份制没有彻底突破的前提下，职业流动是农民非农化的重要途径。改革开放后家庭联产承包责任制的推行和人民公社体制的废除，在一定程度上解除了身份制对农民的限制。农民获得了土地使用权、经营权、参与市场竞争权，成为独立的商品生产者，拥有了可以自由择业的自主权，农民可以自由流动，从事农业或从事其他产业。由此从农民中分化出农民工群体（城乡二元经济社会制度的结果）、私营企业主阶层、个体劳动者和个体工商业者阶层、乡镇企业管理阶层（农民自主择业、市场竞争等因素作用的结果）。有资料显示，1987年全国有乡镇企业职工8776人，除少数管理人员外都是农民工。这些从农民中分化出来的农民工虽然身份依旧，但是他们已不是纯粹意义上的农民了，他们有的离土离乡，有的离土不离乡，从从事农业生产的劳动者转变为从事工业、商业、服务业等其他行业的劳动者。农民的这种职业转变是农民非农化的内容和步骤，随着大量农民在非农产业部门从业，到20世纪80年代中后期部分地区开始放开县乡两级户籍制度，在一定地域内实现农民非农化。20世纪90年代后一些中小城市不同程度地放开户籍政策，对进城能找到稳定职业并有稳定居住条件的农民允许其落户城市。应该说正是改革开放给予农民自由择业的权利，也正是农民拥有自由选择职业的权利，才有了农民非农化的可能。

在实践中，从农民个体的角度看农民非农化，主要存在计划体制痕迹下的农民非农化途径和市场经济条件下的农民非农化两种途径。

就计划体制痕迹下的农民非农化途径而言，个体农民非农化表现为农民参军、升学等——户口转变——在城市找到接收单位——享有城镇住房等待遇——城镇居民。这种农民非农化路径常常以离土离乡或跨地域的形式出现，他们既有职业的非农化，又有身份的非农化以及思想观念、生活方式的非农化。但能以这种途径实现非农化的农民只是少数幸运儿。据不完全统计：今年来，全国有1163.85万农村人口通过升学这个渠道实现了农转非。但是1千多万相对于全国将近9亿的农村人口来说，真是沧海一粟，只占后者的1%左右，占全国总人口的比例更小，只有0.8%，同样相对于1978年到1999年1.5665亿市镇增长人口数来说，也是很小的比例，只相当于后者的7.4%。

就市场经济条件下的农民非农化途径而言，个体农民非农化表现为农民务工经商——到城镇购买住房——取得城镇户口——融入城镇——城镇居民。这种农民非农化路径实现了农民职业和身份的双重转变，他们有的在就近农村的城镇实现非农化，有的是跨地域实现非农化。能够以这种路径实现非农化的农民也不多，他们中大多从事非公有制生产经营，在商品经济和市场经济竞争中获得优势，经济收入相对稳定而可观。在经济收入相对稳定可观的条件下，他们才有可能在不享受任何城镇待遇的条件下在城镇购买住房，取得城镇户口（有些大中城市曾实施以购房达到一定数额为标准取得城市户籍的政策）而成为市民。

当然，农民非农化途径不仅仅是以上两种，例如，农民土地被征用——转为城市户口而实现身份转变——征用单位和有关部门促进失地农民就业——分房子或购买住房——市民。通过这种路径实现非农化的农民，大多是以就地非农化的形式出现的。

总之，在改革开放的大环境和市场经济发展的背景下，中国农民通过多种途径实现职业、身份、思想观念、生活方式的非农化，有的农民虽未实现身份上的非农化，但他们已不再从事农业生产，而是从事农业以外的工业、商业、服务业等多种非农产业。所以，他们已不是真正意义上的农民。改革开放后在农民非农化问题上存在两个不足：一是有限的制度创新，即有保留地打破束缚农民非农化的制度障碍和政策壁垒，例如，至今我国没有彻底打破束缚农民身份的户籍制度；二是在"破"的过程中忽视了"立"，即在有保留地打破部分束缚农民非农化的制度障碍和政策壁垒时，缺少对已实现职业和生活区域转移的农民工以充分的政策支持和制度维护，促进其市民化。

二、马克思主义制度观论要

在马克思主义经典著作中对于什么是制度，并没有给予明确的定义。但这并不说明马克思主义创始人对制度内涵没有作出界定，马克思、恩格斯认识到制度对经济社会发展的重要作用，他们广泛地使用制度范畴，通过分析资本主义经济制度，写下巨著《资本论》。马克思、恩格斯在分析资本主义经济制度中，还剖析了与资本主义经济制度相联系的政治、法律制度和社会意识形态，并对未来社会制度作出科学预测。马克思、恩格斯对制度的阐释是多角度、多层面的。列宁、斯大林、中国共产党几代领导人在马克思主义创始人的制度思想框架内，对制度有一定的论述，马克思主义制度思想内容丰富。本文仅对马克思、恩格斯对制度的论述作概要式梳理。

第一，制度范畴的界定。马克思主义关于制度的定义是全面的、科学的，

马克思、恩格斯曾明确提出，一定社会生产关系的总和构成社会的经济基础，建立在经济基础之上的政治、法律和意识形态构成了一定社会的上层建筑，经济基础和上层建筑的统一，构成社会制度。因此，就社会制度而言，它构成一个社会的全部规则体系。

首先，马克思、恩格斯看到了制度范畴的历史性，对制度的分析是深刻的。马克思、恩格斯认为，制度都是一定历史条件下或者说一定历史发展阶段的制度，制度并非是抽象的，正因如此制度也并非是中性的。

与新制度经济学研究者诺斯、科斯等人不同，马克思、恩格斯注重制度的功能，也注重制度的性质。新制度经济学学家忽略制度的性质，强调制度的功能，认为富有效率就是好制度，从而将制度抽象化、中性化。事实上，不同的制度其效率有所不同，相对于封建制度，资本主义制度富有效率。马克思、恩格斯承认并关注制度的效率，马克思、恩格斯曾指出，"资产阶级在它的不到一百年的阶级统治中所创造的生产力，比过去一切世代所创造的全部生产力还要多，还要大。"马克思、恩格斯在高度评价资本主义制度效率的同时，也历史地看到资本主义制度所固有的矛盾及其带来的负效率，看到资本主义分配制度的非公平性。但是，在现实中确实存在着中性化的制度规则，例如，交通法规并非对某些人有利，而对某些人有损，交通法规有益于所有的社会成员，它属于中性的制度规则。再如，我国社会保障制度在语意上是中性的，实质上是非中性的。从逻辑上看，既然是社会保障制度，那它应该是面向社会的，让所有社会成员受益的制度，可是我国社会保障制度实则为"城市偏好"的社会保障制度。马克思、恩格斯的伟大之处

在于：他们科学地认识到制度的公平性问题，通过分析资本主义制度的不公正、不公平，发现在资本主义社会制度中存在着非中性的制度规则。此外，马克思、恩格斯认为，最好的制度是有利于人的自由而全面发展的制度，这样制度的形成是漫长的，这样制度的选择是艰难的。

其次，马克思、恩格斯在广泛使用制度范畴时，将制度划分为不同的层次。

按照马克思主义的观点，制度是历史的、具体的。与一定的生产关系、经济基础以及建立在经济基础之上的政治、法律、意识形态相联系的社会制度，这是制度的宏观层面。正如现实中人们遇到"制度"一语时，随即想到是怎样的社会制度一样，这是从宏观层面上思考制度概念。"制度范畴在马克思主义经济学说中包含着作为经济制度的生产关系和作为上层建筑的与经济制度相适应的政治、法律等制度体系两个层面。前者可以看作是一种仅限于经济关系领域内的狭义的制度；后者则可以被视为一种广义的制度。"即在社会制度之下，还有经济制度、政治制度、法律制度等微观层面的制度，这些具体的微观层面的制度之间相互联系，中和成一个社会制度体系，从这个意义上说制度是一个系统。既然制度是一个系统，那一定存在各项制度之间相互关联状态是否良好的问题，如果良好，则制度功能作用亦良好，反之不然。此外，在社会制度系统和社会经济制度、政治制度、法律制度之下，还有更为具体的制度，例如，马克思曾经评论普鲁式的书报检查制度，这里的制度则是社会较为细化的具体制度。

第二，马克思主义主义制度思想是以历史唯物主义为根本方法论。马克思主义制度思想是以对人类社会历史的总体性解释框架，即历史唯物主义为基本方法论的。关于历史唯物主义的基本原理，马克思在《〈政治经济学批判〉序言》中作过经典性的表述"人们在自己生活的社会生产中发生一定的、必然的、不以他们的意志为转移的关系，即同他们的物质生产力的一定发展阶段相适合的生产关系。这些生产关系的总和构成社会的经济结构，即有法律的和政治的上层建筑竖立其上并有一定的社会意识形式与之相适应的现实基础。物质生活的生产方式制约着整个社会生活、政治生活和精神生活的过程。不是人们的意识决定人们的存在，相反，是人们的社会存在决定人们的意识。社会的物质生产力发展到一定阶段，便同它们一直在其中运动的现存生产关系或财产关系（这只是生产关系的法律用语）发生矛盾。于是这些关系便由生产力的发展形式变成生产力的桎梏。那时社会革命的时代就到来了。随着经济基础的变更，全部庞大的上层建筑也或慢或快地发生变革。"由此，我们可以理解历史唯物主义是一种以人的实践为基础来反映和理解社会的方法，其本质乃是一种实践的唯物主义方法。因此，从这个意义上可以认定，马克思主义制度思想的出发点在于从人类社会实践的高度来把握社会制度的演变。可以说，人类社会制度现象的产生及发展的一切动力和运行机制都包括在历史唯物主义关于生产力和生产关系，经济基础和上层建筑内在联系的基本原理中。也正是在历史唯物主义根本方法论的基础上，才有马克思、恩格斯对制度的科学论述，形成了马克思主义制度思想。

第三，马克思、恩格斯关于制度变迁的理论观点。恩格斯曾预见说，社会主义不是一种一成不变的东西，而应当和其他社会制度一样，把它看成是经常变化和改革的社会。马克思、恩格斯认为，制度本身是动态的、演变的，或者说制度是变迁的。首先，生产力的发展是社会制度乃至社会各方面制度变迁的根本原因和条件。马克思主义认为，生产力的发展是社会历史不断进步的根本原因，生产力对社会发展起决定性作用，有什么样的生产力，就有什么样的生产关系和与之相应的社会制度。马克思在《哲学的贫困》中提出："社会关系和生产力密切相联。随着新生产力的获得，人们改变自己的生产方式，随着生产方式即谋生的方式的改变，人们也就会改变自己的一切社会关系。手推磨产生的是封建主的社会，蒸汽磨产生的是工业资本家的社会。"他在《政治经济学批判－序言》中还写道："社会的物质生产力发展到一定阶段，便同它们一直在其中运动的现存生产关系或财产关系（这只是生产关系的法律用语）发生矛盾。于是这些关系便由生产力的发展形式变成生产力的桎梏。那时社会革命的时代就到来了。随着经济基础的变更，全部庞大的上层建筑也或慢或快地发生变革。"

其次，马克思、恩格斯认为一定生产关系下的人是制度变迁的主体。先进阶级、政党、领袖人物以及国际国内重大政治事件都能引起并促进制度变迁，但真正推进制度变迁的是一定生产关系下的人。马克思、恩格斯指出，"自由民和奴隶、贵族和平民、领主和农奴、行会师傅和帮工，一句话，压迫者和被压迫者，始终处于相互对立的地位，进行不断的、有时隐蔽有时公开的斗争，而每一次斗争的结局都是整个社会受到革命改造或者斗争的各阶级同归于尽。"

再次，马克思、恩格斯认为革命和改良是社会制度变迁的两种方式和途径。政治视角上的革命是对旧制度实行根本性的改造；而改革（良）则是在不彻底改变现存社会经济基础之上，对社会制度的修补和完善。所谓社会制度的变革，既包含了对旧的社会制度进行根本性地改造的革命形式，令其质变为新社会（如奴隶制变为封建制；封建制变为资本主义制度，等等）；也包含了在新社会里对已建立起来的社会制度作修补与完善的改革或改良形式，这是一种量的积累或某些部分质变的前进方式。在使用或评价以何种制度变更方式为优的时候，必须从时代的大背景和各国的现实条件出发。马克思在《〈政治经济学批判〉序言》中指出，"无论哪一个社会形态，在它们所能容纳的全部生产力发挥出来以前，是决不会灭亡的；而新的更高的生产关系，在它存在的物质条件在旧社会的胎胞里成熟以前，是决不会出现的。"晚年恩格斯认识到："旧式的起义，在1848年以前到处都起过决定作用的筑垒巷战，现在大大过时了。""对每一个国家说来，能最快、最有把握地实现目标的策略，就是最好的策略。"马克思、恩格斯的种种论述表明：真正达到社会历史发展和制度变迁是革命和改良的统一。事实上，在实践中中国历经了几十年的革命，又经历了几十年的改革，现当代中国社会转型和发展历程是革命和改革的统一。中国革命和改革的统一又构成了现当代中国制度演进变迁的脉络。

三、发展经济学和人口学关于人口流动的理论观点

中国农民工市民化是与人口流动、城乡关系等密切相连的问题。为了深入研究中国农民工市民化制度演进与创新问题，必先认识发展经济学和人口学等关于人口流动、城乡关系等问题的主要理论观点。世界各国的人口流动、城乡关系各有其特性，但也有其共性。发展经济学和人口学关于人口流动研究所体现的共性，对于中国农民工市民化有一定的理论参考价值。

第一，关于人口流动理论研究的主要观点。人口流动理论研究涉及到人口为什么流动、人口流动的方式、人口流动的意义、人口流动的规律等方面。

首先，在历史和现实中，人口流动的原因是多方面的，经济、政治、自然地理乃至于人们的心理等都可能成为人口流动的原因。理论界关于人口流动原因最为重要的理论，即是著名的"推拉论"。较早明确以推拉模型阐释人口流动理论的是唐纳德·柏格（Donadbogue），之后，缪尔达尔（G.Myrdal）、乔治（P.George）、李（E.S.Lee）等对"推拉论"作了深入的研究和论证。在此之前，马克思主义经典作家恩格斯虽然未曾以"推""拉"概念阐释人口流动问题，但他在《英国工人阶级状况》一文中已经较为明确地表达了人口流动的"推"与"拉"的力量。

"推拉论"认为，人口之所以流动在于有推动人口流动的推力和拉力，人口流出地的不利于人生存发展的因素构成了人口流动的推力，人口流入地的有利于人生存发展的因素构成了人口流动的拉力。事实上，无论推力还是拉力，都是促

使人口向着有利于人生存和发展的区域流动，即人口的流动总是处于人的自利需要而发生的。"推拉论"还认为，人口之所以流动是"推"与"拉"两种力量共同作用的结果，而且"推"与"拉"两种力量在人口流出地和人口流入地可能同时存在。

其次，关于人口流动方式的研究。人口流动方式问题实质上是人口流动的类型问题，由于研究者评判人口流动的标准不同，因此构成了多个标准下的众多人口流动方式。例如，中国三峡移民，如果从人口流动的政治因素看，它是政府资助的人口流动；如果从流动的规模看，它是群体性的人口流动；如果从区域界限的角度，它是区域间的人口流动；如果从时间的角度看，它是长期性的人口流动；如果基于社会心理的角度，则大多数移民属于非自愿型人口流动，等等。理论界对人口流动方式进行了长期的研究，比较有代表的理论观点有：

一是，按照社会心理和人们的互动方式，将人口流动划分为自愿型、推进型、强迫型的人口流动以及个体流动和群体流动。二是，按照区域边界，将人口流动划分为区域内的人口流动和区域间的人口流动。三是，按照流动的目的，将人口流动划分为"改变其生活方式的迁移和保持其生活方式的迁移。"四是，按照流动时间，将人口流动划分为长期乃至永久性的人口流动、短期的非永久性的人口流动。五是，按照流动国界将人口流动划分为国际人口流动和国内人口流动。六是，按照政治经济因素，将人口流动划分为经济原因的人口流动、非经济原因的人口流动，政治因素的人口流动和非政治因素的人口流动，等等。

再次，人口流动会产生怎样的结果，是人口流动研究的重要方面。人口流动对流入地和流出地以及对整个社会经济都有影响。改革开后中国大规模的人口流动（落后地区人口流向发达地区、农村人口流向城市）对中国社会转型，促进中国现代化具有重要的影响。同时大量的农民流入城市，对农村和城市都有正与负的双面影响。例如，农民流入城市后，农村出现劳动力素质降低、农村留守老人、儿童等问题，反之，农民流入城市后，提高了家庭收入，为农村发展注入资金。再如，流入城市的农民工为城市经济社会发展作出巨大的贡献，同时，大量农民工群体也加重了城市的负担，造成城市环境、住房、交通等公共设施供给不足等问题。

关于人口流动的意义国内外研究者从不同的学科视角作了大量的研究工作。有的认为农村人口流入城市给农村带来极大的负面效应（这一观点有些片面）；有的认为过度城市化会造成流入城市的农民生活陷入困苦之中；有的认为发达国家的流动人口影响大，人口流动已经造成发达国家农村人口的大幅度下降，而发展中国家人口流动对经济社会影响不大（事实上，当前的影响很大）。

其四，关于人口流动规律的研究。引起人口流动的原因是多方面的，人口流动的形式是多样的，且人口流动的表象是无序的，但在这背后的人口流动是富有规律性的。

马克思主义经典作家列宁曾对人口流动规律有详细的论述。列宁在考察俄国和其他资本主义国家城市人口增长现象之后，得出了"大城市优先增长"的结论。列宁认为，"在60年代城市人口的性质主要是由不很大的城市的人口决定的，而在19世纪90年代，大城市却取得了完全的优势。1863年最大的14个城市的人口，从170万人增加到430万，即增加了153%，而全部城市人口只增加了97%。"。列宁还论述城市化速度差异规律，认为不同的地区其城市化水平是不同的。因为任何一个国家内的不同区域不可能是均质的和具有同等发展速度的，地区间城市化水平的不同是必然的。要消灭地区间城市化差异几乎与消灭城乡差距一样难。列宁按俄国城市化水平的不同，把俄国划分为8个地区。例如，第一个地区是经济最发达的工业区。列宁认为："如果拿俄国同西欧工业国家比较，那就必须只拿这一区域同西欧工业国家比较，因为只有这一区域是同工业资本主义国家的条件大体相同的。"这一地区包括圣彼得堡和莫斯科两个首都省和工业区。第二个地区是农业区。第三个地区是边疆地区，既吸引了大量外来人口务农，也存在着"人口离开农业而投向工业"的现象。最不发达地区是乌拉尔地区和北部地区。

事实上，造成地区间城市化水平不同的原因是多方面的：一是，不同的地区资源分布不同，作为工业所在地的城市发展顺序与程度亦不同。二是，城市发展起点和已有人口规模影响城市的聚集能力和聚集效益，而这恰恰是城市化水平不同的条件与基础。三是，政府政策也是影响人口城市化的重要因素之一。例如美国的西部开发，导致大量人口流动到西部。

国外学者很早就关注人口迁移流动规律的研究，其中最著名是英国学者雷文斯坦（LG.Ravenstein）。1880年雷文斯坦发表题为"人口迁移之规律"的论文。在文中，他提出人口迁移方向是朝着能吸纳劳动力的工业、商业聚集地集中；城市人口的流动性低于农村人口；女性流动率高于男性；流动人口首先进入城镇周围，然后流入城镇。其中一些观点仍有具有一定的理论意义，但也有不符今天现实的一面。数十年后，其他一些研究者分别从人口流动空间特征和数量等角度研

147

究人口流动规律。

我国学者俞宪忠在对国外学者关于人口流动研究的基础上，提出人口流动的一般规律："如果流动人口为理性行为选择者，在社会制度安排许可的发展环境下，当不同区域和不同产业间形成比较收益差异，存在着流动收益大于流动成本的潜在和现实的各种获利机会时，就必定驱使人们由低收益领域向高收益领域流动，而且比较收益差异量与流动人口的流速、流量正相关，并必然导致产生收益率及人口分布走向平均化的趋势，社会发展也将获得最优化的人力资源配置结果。其相关政策含义：一是人口流动是流动人口的理性选择；二是切实保障公民的自由流动权利；三是利用比较利益差别促进人口流动；四是降低各种不必要的流动成本和流动风险；五是建构人口流动的有效率社会发展框架。"我国学者顾朝林给出了我国大中城市人口流动一般规律："（1）我国正处于大规模农村流动人口进入大中城市的时期，大中城市迁入人口大于迁出人口，城市流动人口机械增长迅速；（2）大中城市流动人口具有就近、就城、就富迁移倾向，家庭式流动成为新的流动方式；（3）由于城市化水平滞后于工业化水平，摆动人口成为中国城市流动人口的一大特色；（4）大中城市流动人口以务工经商为主，本地工趋向管理、三产行业，外地工趋向一、二产行业，以从事简单的、不稳定的、临时的、无保障的、无技术和低工资的工作岗位为主体；（5）大中城市流动人口具有明显的移民集团和自然区间的社会劳动分工特色；（6）从总体上看，追求专业适合、工作机会和生活条件是流动人口向大中城市迁移的主要原因。链式迁移是流动人口的主要迁入途径。在大城市，流动人口二次迁移后，经商等三产行业的比重上升；在中等城市务工等二产行业的比重上升。"

第二，关于城乡关系理论研究的主要观点。城乡之间存在经济、政治、文化、社会等多方面的关系，但城乡关系中最为重要的是经济关系。在此作者从发展经济学的角度阐释两个具有代表性的理论观点。

首先，马克思主义城乡关系理论。城乡分离和对立是生产力发展的必然结果，城乡分离和对立将随着生产力进一步发展而消失。马克思主义认为，人类社会发展和进步，都是生产力与生产关系矛盾运动的结果。城市的产生过程是生产力发展、社会分工不断深化的过程，城乡差别、城乡对立只是生产力发展到一定历史阶段的产物，随着生产力的发展，城乡差别的消失将成为历史的必然。马克思主义认为，物质劳动和精神劳动的最大一次分工，就是城市和乡村的分离。作为生产力发展结果的城乡分离，本身是社会进步的表现。在谈到城乡发展过程时，马克思曾指出，古代的历史是城市的历史，不过这是以土地财产和农业为基础的城市。恩格斯在《论住宅问题》一文中，驳斥了关于城乡对立是自然的、不可避免的和消灭城乡对立是一种空想的小资产阶级观点，随着剥削阶级的消灭，城乡对立的阶级基础也就消失，将会产生工业生产和农业生产之间的关系日益密切的条件，只有那时，工业和农业才能在生产力高度发展的情况下相互接近。

在马克思主义创始人看来，城乡发展都是以人为中心的发展，而城乡发展的政治前提是无产阶级专政，无产阶级专政是消灭城乡差别、城乡对立的重要条件。但没有农民的支持，无产阶级专政不可能建立，城乡差别、城乡对立的消失就失去了政治前提。马克思在总结 1848 ～ 1850 年法国阶级斗争的经验时明确提出："在革命进程把站在无产阶级与资产阶级之间的国民大众即农民和小资产者发动起来反对资产阶级制度，反对资本统治以前，在革命进程迫使他们承认无产阶级是自己的先锋队而靠拢它以前，法国的工人们是不能前进一步，不能丝毫触动资产阶级制度的。"1894 年恩格斯指出："农民到处都是人口、生产和政治力量的非常重要的因素"，社会主义工人政党"为了夺取政权，这个政党应当首先从城市走向农村，应当成为农村中的一股力量"。马克思还认为，私有制是资本主义得以产生和存在的基础，无产阶级取得政权之后，必须改变农村的生产关系以解放生产力。马克思在《论土地国有化》中指出：随着社会经济的发展，人口的增加和集中，必然在农业中采用集体的、有组织的劳动，并且只有在广泛利用现代科学技术成就的基础上，才能保证农业生产的不断发展。而这只有在大规模耕种土地时才能做到，生产资料的全国性的集中将成为自由平等的生产者的各联合体所构成的社会的全国性的基础，这些生产者将按照共同的合理的计划进行社会劳动。关于无产阶级取得政权后农村的发展方向，恩格斯在《论住宅问题》中明确提出，农民将在无产阶级专政的条件下通过合作社组合成大规模经济。现存土地所有制中的大规模经济将由"联合的劳动者"来经营。小农户通过联合就能像大农庄那样，"应用一切现代工具、机器等"。

其次，刘易斯的劳动力转移理论。著名的发展经济学家刘易斯在 20 世纪 50 年代发表《劳动无限供给条件下的经济发展》一文，提出劳动力转移理论。刘易斯认为，发展中国家普遍存在着"二元经济结构"：一个是农业部门，一个是工业部门。刘易斯认为，经济的发展依赖于现代工业部门的扩张，而现代工业部门的扩张又需要农业部门提供廉价的劳动力，其劳动力的转移过程可概述如下：工业部门在生产中获得的利润假定全部用于投资，形成新的资本积累，从而生产的扩张会进一步吸引农村人口向城市转移。这个过程一直要进行到农村剩余劳动力全部被工业部门吸收完为止，这便是发展中国家经济发展的第一阶段。一旦农村剩余劳动力转移完毕时，农业劳动生产率就会提高，收入水平也会相应提高。在这种情况下，工业部门要想雇佣更多的农村劳动力，就得提高工资水平与农业竞争，农业部门就会像工业部门一样逐渐地实现了现代化，二元经济也就转变为一元经济，这就是经济发展的第二阶段。

刘易斯模型的政策涵义是：加速城市工业部门的发展，加快城乡人口流动，尽快把二元经济变为一元经济，实现工业化。

再次，托达罗的人口流动模型。托达罗认为，农民是否迁往城市取决于城乡收入差别的预期。这种预期的城乡收入差别取决于城乡实际收入差别和进城后找到工作的可能性（即就业概率）之大小。当城乡实际收入差别不变时就业概率越大，城乡预期收入差别也越大，对农民进城的吸引力越大，城乡人口迁移规模也越大。在托达罗看来，较高的城市失业率和较低的就业机会无疑会对农民进城就业产生负面影响，但随着农民进城逗留时间的延长，找到工作的可能性也会增大。因此，即使城市失业率相当严重，农民仍不断涌入城市。

托达罗模型的政策涵义则是：政府应该控制农村人口向城市流动的规模和速度，以解决日益严重的城市失业问题，因此更多地促进农民就地转移，大力发展农村经济才是解决城市失业问题的根本出路。依靠工业扩张不可能解决失业问题，资本积累必然伴随劳动生产率的提高，对劳动需求的增长就会低于工业产出的增长。收入差距的拉大无疑将吸引和刺激更多的农村劳动力流入城市，从而加剧城市劳动力失业。托达罗建议，政府应当改变"重工业，轻农业"的发展战略，把更多的资金用于改善农业的生产条件和农村生活环境，提高农业劳动者的实际收入水平。

托达罗模型是在刘易斯模型不能解释人口流动与失业并存现象的背景下提出的，它针对发展中国家城乡劳动力转移作出简单而有说服力的解释，触及了城乡劳动力转移、部门之间的工资率和农村社会发展等许多关键问题，受到经济学家广泛的认同。自托达罗模型发表以来，经济学界对该模型引发的问题进行了深入思考与研究，这对我国农村劳动力转移和农民工市民化也有较大的启示与借鉴。

四、农民市民化国际经验及对中国农民工市民化的启示

国外没有过农民工问题，但世界各国现代化进程都伴随农民市民化的历程。

在世界各国农民市民化的历程中，积累了各自不同的经验，这些经验对于解决今天中国农民工问题，促进农民工市民化具有一定的借鉴意义。

第一，国际上农民市民化（非农化）的几个典型案例。大凡进入工业社会，走向现代化的国家，都经历了农民市民化（非农化）的过程。但是各国农民市民化（非农化）历程都有其特殊的一面，概括起来，有的国家是通过暴力方式实现的，有的是通过人口自由迁移方式实现的，有的是通过跳跃方式实现的，有的是通过挤压方式实现的，等等。

首先，英国的农民市民化。英国是世界上最早进行资产阶级革命的国家，也是世界上最早实现农民非农化，进入工业社会的国家。

就农民市民化方式而言，英国是以强制性的暴力方式实现的。英国圈地运动是资本原始积累的典型，在英国圈地运动期间英国贵族地主使用暴力手段圈占公共土地和农民耕地，作为牧场或农场，大批农民被迫从世代居住的土地上驱赶出来。

就途径而言，英国农民市民化有两个途径，一是，主要在本国实现农村人口向城市的转移，并实现农民的市民化。二是，一部分农民流向殖民地国家，实现非农化。

就发展历程而言，英国农民市民化（非农化）的历程是漫长的。如果从英国有圈地现象到英国进入工业社会，实现城市化和大量农民非农化来看，期间大约经历了 700 年的历史。13 世纪英国设立专门出口羊毛的贸易机构，此时英国的羊毛业已有相当的发展，同时也出现了圈地现象（非圈地运动），随即开始了最初的农民市民化（非农化）历程。14 世纪中叶，英国农民占全国人口 85%。17 世纪中叶，英国农民仍占全国人口达 80%。[65] 英国资产阶级革命前夕英国农民市民化（非农化）已经持续了 400 年，英国农民不但没有完成市民化，相反，随着全国人口的增加，农民人数也以同样比例增加着。英国资产阶级革命前的圈地，不仅未能实现农民市民化，反而给英国带来了一系列严重的社会后果，即大量人口难以进入城市，人口盲目流动，社会动荡不安，生产遭到破坏。

随着英国资产阶级革命以及资本主义制度在英国的确立，尤其是 18 世纪末和 19 世纪初的工业革命加速了英国农民市民化历程。工业革命时期英国农业部门的就业人数急剧减少，农业就业份额迅速下降，城市人口份额迅速上升，到 19 世纪工业革命完成后，英国农民仅占总人口的 20% 多，基本完成了农民市民化的历程。今天，英国城市人口比重已超过 90%。

其次，美国农民市民化（非农化）。美国是一个移民国家，土地资源丰富，农业发展中的剩余劳动力压力不大，美国农民非农化是农村人口自由向城市迁移的过程。19世纪上半叶开始的美国工业化，也使美国农民开始了市民化的历程。工业化起步以后，农业机械化程度的提高，农业劳动生产率也迅速提高，使农业释放出大批劳动力，至此农业劳动力大规模地向城市非农产业转移。到19世纪末，美国农业劳动力份额已降至40%以下，城市人口份额已接近40%。1910年，美国农业劳动力转移达到了"结构转向点"，即农业劳动力开始绝对减少，这使美国的农业劳动力转移步入了一个新的阶段，即农业劳动力相对减少和绝对减少并存的阶段。19世纪70年代以后，美国农业劳动力转移的速度减慢，进入了稳定转移的阶段。近年来，在美国只有350万农民，占全国人口的1.8%。

再次，印度农民市民化（非农化）。印度是中国的邻国，印度和中国一样同属于发展中国家。发展中国家由于工业化起步较晚，而且在资源、技术、资金、人口以及国际环境等方面都面临着诸多不利因素，其农村劳动力转移大多经历一个艰难的过程。印度在20世纪50年代初启动了工业化进程，虽然在随后几十年里印度经济取得了不小的成就，工业化水平也有了较大幅度的提高，但劳动力的就业结构并没有发生任何明显的变化。1951—1981年的30年间，农村劳动力份额只由72.1%下降到70.6%，平均每15年下降幅度还不到1个百分点。与此同时，农村劳动力人数绝对增加了1.13倍，平均每15年增长幅度超过了50%。工业和服务业劳动力的比重也一直在11%和16%左右徘徊。可以说，印度工业化对于劳动力就业结构并没有产生任何引人注目的影响。究其原因，除了人口总量增长过快外，工业化的产业结构选择不当，牺牲劳动密集型的轻工业发展，片面发展资本密集型的重工业，是印度农村劳动力转移进程缓慢的重要原因。大量资本密集型产品和技术的生产与使用，严重影响了对劳动力的吸纳能力。此外，农业落后也严重阻碍了印度农村劳动力的转移进程。农业一直是印度经济中最落后的部门，现代农业生产工具和物质要素的投入极少。粮食长期供给不足，难以促进国民经济其他部门发展，也不能为农村劳动力向非农部门转移提供可靠的物质保障。

第二，世界各国农民市民化分析。走向现代化是人类社会发展的必然趋势，农民市民化（非农化）同样是人类社会发展不可逆转的趋势。但世界各国农民市民化（非农化）方式、途径却不尽相同。从以上几个案例得出以下几点认识：

首先，工业化是农民非农化（市民化）根由。从一般意义上，城市化源于工业革命，与工业化同步。英美等发达国家的经验证明，工业化是农民脱离农村的加速器，工业化直接推动农村人口向城镇集中，而且工业化与农村人口的转移几乎是同步的。

其次，农民非农化（市民化）内生机制的差异性。无论是资本密集型的城市，还是劳动力密集型的城市，在其发展过程中都需要大量劳动力，尤其是在发展之初，更需要大量廉价劳动力，当城市新增劳动力无法满足其自身扩张需要时，就对农村劳动力产生了强烈的吸力。另外，作为大量人口聚集地的城市所能够提供的功能和服务是农村所不及的，从方便与舒适的物质生活角度来看，对农村劳动力也构成了强大的吸引力，这是推动农村劳动力非农化的动力之一。美国是依靠城市工业化扩张的强大吸引力完成农村人口城市化的典型国家。

与其他国家相比，我国农村劳动力非农化的道路却有其特殊性，一方面城市化滞后于工业化，城市化进程相对缓慢，造成现有城市容纳农村劳动力的能力较低，另一方面在农村从事农业生产的较低的比较利益又迫使农村劳动力不得不寻求生存和发展的道路。一方面吸力不足，一方面大量农村剩余劳动力寻求出路，从而造成了我国特有的农村劳动力转移方式，并出现大量的农民工这一特殊社会群体。

再次，农民非农化进程的差异性。农民工是我国工业化、城市化与农村人口非农化没有同步发展的历史条件下产生的独特社会群体。对于大多数欧美国家来讲，农村人口转化为城市人口时，一般不存在种种制度限制，英国甚至采用了暴力方式强行剥离农民与土地的所有关系，将农民直接转化为市民。当然，这一过程是痛苦的。德国、美国城市化和工业化发展的过程相对于英国要温和得多，但也没有出现农民工的现象，农民都是比较直接和快速地转化为市民。而我国农村劳动力的转移却受到诸多制度及观念的限制，从户籍管理制度到种种社会歧视等都将农村人口与城市人口隔离。改革开放以来尤其是社会主义市场经济体制逐步确立以来，农村人口非农化的制度限制逐步松动，但就目前来讲，转向非农业的近2亿农村人口，多半只是一种职业的转移，还没有实现农民身份的转变。从农业转移出来的人口经历了一个离土不离乡，若即若离的阶段，并向离土又离乡并完全成为市民的方向转变。

第三，国际农民非农化经验对我国的启示。从国际农民非农化经验看，一个国家农民非农化总是伴随着工业化、城市化和现代化，并且体现出阶段性特征，同时，农民非农化与一个国家农业发展水平相联系。首先，我国应该大力发展非农产业，切实解决农村剩余劳动力问题。工业化的推进构成了农村劳动力转移的需求拉动力，没有这个拉动力，就没有农村劳动力转移过程的生成和完成。因此，我国在农村劳动力转移过程中，应大力发展非农产业，包括农村二、三产业的发展，尽量扩大农村剩余劳动力的就业空间。农村劳动力向非农产业转移是一个不可逆的、长期过程，我国也不例外。随着经济的发展，农村劳动力将持续不断地向非农产业部门转移，农村劳动力的份额必然呈现出不断下降的趋势。农村劳动力转移还是一个长期的、具有明显阶段性特征的历史进程。就长期性而言，如果把农村劳动力份额由75%下降到10%视为一国基本上完成农村劳动力转移标志的话，"英国大约用了3个世纪的时间，美国大约用了一个半世纪的时间"。如果从阶段性特征看，英国最初是工业吸纳农村劳动力，后来主要是第三产业服务业吸纳农村劳动力。

我国目前正处于工业化加速时期，农业劳动力份额为50%。虽然在我国曾出现过进入非农产业农村劳动力回流现象，但总体上是沿着农业劳动力份额呈不断下降的轨迹运行的。

其次，农村劳动力向其他产业部门的转移具有一定的规律性。农村劳动力的转移，首先表现为产业部门间的转移，这种转移不是杂乱无章的。例如，英国是递进型产业转移模式，其特征是：在相当长的时间里，第二产业一直是吸收农村劳动力最多的部门，只是在工业化后期，才有越来越多的农村劳动力流向第三产业，农村劳动力向二、三产业的流动在时间上表现出明显的阶段性。美国则是跳跃型模式，其特征是：农村劳动力向非农部门的流动在时间上没有明显的阶段性特征，农村劳动力进入第三产业就业从工业化较早阶段开始就呈现出与第二产业就业同步增长或比第二产业优先增长的趋势，这说明农村劳动力从一开始就较多地流入了第三产业部门。我国由于第三产业发展的先天不足，农村劳动力转移只能遵循递进型模式，即大量农村剩余劳动力首先向非农产业部门流动，当第三产业有了一定发展后，再主要向第三产业部门流动。

再次，英、美两国在农村劳动力转移过程中都走了一条以发展大城市为主的城市化道路，但这并不完全适合于大多数发展中国家。像印度和巴西，因农村劳动力过度涌向大城市和不能有效地利用农村内部转移方式，带来了诸如大城市恶性膨胀、城乡差距和区域差距大等经济社会问题。因而发展中国家不应简单地模仿发达国家以发展大城市来转移农村剩余劳动力，发展中国家有必要重视发展中小城市和农村非农产业来促进农村劳动力转移。我国的现实国情决定了必须"走中国特色的城镇化道路，按照统筹城乡、布局合理、节约土地、功能完善、以大带小的原则，促进大中小城市和小城镇协调发展。以增强综合承载能力为重点，以特大城市为依托，形成辐射作用大的城市群，"以此促进农村剩余劳动力的转移。以"走中国特色的城镇化道路"促进农村剩余劳动力转移的过程，同时也是农民非农化、市民化制度创新的过程。

最后，农业发展是农村劳动力转移的基础。一方面，农业的技术水平决定着一定时期内农业部门可以释放出的劳动力数量；另一方面，农业的总供给能力决定着社会可以支撑的非农劳动力总规模。农村劳动力转移，不仅不能超越农业技术水平决定的转移界限，而且不能超越农业总供给能力决定的转移界限。印度由于长期忽视农业，农业相对于人口的增长长期处于停滞状态，使得农村劳动力向非农业部门转移的速度异常缓慢。因此，在农村劳动力转移过程中，必须高度重视农业自身的发展，农村劳动力转移一定要与农业发展状况相适应。所以，我国政府应不断完善发展农业、振兴农村的政策，为大量农村劳动力转移，实现市民化奠定基础。

第十章　我国农民工市民化现状

农民工是我国现代化建设中一支新型的劳动大军。农民工主要是指户籍在农村，在当地或者异地从事非农产业的劳动者。目前，对于进城农民工来说，其市民化仅仅完成了（不稳定）职业的转换，农民工生存状况、工作环境、社会保障等远不如城市居民，农民工还没有完全融入到城市，实现市民化。

第一节　农民工问题溯源

从 1949 年新中国成立到 1958 年，中国人口是可以自由迁移的。1958 年处于中国工业化发展的需要，中国开始实施禁止农村人口自由流入城市的户籍政策，致使建国前就已经存在的城乡不平衡状况固化。自 20 世纪 80 年代出现的"民工潮"以及随即而来的农民工问题，至今已有 30 多年的历史。农民工在对我国现代化建设作出重大贡献的同时，也因其大量涌入城市从而引发社会问题。目前政府部门和理论界等都非常关注农民工的权益问题，这固然重要。但是，农民工问题到底是一个怎样的问题？其形成的社会背景、根源和内在机理是什么？正确地认识这一问题，是从根本上解决农民工问题的前提，其现实意义重大。

第一，农民工问题是中国社会改革和发展中的问题。农民工问题与中国社会改革相联系，没有改革就不会有农民工问题，没有进一步的改革也不会解决农民工问题。

首先，中国的改革催生了大量的农民工群体。1978 年党的十一届三中全会启动了中国改革，中国改革首先从农村起步，农村改革的突破口是实行土地家庭承包经营，不久终结了在中国持续 20 余年的人民公社制度，这使农民自主择业成为可能。20 世纪 80 年代中期，我国取消统购统销的粮食流通政策，对粮食流通体制进行改革，这又使农民在城市从业并在城市生存下来成为可能。于是众多带着一身土气、富有挑战精神的农民在城乡工资差别大、未实现工业化及现代化的传统农业社会背景下涌入城市。从农民工个体的角度看，"民工潮"是农民作为理性的经济人，富有胆识地挑战旧制度，非常理智地选择了较之农业收入较高的城市二、三产业部门，并较早地顺应时代融入到市场取向改革中的积极合理的社会流动。从社会的角度看，"民工潮"预示着中国原有的计划经济体制及相联的社会管理体制松动并走向解体，说明中国农村劳动力在向非农产业和城镇转移，中国社会正在由传统农业社会向现代工业社会转变，经济社会在快速发展。一句话，中国改革孕育了大量农民向城市和非农产业转移，造就了农民工群体。

其次，中国渐进式改革致使农民工数量逐年增加。农民工问题因改革而产生，又因改革而存在。中国的改革是逐步推进的，至今中国改革已经历了30年的历史。中国渐进式改革决定社会转型和体制变革稳步持续地推进，时至今日中国改革已进入深水区，一些涉及重要领域的体制、制度安排还没有突破性进展。例如，涉及到城乡分割的二元户籍制度及相应的"城市偏好"的社会福利和社会保障制度难以解构。如果不对二元户籍制度及相应的"城市偏好"的社会福利和社会保障制度进行改革，那么进城务工的农民——农民工就难以分享改革和发展的成果，并使之成为城市社会的弱势群体——城市边缘人。在现实中，近年来进城务工的农民在数量上迅速增加。根据国家统计局数据资料显示，改革开放以来我国城镇人口增长速度快，乡村人口减少速度慢，这一个侧面反映出在进城的农民工中，只有很少一部分人完成了向市民的转化，农民工数量在中国渐进式改革中逐年增加。

再次，从根本上解决农民工问题，必须通过进一步的改革来解构农民工，最终使农民工市民化。农民工问题是随改革所涌动的快速发展而产生的问题，它将随着进一步的改革和发展而得到解决。一是，深化以城乡统筹为取向的户籍管理制度改革。户籍制度改革的根本目的是："保障公民迁徙和居住的自由，消除附加在户口上的城乡居民权利不平等的制度。"二是，深化城市社会管理体制改革，实行属地化社会管理，健全城市公共服务体系。使基础教育、疾病预防、计划生育、就业服务等社会管理和服务覆盖整个城市社会。三是，深化社会保障体制改革。对农民工社会保障异地转移与接续作出制度安排；在全社会实现和落实《工伤保险条例》；对农民工或参加农村合作医疗或参加城市医疗保险作出具体的制度安排。

　　第二，农民工问题是与中国独特的城市化、工业化道路相联系的问题。工业化、城市化是一个国家走向现代化所不可逾越的，一个国家走向现代化的过程就是一个国家由传统农业社会向现代工业社会转变的过程，这一过程也是大量农业人口向非农产业转移的广大农村现代化、城市化的过程。从世界其他国家的经验看，一个国家现代化的过程即一个国家工业化、城市化并进的过程，也就是说实现大量农村剩余劳动力向非农业的转移，是各国顺利实现工业化、城市化、现代化的中心环节。与世界其他国家相比较，中国的城市化、工业化道路独特，主要表现在长期滞后于工业化的城市化和长期依赖于农业、农村、农民积累的工业化并存。中国独特的城市化、工业化道路是农民工问题凸现的重要内在机理。

　　首先，农民工问题是城市化滞后于工业化的衍生问题。新中国成立后不久，中国就提出"四个现代化"的奋斗目标，随即启动了以大规模工业化建设项目为主要内容的现代化建设。可是中国现代化的进程不是工业化与城市化并进的过程，而是城市化始终滞后于工业化的进程。如果说新中国在生产力不发达且处于西方国家政治包围、经济封锁的背景下搞工业化建设，国家处于对发展工业所需的资金积累和城市粮食安全供给以及国家安全等方面的考虑，中国在较短的时间内通过有效的制度安排使城市化滞后于工业化是合理的，合乎逻辑的，那么，中国长期的城市化滞后于工业化则是非常规的，亦非逻辑的。城市化滞后于工业化的重要结果是广大农民滞留在农村和农业部门。近几年来，考虑到我国农村劳动生产率、土地产出率、农业劳动力的边际收益和平均价格等因素，我国农村剩余劳动力仍然保持在 1.2 亿～1.3 亿人左右。已经离开农村，勇敢地进入城市及非农产业部门从业的农民工也难以实现彻底的非农化和市民化。大量的农民工虽然生活和工作在城市，但并没有完全融入城市，农民工处于城市社会的底层，经济收入普遍较低，生活质量、生活方式、社会交往与市民相差甚远。农民工问题在一定意义上是城市化滞后于工业化的衍生问题。

　　其次，农民工问题还是中国没有完全走上新型工业化道路中存在的问题，或者说是与依靠农业、农村、农民积累发展工业的旧有工业化道路相联系的问题。新中国发展工业的惟一选择是依靠农业、农村、农民的积累来发展工业，所以，旧有工业化道路有其历史的合理性。到20世纪80年代中期，中国的工业有了较大的发展，工业化水平和科技水平都有了相当程度的提高，这时中国应及时对原有的依靠农业、农村、农民的积累发展工业的工业化道路进行调试。而现实中，党和国家仅从认识上调试旧有工业化道路始于2002年中共十六大，同时，认识上的转变并不等于实践中的转变。只要从近 2 亿农民工存在的现实中，从众多的工业企业大量招用廉价的农民工，又不承担或很少承担什么社会责任，从中降低生产成本，获取利润的社会现象中，就可以看到从国家大局上实施以工助农、重视"三农"的战略背景下，工业企业仍在剥夺农民中最后可以剥夺的一部分人——农民工。这说明，现阶段中国社会完全走上新型工业化道路的有限性问题明显地存在着，这种"有限性"是农民工问题持续存在的一个内在机理。

再次，加快中国城市化步伐，切实地走新型工业化道路，改变城市化滞后于工业化的现状，同时，还要使城市化与农民工市民化同步，这是解决农民工问题的重要途径。进入 20 世纪 90 年代以来，中国城市化的速度加快，一方面是城市数量快速增加，从 1990 年的 460 多个增加到 2000 年的 660 多个，净增 200 多个；另一方面是城市迅速地向城郊农村扩张。目前，中国城市化步伐继续加快，城市数量的增长和空间的扩张快速发展，中国已进入城市化的集中化时期，即城市化快速发展时期，城市化滞后于工业化现状有了一定程度的改变。在城市化进程加快，城市化滞后于工业化现状有了一定程度的改变和工业化加速发展的背景下，城市吸纳了大量来自农村的富余劳动力。与此同时，城市化与农民工的市民化并不同步，一方面，城市吸纳了大量来自农村的富余劳动力，另一方面，城市没有促使大量来自农村的富余劳动力市民化的制度设计以及容纳新市民的准备工作，致使进入城市从事二、三产业的农民成为农民工。这表明城市化与农民工市民化不同步，其中蕴涵着一种短期性和过渡性的价值内涵，即当城市经济社会的发展需要农民进城务工时，城市有条件地接纳农民进城务工，当城市经济不景气、失业形势严峻之时，城市各经济社会组织最先清退的是"农民工"。城市在经济社会发展中需要农民工，在分享城市经济社会发展成果时，排斥农民工。由此可知，解决农民工问题不仅需要城市化与工业化同步，而且需要城市化与农民工市民化同步。

第三，农民工问题是与"三农"问题紧密联系的问题，农民工问题是"三农"问题的延伸，正因为存在农村中的"三农"问题，才会有城市中的农民工问题，农民工问题与"三农"问题紧密联系。"三农"问题表现为农业与工业服务业、农村与城市、农民与市民之间的严重落差和不对称。解决"三农"问题的过程是农业、农村、农民的现代化的过程，农业，农村，农民的现代化是一个问题的不同侧面。农民现代化是指农民的思想观念、行为、知识素质等符合经济政治现代化的要求；农业现代化最根本的标志是农业劳动生产率的大幅度提高。农村现代化是"生产发展、生活宽裕、乡风文明、村容整洁、管理民主"的现代农村。农民工问题是与"三农"问题紧密联系主要在于：

首先，如果农村与城市之间、产业之间乃至地区之间存在一定的差距，则有利于社会流动，但是这种落差和不对称太大则造成经济社会运行扭曲化。农业弱，农村落后，农民穷，农业、农村、农民现状与工业服务业、城市与市民之间存在严重落差和不对称，造成农村与城市处于分割状态，以至于农民理性地流入城市与因城市偏好引发的有利于农民工市民化的制度供给短缺两种状况并存，最终形成众多进城务工农民成为城市边缘人——农民工。

其次，在有利于农民工市民化制度供给短缺的背景下，单纯地强调建设社会主义新农村，能解决"三农"问题，但不能有效地解决农民工问题。建设社会主义新农村，旨在解决"三农"问题，以实现农业、农村和农民的现代化。建设社会主义新农村，中国的农村、农业必将向现代化迈进，尤其是在农业现代化进程中，农业生产力的提高，将促进农民的现代化，并将大量的减少农业劳动力，这会使本来人口众多而又富余的农村劳动力更加富余，大量的农村剩余劳动力面临着转移，其转移的方向只能是城镇的二、三产业。在城市促进农民工市民化的制度供给短缺的背景下，如果这些新的富余劳动力涌入城市，那么，中国农民工的数量将会不断增加，农民工问题也将日趋严峻。

再次，将建设社会主义新农村与促进农民工市民化两者结合起来，有利于社会主义新农村建设，解决"三农"问题，也有利于解决农民工问题。随着社会主义新农村的建设，农民工的数量将大量增加，如果不对在建设社会主义新农村中日益增加的广大农民工群体给予高度的重视，善待农民工，正确的估量这一社会群体的积极社会作用，那么，农民工问题将日趋严峻，可能引发负面的社会效应。积极推进社会主义新农村建设，就必须正确对待新农村建设中产生的大量农民工群体，积极地促进农民工市民化。现阶段主要从以下几个方面着手：一是，切实维护农民工的劳动工资、就业服务、劳动安全等各项权益；二是，依法规范农民工的劳动管理，包括农民工劳动合同的签订、职业安全卫生、女工以及未成年人等管理和规范问题。三是，对促进农民工市民化的制度及制度安排各地要在实践探索中，制订适合本地特点、富有可操作性的规定。

第四，中国规模宏大的农民工群体的出现和扩张，是改革开放后中国经济发展的诱致和社会转型共同作用的结果。20世纪80年代中国市场趋向的改革以及所带来的巨大经济发展效应，诱发了中国"农民工潮"。20世纪90年代我国明确了社会主义市场经济发展目标，从而使经济发展重新获得了对社会结构的自主性的重大影响。产业的快速壮大、产业结构的调整、产权制度的改革等等都为人们的社会流动提供了比以前多得多的机会。在经济发展的诱致下农民已经并继续大规模地向城市流动，是不可逆转的趋势。

在大量农民流向城市的同时，流入城市的农民受制于中国社会转型和体制转变，中国"还没有形成一个合理、公平、半开放的社会流动模式。"中国经历了发达国家迈向现代化所没有经历的社会转型和体制转变并进的历史，即中国在进行经济政治体制改革以及相关体制改革的同时，伴随社会转型（农业社会向工业社会、城市社会的转变，传统社会向现代社会转变），在中国社会转型中导致人口流动迁移的复杂性和特殊性。"研究表明，当代中国社会流动打上明显的体制转轨烙印：制度和政策安排对社会流动的作用相当显著，在有的阶段甚至左右着社会流动，到现在其作用还是相当大的；社会流动的常态性不时地受到体制和政策的干预而发生变化。一个政策的出台就有可能影响一个阶层的地位。对关键行业的计划垄断、城乡二元体制、体制内外分割等计划体制仍在影响着社会的合理、公正流动。在未来相当长的一段时间，仍然是采用新的政策、构建新的体制来促进体制转轨，因此，制定合理有效的社会政策，对于促进体制转轨时期社会流动的有序、合理进行，仍然具有重要的意义。"

第二节　农民工市民化水平、速度和环境

农民工虽然生活和工作在城市，但其社会地位、经济收入和生活质量都与市民存在很大差距。农民工在城市居住"孤岛化"，社会心理"内卷化"，社会生活和交往"村落化"，他们没有完全融入城市。从城市化的角度，中国农民工处在半城市化状态。从总体上，我国农民工市民化水平低、速度慢、环境复杂。

第一，我国农民工在社会系统、文化系统、制度系统等层面还没有融入城市。从动态的角度看，农民工市民化是农民从农业退出、进入城市和融入城市的过程。我国农民从农业退出、进入城市后未能顺利融入城市而成为农民工。社会（这里的社会是广义的社会）本身是一个系统，包括经济、政治、文化、社会以及与此相联系的制度。就目前来看，我国近 2 亿农民完成了退出农业、进入城镇阶段，

但他们还没有完成融入城市实现市民化，所以人们将这些已经退出农业，进入城市的农民称之为农民工。只有农民工融入了城市，才最终完成了农民工的市民化。那么，怎样才实现农民工融入城市呢？本文认为，我国农民工已经通过在非农领域的就业融入到城市经济发展中，尽管多数农民工在城市就业尚属于非正规就业，其岗位流动性强，但是农民工已经融入城市经济系统，是不争的事实。这主要体现在城市经济发展已经离不开农民工这支亿万新型劳动大军了，城市经济发展内在地需要农民工群体融入到城市中去。同时，农民基于理性思考，有效配置家庭人力资源流入城市。但在城市社会、制度系统的排斥下，他们还没有在社会、文化、制度等层面融入城市。

首先，农民工有限地融入城市经济领域。从城市社会系统层面，城市市场经济与社会、文化和制度之间不整合，致使农民工虽然进入了城市，在城市从事非农产业，但他们并没有真正融入城市，还处在城市经济有限接纳与城市社会排斥的夹缝之中，从而构成了社会转型与结构变迁中的一个特殊的社会群体——农民工。城市经济发展的强大拉力和聚集效应，内在需要大量农村劳动力添补，但是城市有限度地接纳外来农村劳动力，即从经济领域的有限接纳，视外来农村劳动力为城市经济发展者，抵制、排斥（在一定时期）外来农村劳动力成为城市社会的一员。广大外来农村劳动力仅仅是城市的劳动者，有限地参与城市劳动分工，在社会、文化、制度层面他们是城市的边缘人。这种现象实质上是外来农村劳动力在非农领域就业的制度没有很好与社会、文化的衔接。

由于中央政府高度重视农民工问题，尤其《劳动合同法》实施以来，它作为新的制度设计，使中国农民工就业环境较之过去有了一定的改观，以户籍为界线划分的城市正规就业市场和非正规就业市场局面在一些城市已经或正在解构，但其痕迹依然存在。在实践层面上，农民工的经济活动依然受到很大的限制，他们在城市寻找就业的时候，首先会遇到行业进入与岗位获得的歧视，一般只能选择在城市非正规就业市场就业；与此同时，在能够进入的行业与岗位上，还要继续在工资、保障、福利、工作条件与环境等方面受到歧视性待遇。

总的来说，农民工所从事的职业，基本是非正规的，他们主要参与城市低层次的劳动力分工，进入城市劳动密集企业实现就业。在一个经济组织内部他们属于被管理层，在城市经济领域，他们属于次级劳动力。

在生活质量方面，农民工的生活质量与市民的生活质量相差甚远。农民工的生活质量的提高是农民工市民化的重要内容，也是农民工市民化的一个重要目的，同时还是衡量农民工市民化实现程度的一个重要标准。目前，城市农民工的生活质量普遍较低，农民工的劳动强度较大，劳动时间较长，休息时间较少，基本上处于工作、吃饭、睡觉这样一种简单的生活状态。农民工生活的最大的特点就是"节俭"，农民工基本上奉行"能省则省"的原则，除了衣、食、住、行等生活必需费用之外，用于文化消费、娱乐消费的费用极少。客观地讲，农民工文化程度相对较低，本身缺少对文化消费的需求，同时又缺少消费、休闲引导，况且农民工没有时间，没有精力，也没有条件读书、看报、看电视。农民工的收入相对较低。因此，城市的休闲设施和娱乐场所对农民工来说更是可望而不可及的。农民工在工作上能够与市民同步，但在生活上却与市民严重脱节，对整个农民工群体来说，其生活方式仍不具备十分明显的市民化特征，生活质量普遍低于城市市民。

其次，农民工没有完全被城市制度体系接纳。由于历史与社会的原因，我国长期以来就存在着城市偏好的制度及制度安排。在这种情况下，农民工群体一方面随着中国产业结构的调整、升级在数量上逐步增加；另一方面，又由于中国现有与农民公有关的制度体系的异化，作为外来人口的农民工不能充分参与当地各项民主的管理，农民工缺少必要的发言权和影响力，这就使得现有城市社会的制度体系还没有充分地向农民工倾斜和调整，使得农民工缺少融入城市社会的公共服务和社会支撑体系。具体而言，这种城市制度体系的异化主要是以户籍制度为核心，以及在此基础上形成的因农民工与城市市民而不同的劳动就业制度、收入分配制度、社会福利制度、社会保障制度、教育培训制度、政治参与制度以及公共服务制度等。目前，这些制度的改革与调整虽有不同程度的进展，但还远没有取得根本性的突破，农民工与市民"同工不同时、同工不同酬、同工不同权"等现象还十分突出。

再次，农民工没有融入城市社会系统。仅从居住环境上看，长期以来，我国政府对农民工在城市的居住采取放任自流的态度。在这一政策的影响下，城市农民工主要租住在老城区等待动迁的危旧房、城乡结合部破旧房屋，或居住在自搭建棚户房、顾主提供的集体宿舍等，和市民对比，农民工居住环境极差，这所体现的是社会不整合乃至社会"断裂"。一是，伴随城市房地产业发展以及城市居民的住房公积金制度的确立，许多老城区居民购买新的商品房用以居住，其原有等待搬迁改造的危旧住房大多出租给外来流动人口（包括大量的农民工），农民工租住危旧住房的原因在于老旧房屋租金的低廉。二是城乡结合部由于其远离城市中心，以及相当存量的破旧房屋因其较低的租金而吸引农民工前往租住。三是一些农民工避开城市管理，在城市管理缺位的角落自搭建棚户房居住，以此减少入城务工的成本。四是部分农民工尤其是建筑、工业企业的农民工居住在雇主提供的环境较差的集体宿舍里。

一言以之，农民工在城市很少拥有自己的住所，他们基本是上是租住房屋，而且其居住环境和居住区位都无法与城市居民相比。

农民工的居住近距离地游离于城市居民之外，有的学者将其居住状况描述为"孤岛化"，即农民工居住在与城市隔离的"孤岛"之中。有的学者认为，农民工的这样居住状况使其社会生活非正常化，他们中的不少人过着单身生活，生活在同性别的人群中，难以接触到异性朋友。已婚者没办法过上家庭生活，性需求难以得到满足。有的是与子女长期分离，子女在农村靠老人照看，缺乏父母的正常呵护和监督，从而产生各种社会问题。他们生活在自己的圈子中和有限的空间里，在生活和社会交往上与城市居民和城市社会很少有联系，更不能分享日趋丰富的城市公共生活。实际上，农民工在城市的居住区位"被人为地导入了一个狭窄的空间"，在这个空间中，形成了低层次的职业集中、低教育水平的集聚、低收入与高流动的并存。农民工居住与市民的隔离，这就使得农民工的生活缺少更大的公共生活空间，因而只能局限于自己的生活圈子和有限的以血缘、地缘为基础的生活空间中，从而在城市形成独特的类似乡村文化生活的村落。但这种建立在孤岛化基础上的村落生活显然是难以为继的，也是不稳定与不完整。正因为农民工与市民隔离，所以导致农民工难以涌入城市社会系统。

其四，市民与农民工尤其是刚进入城市的新生代农民工形成了互为排斥的社会心理。城市的繁华与生活的丰富会使得农民工逐步失去对乡土生活的认同，此时他们会产生对城市归属感的强烈渴望。但随之而来的工作、生活与城市区位空间的隔离，尤其是城市市民对其的歧视与排斥，不可避免的会动摇其对城市的看法。这样就形成了一方面由于城市市民的傲慢所形成的对农民工群体的排斥，另一方面农民工本身也由于这种排斥逐步产生自我群体的认同而对城市市民排斥与拒绝。市民与农民工形成彼此排斥的心理，从而形成严重的社群隔离。

综上所述，我国农民工市民化在总体上还处在较低水平，农民工市民化还有很长的路要走。农民工市民化的制约因素有来自农民工自身的因素、企业规避社会责任的因素、社会歧视以及制度等因素，其中主要是来自于制度的因素，农民工市民化的主要障碍是制度障碍。针对农民工市民化问题，中共中央、国务院在"一号文件"中明确指出："进城就业的农民工已经成为产业工人的重要组成部分"。这一论断不仅承认了农民工的工人阶级属性，而且确定了农民工在工人阶级中的重要地位。然而，要真正确立农民工的产业工人地位，特别是要让农民工融入城市生活中，享受与市民的同等待遇，确实需要一个渐进的过程。

第二，我国农民工市民化进程缓慢。农民工市民化进程缓慢即农民工融入城市的速度缓慢。首先，在我国农民的职业非农化速度较快。农民职业的非农化与农民工市民化是两个不同的问题，农民职业非农化是农民从农业领域推出进入非农产业从业的过程，农民职业非农化是农民工市民化的前提。农民工市民化是指农民工在非农产业从业的稳定性尤其是其在生活方式、思想观念、社会交往等方面融入城市的问题。目前，我国外出农村劳动力近2亿人。所以，农民职业非农化的速度较快，但这不等于农民工市民化的速度也较快。

其次，中国大量的农民工群体以及流动人口的存在，就足以说明我国农民工市民化的速度较慢。据不完全统计，目前中国有农民工近2亿。尽管我国有企业下岗工人再就业的冲击，农民进城打工受到一定程度的影响，但农民工人数依然不断增加。一般来讲，随着农民工人数的迅速增加，农民工市民化水平也应该迅速提高。可是，只要从20世纪80年代以来我国流动人口数量的变动趋势，就足以发现改革开放后我国滞留着大量流动人口，中国农民工市民化程度较低。

再次，我国农民工市民化进程缓慢还体现在促进农民工市民化的制度供给不足，以及影响和制约农民工市民化的制度难以解构。当前影响和制约农民工市民化的二元经济社会制度及制度安排犹存，对农民工的种种不公正已经是不争的现实，这足以说明，促进农民工市民化的制度供给不足，而制度供给的不足，也是农民工市民化进程缓慢的一个重要体现。

第三，农民工市民化环境复杂。农民工市民化是城市化的根本要求，在通常的情况下，不存在农民工市民化问题，国外已经实现城市化的国家仅仅存在农民市民化或非永久性迁移人口问题。尽管非永久性迁移人口与农民工有相似之处，但也有不同之处。其最为重要的不同之处在于：非永久性迁移人口在其市民化过程仅受到来自社会转型的制约，不受来自复杂的体制改革及其相关的制度制约。中国农民工市民化的环境较为复杂。

首先，二元经济社会制度在解体中的局部强化，形成中国特有的农民工群体，制约着农民工市民化。城市化、工业化、现代化的发展，一方面致使大量农民涌入城市，冲击二元经济社会制度，造成农民市民化趋势，另一方面在城市化、工业化、现代化中中国二元经济社会制度有固化趋势，大量农民工群体的出现以及他们难以市民化，是这一趋势的重要体现。制约农民工市民化制度，是我国体制转型即由计划经济体制向社会主义市场经济体制转变过程中形成的，"本来只是权宜之计，以后逐渐演变成一种制度性的安排。"制约农民工市民化制度在一定程度上是城乡之间长期以来不平等交换的体现，是城乡二元经济社会制度的延伸。这种社会制度体现出城市社会的不负责任、实用倾向，城市处于发展需要，接纳农村青壮年劳动力，但城市又不想承担接纳农村劳动力带来的相关责任，例如，养老、医疗、子女教育等等责任。我们也可以说制约农民工市民化制度体现出城市在接纳农村劳动力时所表现出的二元性，即接纳与排斥并存。这样的制度结果一定会造成农民工自身不愿意市民化（他们根本上希望市民化），即这样的制度环境农民工会理性的计算其进城的成本问题，当进城定居成本大于流动成本时，他们自然选择流动。所以，李培林、郑功成等在进行若干调查后得出结论：当前大多数农民工没有强烈的市民化诉求（现有的环境下）。

其次，体制转变、社会转型以及传统观念共同作用下，中国农民工市民化受到多重制约。与国外已经实现城市化、工业化、现代化的国家不同，中国农民工城市化经历三步两个发展阶段，即上文提到的农民退出农业、进入城市和融入城市三步；所谓两个阶段是农民职业非农化阶段和农民工社会身份及社会心理、生活方式等市民化阶段。这和国外许多国家农民直接市民化，即职业转换、社会身份及生活方式等转变同步大不相同。即便世界上也有许多国家流入城市的劳动力经历一段时间后方实现市民化，但是，造成这种情况更多是经济因素和社会转型因素，而非像中国这样的转型中的体制性因素。一是计划体制及制度已经打破，但其制度痕迹和影响犹在。二是新的体制及制度在确立，并且各项制度难以较好地互为衔接。在现实中的具体体现是，一方面市场取向体制改革以及社会主义市场经济体制的确立使原来固守在土地上的农民工得以离开土地从事非农产业，另一方面其他社会制度又没有很好地嵌入市场经济体制之中，或者说社会管理体制、教育体制、就业制度、社会保障制度、住房制度等项改革没有很好地和市场经济体制衔接。

在中国，歧视农民、鄙视农民的观念已经存在数以千年，"老农民进城""民工""小农"等等都是一些歧视和蔑视农民的语言，这些语言反映的是观念——歧视农民、鄙视农民的观念。今天歧视农民的观念已经扎根于市民中、深植于农民中。农民不想为农民，市民不想为农民，所有的社会成员都不愿意做农民，因为农民意味着处在社会底层。歧视农民是观念，观念的外化是规则和制度，规则制度的外化是不平等与不公正，不平等与不公正的重要表现就是城乡居民收入差距大。新中国成立以后我国长期的重工轻农观念，固化了历史上歧视农民观念，最终使农民丧失国民待遇。一是农民丧失了历史上曾拥有的自由迁徙的权利，今天事实上的农民自由迁徙权依然未果。二是国民的财产权是受法律保护的，而农民的财产权却没有得到应有的保护。经济学上的产权是一束，即包括财产的占有、使用、处置等等。当前农民最大财产是对土地的使用和处置，可是农民有多少权力能自由地处置自己承包的土地呢？政府又有多大的权力可以征用农民的土地呢？当政府计划要征用农地时，当然政府的权力高于农民，征用土地的价格也多半由政府来确定。三是农民不能与市民同等地享有政府的公共物品、社会保障、医疗卫生等社会福利待遇。四是习惯于从农民身上寻找资源。应该说建国后中国不可能走殖民掠夺道路搞工业化，而又必须搞国家工业化，所以，利用农民的生产积累发展工业是当时中国的唯一选择。可是我们利用农业农民的积累为时过长，长到已经形成惯性，上升为观念和文化。事实上，20世纪80年代中后期我国就应该以工业反哺农业，而我国真正以工业反哺农业始于中共十六大以后，工业反哺农业的时间至少晚了十几年。党的十六大以后国家逐步取消农业税，开始以真金白银补贴农业，并加大了对农业的投入等等。尽管如此，从农民身上拿、寻找资源的现象还没有彻底消除。这主要是对部分农民即进城农民工的掠夺，城市农民工是城市最廉价的劳动力，一些企业不给或很少给农民工交养老、医疗等保险，农民工的工资低，又经常被拖欠，这是对农民习惯性索取的痕迹。

第四，从经济全球化、农产品贸易自由化来看，中国农民工市民化问题将随着我国农业广泛地参与国际贸易有所缓解，农民工市民化也将进入一个新的发展阶段。在长期的计划经济体制下，农业支持工业的格局致使我国国内农产品的价格大大低于工业品，加上政府向农业的有限投入（近年有跨越式改观），到目前为止，农业依然是各产业中的弱质产业。但是中国弱质农业在发展中遇到极好的机遇，即经济全球化。经济全球化使中国农业将广泛地参与国际贸易，中国农产品较低的价格决定它在国际市场上有强势的竞争力，其结果是中国农产品及其制成品国内外市场需求大幅度提高，过去相对较低的农产品价格将有一定的涨幅，农业将有一个阶段性的发展——参与农产品国际贸易自由化带来的农业素质的提升。农业发展、农产品价格的提升，以及政府城乡统筹思路又将大大改变过去农业低量吸纳农村劳动力的状况。当中国农业生产力有了一定幅度的提高后，与农业相关的二、三产业也将得到较大的发展。在这样的背景下，中国农民工市民化问题将有所缓解，农民工市民化也将进入一个新的发展阶段。

首先，随着经济全球化、中国农产品参与世界贸易自由化能量的释放，中国农业生产力进一步提高，农业产前产后的链条逐步扩展，农产品的价值结构的重构，将为农村二、三产业的发展打下坚实的基础。而农村二、三产业的发展又将促进农村劳动力就地非农化，促进乡镇发育，从而大幅度地加快离土不离乡的农民工市民化进程。

其次，随着经济全球化、中国农产品参与世界贸易自由化能量的释放，中国农业生产力进一步提高，农业产业链条的逐步扩展，农业内部将吸纳一定数量的农村劳动力，而且被吸纳进农业部门的劳动力素质将在农业生产力不断发展中得到提高。农业发展及其吸纳生产力的作用将减轻城市农民工问题，改善国家宏观上设计农民工市民化的制度环境，促进农民工融入城市。

再次，随着经济全球化、中国农产品参与世界贸易自由化能量的释放，中国农业生产力进一步提高，我国工农差距、城乡差距将缩小。城乡差距缩小的过程，即是城市化、工业化水平提升的过程，期间渗透着中国农民工市民化的过程。

综上所述，中国农民工市民化问题是一个极为复杂的问题，与城市经济、农业经济以及经济全球化有关，与体制改革、社会转型有关，与文化和观念相联，与农民素质紧密，等等。

第三节　农民工市民化必然趋势

农民工市民化必然趋势讨论的是农民工是否有必要实现市民化问题，中国两亿多农民工否长期驻留这一发展阶段，还是进一步促进其转化，由农民工转变为市民。现实中在艰难推进农民工市民化，而理论上已经成为不争之论——农民工市民化是社会发展的必然趋势。

第一，农民工市民化是现代经济发展的必然趋势。如果说现代化是人类社会发展的必然趋势，那么，作为现代化的重要体现工业化、城市化则是现代经济发展的必然趋势。城市自古就有，至今已有几千年的历史，应该说自从有了城市，即有了人口向城市聚集的城市化问题。但是，大规模的城市化以及大量人口向城市迁移是从工业革命开始的。工业化是城市化的根本因素。

首先，大量农民非农化、市民化是城市化的重要体现，而城市化的根本原因在于工业化。工业革命使许多国家由传统农业社会进入到工业社会，工业比重在经济中占据优势。工业尤其是大工业是一种高度协作性的共同劳动，生产社会化程度高，集中性强。工业企业的高度集中，带来了分工的逐步专业化和经济的巨大效益，进而吸引大量的人口集中，集中的结果就是一座座城市拔地而起。对此，恩格斯有比较详细的描述："大工业企业需要许多工人在一个建筑物里共同劳动；这些工人必须住在近处，甚至在不大的工厂近旁，他们也会形成一个完整的村镇。他们都有一定的需要，为了满足这些需要，还须有其他的人，于是手工业者、裁缝、鞋匠、面包师、泥瓦匠、木匠都搬到这里来了。这种村镇里的居民，特别是年轻的一代，逐渐习惯于工厂工作，之间熟悉这种工作；当第一个工厂很自然地已经不能保证一切希望工作的人都有工作的时候，工资就下降，结果就是新的厂主搬到这个地方来。于是村镇就变成小城市，而小城市又就变成大城市。""工业的迅速发展产生了对人手的需要；工资提高了，因此，工人成群结队地从农业地区涌入城市。"可以说工业化直接促成了城市化的快速发展，促成了农村人口向城市的集中和聚集，城市化就这样在工业化的推动下成为历史的必然趋势，成为一个有规律的发展过程。

其次，马克思指出，大工业在农业领域内所起的最革命的作用，是消灭旧社会的堡垒——'农民'，并代之以雇佣工人。机器大工业在城市的发展，提高了城市对农村人口的吸引力，也使农村劳动力流向城市。两种力量的共同作用，促使农村大批劳动力向城市的转移，这个转移既是人口数量的迁移，也是农村资源、资金等的流动。而城市化理论揭示，人口的城市化是农村城市化的关键标志。

第二，农民市民化是已经实现现代化国家的成功经验。从发达国家非农化和城市化的发展轨迹来看，非农化和城市化的发展是高度一致的。这表明，随着一国工业化及在此基础上的非农化发展，农村人口也随之向城市和非农产业转移，两者是同步平衡推进的。在英国，工业革命前的 18 世纪 60 年代，英国的农业人口仍占总人口的 80% 以上，而到工业革命后的 19 世纪中叶，英国的农业人口急剧下降到总人口的 25%。1870 年之前，美国是一个以农业为主的国家，3/4 的人口生活在农村。1870 年以后，英国移民大量转移到美国，使美国开始了以电力、钢铁等先导产业为主的工业革命，进一步吸引了农村劳动力向城市的流动，使城市化的步伐不断加快。19 世纪末期在美国出现了大规模的农村人口向城市的转移流动。

与英美等工业化国家相比，我国农村劳动力大规模转移的起步时间却明显滞后于工业化，走了一条农民城市化与工业化、非农化脱节不同步的道路。到2013年，城市化率仅为40.5%。虽然2014年官方统计的中国城市化率已经达到41.76%，但官方统计的城市化率中不仅包括具有城市户籍的常住居民，而且也包括9000万（实际比这个数目要高，因为并未将农民工家属计算在内）左右没有城市户口但到城市工作6个月以上的农村人口，还有大量土地被征用但户籍没有转换的失地农民，以及相当部分由于统计口径偏差，实为农业但被计入城镇人口的农民。这表明，以户籍制度、城乡差别劳动就业和福利保障制度为主要内容的城乡隔离制度，使得已经离乡、离土、进城的农民工，却无法成为城市的真正居民，无法摆脱农民的身份。从而造成工业化、非农化与城市化相分离，农民的职业转移与身份转移相分离，直接阻滞了城市化进程，进而影响了现代化目标的实现。如果农民工可以顺利实现市民化，近2亿农民工再加上他们的家属可以实现至少3亿农村人口进城，这样城市化率就可以由现在的41.67%提高到55%以上，而且这仅仅是从静态上来看，从动态上看这个数目还会不断提高，因为农村人口向城市和非农产业转移仍在继续。显然，这无论是对于增加农民收入还是增加城市消费水平都是十分有利的。

第三，农民工市民化是整合社会，促进社会和谐的必然要求。社会和谐是中国特色社会主义的本质属性，构建民主法制、公平正义、诚信友爱、充满活力、安定有序、人与自然和谐相处的社会主义和谐社会，是社会主义的本质要求，体现了广大人民的共同愿望。社会主义和谐社会不仅是一个人与自然和谐相处的社会，更是一个人与人和谐相处的社会。然而由于多种因素，造成中国社会特殊群体问题——农民工问题严重化。

农民工就业的非正规性产生了一系列问题。我国农民进城就业主要靠亲友、老乡介绍或自找门路，有组织或通过劳务市场介绍务工的比例较低。无组织的劳务输出，使得农民进城后，很难得到有效的就业信息、职业指导和职业介绍服务，流动就业盲目性很大。在这种非正规就业下，作为临时工的农民工，与单位正式职工处于两种完全不同的就业和工资体系。除了工资以外，他们几乎不能享受任何福利保障，与雇主之间的劳动契约十分松散。因此，常常发生雇佣纠纷，雇主拒付工资的现象频繁发生，同时，农民经济收入往往是脱离税务管理的，就业十分不稳定，成为城市里更换工作最频繁的群体。

农民工劳动权益得不到保障，利益受损情况严重。农民工工资长期偏低，近年来，各地经济飞速发展，但农民工的工资却一直"原地踏步"。大多数农民工的工资水平与 10 年前没有多少差别。工时长、劳动环境恶劣、职业病、工伤事故多有发生，威胁农民工身心健康、人身安全。据《中国农民工调研报告》，在被调查的农民工中，每天工作时间 8 小时以内的仅占 13.70%，8 至 9 小时之间的达到 40.30%，9 至 10 小时之间和 10 小时以上的分别占 23.48% 和 22.50%。

农民工群体利益诉求渠道不畅，他们基本被排除在城市管理之外，社会政治权利未能得到切实的保障，还没有农民工表达和实现自己利益要求以及维护自己权利的有效机制。农民工权益遭到较为普遍的侵害、并且容易遭受侵害，其重要原因在于：农民工是分散的，较少有自己的组织作为载体和后盾，无法通过组织化的方式来维护自身权益，又缺乏其他诉求渠道和手段，因而，在与企业和雇主的交涉和较量中，无论农民工个体还是群体，都势必处于一种显而易见的弱势境地。单个劳动者是无法与企业建立平等的劳动关系，也不可能凭借个人的力量来实现和保护自己的权益。

农民工子女教育及健康成长问题严重。全国第五次人口普查结果显示，我国流动人口超过 1.2 亿，随父母进城的农民工子女则有近 2000 万。他们当中失学率高达 9.3%，近 100 万名适龄儿童不能及时入学。调查除显示流动儿童的失学率仍然较高外，流动儿童不能适龄入学表现也尤为突出。6 周岁儿童中有 46.9% 没有接受入学教育，近 20% 的 9 周岁的孩子还只上一、二年级，13 周岁和 14 周岁还在小学就读的人占相应年龄流动儿童的 31% 和 10%。另一方面，农民进城后，在农村还留下了数量庞大的"留守儿童"。据不完整统计，不能与父母同行的农村儿童比例高达 56.17%。由于隔代监护或亲友临时监护造成家庭教育缺位，这些儿童的心理容易出现危机，学习成绩不如正常家庭的儿童，导致性格冷漠、自卑、孤独和自我封闭，甚至出现道德滑坡和行为失范。

这些问题是社会不公平不公正的体现，而且违背了市场经济所倡导的自由平等原则，造成城市经济领域的不和谐，制约了社会主义市场经济的健康发展。以科学发展观为指导，坚持以人为本原则，着力解决农民工问题，促进农民工市民化，有利于社会的良性运行和可持续发展，有利于构建社会主义和谐社会。

第四，农民工市民化是我国宏观经济持续稳定增长的重要保证。实现宏观经济的稳定增长是政府运用经济政策对经济进行干预的最主要目标。就我国而言，宏观经济稳定增长主要有两方面的表现：一是经济增长速度保持在较高水平，比如 8% 左右；二是物价水平比较稳定，波动幅度较小。进城农民工市民化对实现宏观经济稳定增长的作用主要有：

农民工市民化可以为城市二、三产业发展提供充裕的劳动力。近来长江三角洲和珠江三角洲不同程度地出现了"民工荒"，究其原因就是进城农民工的劳动权益没有像城市职工那样得到尊重和维护，工资水平长期偏低所导致的。由于农民工短缺：很多企业无法正常开工，不同程度地影响了生产。可以毫不夸张地说，没有农民工的劳动生产就没有沿海发达地区和大城市今天的发展局面。如果农民工权益得不到尊重和维护，尤其是这一状况得不到根本改善，再度出现"民工荒"的可能是非常大的。所以，不要简单地说我国的劳动力是过剩的、廉价的，甚至因此对农爱工劳动权益的受损熟视无睹。

农民工市民化可以增加城市消费水平，扩大内需。在 21 世纪初的几年，我国经历了一个较长时期的经济衰退，工业品在城市滞销，表现出典型的结构过剩，其主要原因在于城市需求水平不足。以往我们在考察城市消费水平时仅以现有城市居民的消费水平为准，往往忽略了农民工的消费水平，或者说没有充分挖掘农民工群体的消费潜力。农民工中 90% 在 40 岁以下，作为城市劳动力中年轻的群体，农民工不仅是生产主体而且是消费、储蓄主体。如果农民工消费能从农村消费转型为城市消费，那么他们的人均消费水平将有很大的提高。此外，其对住房、医疗以及对城市基础设施的需求，都将构成扩大内需的强大动力。

实现农民工市民化是转变农业经济增长方式的关键。由于大量农村人口向城市转移主要表现为一种兼业型转移，农地经营规模长期保持着小规模经营状态，在农民人力资本十分有限的情况下，农业劳动生产率长期低下。目前，我国土地生产率已与发达国家相差不大，甚至比有些国家还高，但劳动生产率是所有国家最低的。我国谷物单产与发达国家中农业大国的单产相近或更高，即土地生产率较高或者与发达国家相比差距不大，而我国整体上农业劳动生产率却很低。例如，我国生产一吨稻米所投入的劳动为 58 个工作日，劳动力的价值占每吨稻米价值的 31%，也就是说在稻米生产中每个工作日的价值为 9 元人民币。而在美国的稻米生产中，每个工作日的价值为 50 美元。

第十一章　农民工市民化制度演进

　　自 1978 年中国改革开放，不久中国农村实行家庭联产承包责任制，伴随改革中国农民拥有了有限的身份自由——可以进城务工经商。当农民被固守在土地上长达 30 年之久终于获得有限的身份自由后，中国农民开始离开广阔的田间在乡镇或在城市从事非农产业，农民从事非农产业，也就开始了其市民化的进程。农村人口的流动是农民市民化的起点，农民向城市非农产业流动开始了农民非农化、市民化的过程，中国农民向城市流动的过程，也是农民工市民化制度演进的过程。农民工市民化制度是一蔟制度，农民工市民化制度演进是多项制度共进的过程，其中促使农民从农业领域退出以及农民工职业稳定的农村劳动力转移制度、户籍制度、土地制度、社会保障制度等，是农民工市民化制度中重要的、基础性制度。有关农民工市民化的社会保障制度、教育培训制度及其演进本文在第四章有一定的阐释，作者在此不再作述。这里仅对有关农民工市民化较为密切的农村劳动力转移制度、户籍制度、土地制度的演进作较为详尽的阐述。

第一节　农村剩余劳动力转移制度的演进

　　没有农民的职业转变，就没有农民的市民化，农民职业转变是农民市民化的前提。农民工群体是改革开放后出现的，是农民职业转变的体现。

　　改革开放至今，随着农村剩余劳动力问题日益凸显，党和政府为寻找农村剩余劳动力转移的有效途径进行了不懈的探索。从倡导农业生产的多样化经营来吸纳农村剩余劳动力，到鼓励发展乡镇企业、实现农村剩余劳动力"离土不离乡"的就地转移，再到允许农民"就近进城"，最后致力于城乡一体化，基本实现劳动力全国范围内的自由流动等等，构成了改革开放后中国农村剩余劳动力转移制度的历史演进脉络。农村剩余劳动力转移制度的演进，实质上是有关农民职业转变及农民工职业稳定的制度演进。

改革开放后我国农村剩余劳动力转移政策以党的十六大为界，分为二元经济社会制度架构内的制度安排和城乡统筹思路上的制度安排前后两个时期。如果根据党和国家关于农村剩余劳动力转移战略和政策的侧重点不同，改革开放后我国农村剩余劳动力转移制度演进可以细化为四个发展阶段：

第一，改革开放之初对于农村剩余劳动力向哪里转，党和政府进行了初步探索。从1978年到1983年，党和政府采取了限制农村剩余劳动力进入城镇就业的异地转移政策，同时又通过倡导农业生产的多样化经营，实行农村剩余劳动力从农业种植业（小农业）逐步转移到农、林、牧、副、渔业（大农业）的农业内部的分流转移政策，这是改革开放后我国农村剩余劳动力转移制度的第一个发展阶段。

与改革同行，改革开放之初，党和政府对农村剩余劳动力转移问题的认识及其政策上的调整都处于初始阶段。1979年，中央工作会议提出"目前全国全民所有制单位在计划外使用的农村劳动力有五百万人，要做好细致的工作，把这部分人动员回农村，改变大批农村劳动力进城，而城镇又有大量人员待业的不合理现象，今后不经过国家劳动总局批准，不准从农民中招工。"1981年10月，中共中央、国务院《关于广开门路，搞活经济，解决城镇就业问题的若干决定》也曾明确规定"严格控制农村劳动力流入城镇。对农村多余劳动力，要通过发展多种经营和兴办社队企业，就地适当安置，不使其涌入城镇。根据目前我国的经济情况，对于农村人口、劳动力迁进城镇，应当按照政策从严掌握。"所以从总体上，改革开放之初党和政府采取限制农村剩余劳动力进入城镇就业的异地转移政策，这一制度安排虽然导致当时农村剩余劳动力转移的空间狭小，但却符合制度安排循序渐进的要求。

在采取限制农村剩余劳动力进入城镇就业的同时，党和政府鼓励发展农业生产的多样化经营，虽当时的初衷仍在于加强农业自身的发展与完善，然而不自觉的迈出了农村剩余劳动力转移制度的历史性第一步。1978年党的十一届三中全会提出，农林牧副渔并举和"以粮食为纲，全面发展，因地制宜，适当集中"的方针，1981年我国又确立了"决不放松粮食生产，积极开展多种经营，'的方针，这些政策的意味着我国开始允许农村剩余劳动力在大农业内部一定程度地分流。1981年，《全国农村工作会议纪要》明确指出："只有建立起一个多种经营综合发展的合理的生产结构，实行合理的社会分工，才能吸收农村巨大劳动力为社会创造财富，否则，将大量劳动力缩集在十几亿亩土地的种植业上，必将是劳动生产率下降和农村经济萎缩。只有在多种经营的基础上发展社会分工，才有利于动员农村的人力资源。"

这里党和政府第一次明确提出以动员农村人力资源为目的，来支持和引导农民多样化生产经营的政策，这一制度安排不仅使农业实现由单一粮食种植业向牧副渔林业等多种经营转变，而且也为农村剩余劳动力在农业内部（小农业向大农业）实现分流转移提供政策上的保证。农村剩余劳动力在农业内部的分流是其由农业向农业以外的其他产业流动转移的准备和前奏。

第二，如果说 1984 年以前，党和政府对农村剩余劳动力转移制度安排的重点是在农业内部实现剩余劳动力的分流，那么从 1984 年到 1991 年，党和政府对农村剩余劳动力转移制度安排的重点放在发展乡镇企业上，实行农村剩余劳动力"离土不离乡"的、农村内部的一二产业之间的转移政策，这是改革开放后我国农村劳动力转移制度的第二个发展阶段。

改革促进了农业生产力的发展，而农业生产力的发展却使农业对劳动力的相对需求量和绝对需求量均呈下降趋势，从而使农村剩余劳动力呈增长趋势，以致农村剩余劳动力问题日益突出。如何开辟农村剩余劳动力转移的新道路成为当时党和政府制度设计的一个着眼点。于是当农村出现乡镇企业时，国家就认识到乡镇企业发展对转移农村剩余劳动力的重要作用，并给予高度评价，在政策上加以扶植。邓小平曾指出："我们真正的变化还是在农村，有些变化出乎我们的预料。农村实行承包责任制后，剩下的劳动力怎么办，我们原来没有想到很好的出路。长期以来，我们百分之七十至八十的农村劳动力被束缚在土地上，农村每人平均只有一两亩土地，多数人连温饱都谈不上。一搞改革和开放，一搞承包责任制，经营农业的人就减少了。剩下的人怎么办？十年的经验证明，只要调动基层和农民的积极性，发展多种经营，发展新型的乡镇企业，这个问题就能解决。乡镇企业容纳了百分之五十的农村剩余劳动力。"国务院批转农业部《关于促进乡镇企业持续健康发展对增加就业方面的积极作用》也曾指出乡镇企业的蓬勃发展，对于解决农村富余劳动力就业具有重要意义。1984 年，中央相继颁布了《一九八四年农村工业的通知》和《转发农牧渔业部〈关于开创社队企业新局面的报告〉的通知》，文件中提出要用热情支持、积极引导乡镇企业发展。

在国家政策的扶植下，乡镇企业迅猛发展，从 1984 年至 1988 年，乡镇企业年均递增 69.6%，就业人数年均递增 24.2%。乡镇企业的迅速发展，改变了农村就业格局。大批农民放下锄头铁锹，从田地走向车间、走向工厂，成为当时解决中国农村剩余劳动力问题的成功实践。"离土不离乡"的在农村内部转移农村剩余劳动力的制度安排在 20 世纪 80 年代后期和 90 年代初发挥重要作用，是当时农村剩余劳动力转移的有效途径。这种就地转移的制度安排使农村剩余劳动力转移的空间范围小、方式简单，从劳动者个人角度看，大大降低了农业劳动者转移到非农产业的机会成本和风险性。同时这一阶段的农村剩余劳动力转移制度可以促进农村各种要素的重新配置，提高了劳动力素质，为农村剩余劳动力进一步的深层次转移提供可能。

从 1984 年到 1991 年，这一阶段我国对农村剩余劳动力转移制度安排是在二元经济社会制度架构内作出的调整，党和政府还只是致力于农村剩余劳动力就业渠道由农村第一产业向农村第二产业的转移，并没有考虑农民身份转变的问题，所以这一阶段农村剩余劳动力转移制度具有明显的过渡性特点，在当时历史条件下，这一制度安排避开了制约农村剩余劳动力非农化的深层制度障碍，又在一定程度上实现了农村剩余劳动力的转移。

第三，从 2002 年到 2012 年，党和政府继续鼓励农村剩余劳动力依托乡镇企业实现就地转移的同时，在一定程度上放松了农村剩余劳动力异地转移的严格限制，党和政府通过加快小城镇建设步伐来促进农村剩余劳动力向小城镇转移，这是改革开放后农村剩余劳动力转移制度的第三个发展阶段。

中共十四大后，随着社会主义市场经济体制的构建以及社会主义市场经济的初步发展，中国城市化进程加快，其中一个重要体现是小城镇的快速发展，这为党和政府解决农村剩余劳动力问题提供新视点。《中共中央关于加强农村基层组织建设的通知》中指出"要有计划地组织农村劳动力，……建设小城镇。"党的十五届三中全会提出："大力发展乡镇企业，多渠道转移农业富余劳动力。立足农村，向生产的深度和广度进军，发展二、三产业，建设小城镇。"《中共中央、国务院关于促进小城镇健康发展的若干意见》全面阐述了小城镇对农村剩余劳动力转移的重要作用："发展小城镇，可以加快农业富余劳动力的转移，是提高农业劳动生产率和综合经济效益的重要途径，可以促进乡镇企业适当集中和结构调整，带动农村第三产业特别是服务业的迅速发展，为农民创造更多的就业岗位。"小城镇作为连接农村和城市的纽带，对打破二元经济社会格局，实现城乡一体化发展显现出重要的作用，使城乡发展出现融合的趋势。农村剩余劳动力转移包括其职业和身份的转变，还有观念、生活习惯的城市适应性等问题，小城镇对从农村内部转移出去的剩余劳动力融入城市是一个缓和的过程。虽然这一阶段党和政府所提倡的农业剩余劳动力转移政策还不是向城市而是向小城镇转移，还只是从原来的"就地转移"向"就近进城"的过渡，但这一政策为农村剩余劳动力向中国城市转移迈出了关键性的一步。实践证明，小城镇作为联系城市和农村的纽带，对转移农村剩余劳动力至关重要，成为当时以及今后吸纳农村剩余劳动力的主要载体。这一阶段我国农村剩余劳动力转移制度为实现农村剩余劳动力职业和身份的双重转变起了铺垫作用。

党和国家在强调发展小城镇建设的过程中，也逐步改革适应社会主义市场经济体制要求的户籍制度，国务院批转下发了《公安部小城镇户籍管理制度改革方案和关于完善农村户籍管理制度意见的通知》，为符合一定条件的农村人口在小城镇办理常住户口，吸引农村富余劳动力就近有序转移。《中共中央关于促进小城镇健康发展的若干意见》提出"凡是在县级市市区、县人民政府驻地镇及县以下小城镇有合法固定住所、稳定职业或生活来源的农民，均可以根据本人意愿转为城镇户口，并在子女入学、参军、就业等方面享受与城镇居民同等待遇，不得实行歧视性政策。"城镇户籍制度的松动与改革，开启了我国农村剩余劳动力转移过程中从农民到市民身份转变的通道，揭开了农村剩余劳动力职业转变和身份转变联动的序幕。

同时，这一时期党和政府依然支持发展乡镇企业，加强对乡镇企业的管理，注重乡镇企业发展能力的培养，明确规定"乡镇企业的主要任务是，根据市场需要发展商品生产，提供社会服务，增加社会有效供给，吸收农村剩余劳动力，提高农民收入，支援农业，推进农业和农村现代化，促进国民经济和社会事业发展。"

此外，这一时期大量的农民工涌入城市，一方面反映了党和政府对农村剩余劳动力向城市转移制度的犹豫，另一方面体现了党和政府对内生性农村剩余劳动力转移的默认，反映出党和政府关于农村剩余劳动力向城市转移政策的有限性许可。

总之，从2002年到2012年，我国农村剩余劳动力转移制度依然在二元经济社会制度架构内进行调整，但却体现出政策的多维性特点：在这一阶段，党和政府既持续了依托乡镇企业实现农村剩余劳动力"就地转移"的制度安排，又积极推行以小城镇为载体实现农村剩余劳动力的"异地转移"制度安排，同时还有限地许可了农村剩余劳动力向城市转移的制度安排。

第四，站在中国改革和现代化建设新的历史起点，党和政府以农村剩余劳动力职业和身份的双重转变为目标进行制度设计，这是改革开放后我国农村劳动力转移制度的第四个发展阶段。

"在未来二三十年里我国将经历一个继市场经济转型以后的又一个重大的社会经济转型，即工业化和城市化的转型。"这种变化会从根本上改变过去的城乡二元结构，使中国进入一个以城市人口为主的国家。在这一转型过程中，我国农村剩余劳动力逐步融入城市将成为历史的选择。所以，农村剩余劳动力融入城市是党和政府制定农村剩余劳动力转移制度的最终归宿。

党的十六大以来党和政府一直致力于实现城乡统筹，建立全国统一的劳动力市场，促使农村剩余劳动力向城市转移。党的十六届三中全会通过的《中共中央关于完善社会主义市场经济体制若干问题的决定》，第一次明确使用了"劳动力市场"这一概念，这是国家解决农村剩余劳动力的新思路。同时，党和政府加速户籍制度改革，如：在一些省份取消城市和农业户口、居民权利不平等的状况，开始解除农村剩余劳动力向城市转移的深层制度约束，促进进城农民工融入城市并向市民身份转变。与此同时，国家也颁布了保证劳动力顺利转移的相关政策，2003年1月政府颁布了《做好农民进城务工就业管理与服务工作的通知》，该《通知》提出了六项解决推动农民进城务工管理与服务工作的措施。中共中央一号文件重申了全面建设小康社会的重点与难点是为农民及农民工建立较为健全的社会保障制度，保证农村剩余劳动力转移的彻底性和稳定性。可以见得，十六大以来党和政府不仅致力于加速农村剩余劳动力的职业转变，而且更加关注了农民身份的转变，实现农村剩余劳动力融入城市。

总之，十六大以来党和政府对农村剩余劳动力转移制度设计旨在突破二元经济社会制度，以城乡统筹的思路对农村剩余劳动力转移制度作出不同于前几个发展阶段的新的、根本性的调整。

改革开放后党和政府对农村剩余劳动力转移制度设计的总思路是正确的，但具体的制度安排仍存在着一些不足，例如，在制定政策时，没有充分考虑到地区差异性对政策需求不同；没有建立健全有效的政策监督机制以保证政策目标的充分实现；也没有注意政策的可操作性等问题。从长远来看，农村剩余劳动力的非农化、市民化是政策的必然选择。但是，中国国情决定了大量农村剩余劳动力融入城市绝非一件易事，要实现农村剩余劳动力的根本性转移（农村剩余劳动力职业和身份的双重转移以及生活方式、思想观念的市民化），党和政府还需走一段艰难的路程。为此，党和政府在对新时期农村剩余劳动力转移制度进行设计时要特别注意非农化、市民化中的农民（工）的利益要求、市场经济和现代化发展规律的要求，等等。

第二节　农民工身份转变制度的演进

只有农民职业的非农化还不足以实现农民市民化，对于中国这样的二元经济社会结构突出的国家，实现与户籍制度相联系的农民工身份的转变，是实现农民工市民化的关键。改革开放以来，随着我国经济体制改革的深入，二元户籍制度的弊端逐渐暴露出来。为此国家对原有户籍制度作出了一系列调整，使户籍制度改革经历了从二元经济社会制度框架内的局部调整到对二元框架的有限突破，再到致力于建立城乡一体化户籍制度三个历史时期，从而构成了改革开放后中国户籍制度的历史演进脉络。

户籍制度是"政府职能部门对所辖民户的基本状况进行登记（包括常住人口登记、暂住人口登记、出生登记、死亡登记、迁移登记、变更更正登记等）并进行相关管理的一项国家行政管理制度，其目的在维护社会治安和提供人口统计资料。"在我国，以1958年《中华人民共和国户口登记条例》为核心、以定量商品粮油供给制度等辅助制度为补充的传统户籍制度带有明显的城乡二元性。尽管在当时的历史条件下，它的实施曾对我国度过工业化起步的艰难阶段发挥了巨大历史作用。但改革开放后，随着市场取向改革及社会主义市场经济的建立与发展，这一制度的弊端逐渐暴露出来，成为我国现代化进程的制度性障碍。为此，我国对户籍制度作出了一系列调整和新的制度安排。改革开放后我国户籍制度改革以党的十四大和十六大为界，经历了二元经济社会制度框架内的调整、对二元经济社会制度的有限突破和致力于构建城乡一体化户籍制度三个阶段：

第一，城乡二元户籍制度的解冻。党的十一届三中全会后，家庭联产承包经责任制的实行极大的调动了农民的劳动积极性、使农村劳动效率得到极大提高，但随之而来的是农村劳动力过剩问题日益凸显。过剩的农村劳动力由不发达地区向发达地区、由农村向城镇流动是必然趋势，这一时期国家对农民进城务工、经商的政策放宽，也推动了农村人口的城镇化流向。特别是20世纪80年代中后期，大量农村剩余劳动力不断涌向城镇，产生了"民工潮"现象。农村人口涌入城市以及"民工潮"的出现对原有二元户籍制度造成了巨大冲击。为此，改革开放后，国家对原有二元户籍制度作出了调整，制定了一系列相关政策。一系列政策的出台，标志着我国城乡二元户籍制度解冻的开始。

首先，人口迁移政策在二元经济社会制度框架内的松动。20世纪80年代蓬勃发展的乡镇企业对劳动力需求的快速增长以及城市"铁饭碗"式的就业体制的打破，都给农村剩余劳动力向城镇的大规模转移提供了契机。但农村人口的流动却造成了大量的人户分离现象。有鉴于此，国务院于1984年发出了《关于农民进入集镇落户问题的通知》，《通知》中规定凡申请到集镇务工、经商、办服务业的农民和家属，在集镇有固定住所，有经营能力，或在乡镇企事业单位长期务工的，公安部门应准予落常住户口，及时办理入户手续，发给《自理口粮户口簿》，统计为非农业人口。"《通知》是我国户籍制度改革的第一个规范性的文件。它的出台打破了我国人口迁移政策的坚冰，标志着我国森严的户籍壁垒开始松动，我国的户籍制度改革从此吹起了号角。

其次，改革户口管理制度，实行户口登记制度。随着我国经济体制的转变，人才流动、人口流动速度日益加快，规模也越来越大。传统的以户籍为基础的静态人口管理已难以适应大规模人口流动的需要。为此，1985年9月6日全国人大常委会审议通过了公安部制订的《中华人民共和国居民身份证条例》，该条例第十四条规定："公民在办理涉及政治、经济、社会生活等权益的事务时，可以出示居民身份证，证明其身份。"身份证制度的施行不仅突破了一户一证不利于单一人口流动的局限性，也使得我国户籍管理工作由单独的户口管理向人户结合的管理模式转变，这就为未来我国向人口的证件化管理打下了基础。同时，为了解决外来人口增多所带来的城市治安管理问题，1985年7月公安部又颁布了《关于城镇暂住人口管理的暂行规定》，决定对流动人口实行《暂住证》、《寄住证》制度。这一政策的实行不仅承认了人口流动的合法性，同时也赋予了流动人口在城镇居留的权利，这是对《中华人民共和国户口登记》中关于超过三个月以上的暂住人口要办理迁移手续或动员其返回常住地的条款根本性改变。

再次，弱化原有户籍制度中的附加功能。二元户籍制度是通过与粮油供应制度、就业制度和社会福利保障制度等诸多辅助制度紧密结合来实现其控制资源流动功能的，户籍制度解冻过程中，国家对与户籍制度紧密相连的辅助性制度也作了相应调整。主要表现在：在粮油供应方面，国家对粮食实行购销体制改革，到

1992年粮食基本实现购销同价，同时国家也对棉花、食用油等重要副食品进行购销体制改革，使粮棉油等关系国计民生的商品开始全面进入市场调节的轨道；在就业制度方面，国有企、事业单位普遍进行了打破"大锅饭""铁饭碗"的改革，动摇了将职工的生老病死集于一身的"企业办社会"的单位福利制度。从1980年开始，国家给企业以自主用人权，逐步实现劳动力和企业的双向自主选择；在社会福利保障制度方面，从20世纪70年代末开始，国家将公费医疗制度逐步改革为由国家、用人单位和职工三方合理负担医疗保险费，从而改变了过去国家对城市职工的社会福利的大包大揽状态，在农村也逐步推行社会养老体制的新的探索。以上辅助性制度的调整与改革，逐步弱化了旧有户籍制度的各种附加功能，从而有力地推动了户籍制度改革的进程。

总之，从1978年到1991年的十余年间，党和国家对二元户籍制度政策进行了诸多调整与变革。这些政策的实施有力地松动了冻结已久的城乡二元户籍制度，使人才和人口在一定范围内流动起来，从而促进了城乡经济的快速发展。但总的来看，这一时期的户籍制度改革仍未能突破传统计划经济体制的束缚，仍然是在二元框架内所作的局部调整，所采取的措施有些是针对特定人群、特定对象的，有些是在特定地区实施的，均具有很大的局限性。同时，在户籍制度改革的实践过程中，由于经验不足，也出现了许多问题和一定程度的混乱，例如：由于人户分离问题未能从根本上得到解决，导致一系列诸如社会治安、计划生育等问题的衍生；各地在实施"农转非"过程中以收取城镇增容费等项目为借口，变相出卖户口，从而导致公开买卖户口现象的出现等等。这些都是与社会主义市场经济的发展要求相背离的。随着市场经济的发育和建立，户籍制度的进一步改革势在必行。

第二，城乡二元户籍制度的有限突破。1992年十四大的召开确立了社会主义市场经济体制改革的目标，随着我国市场经济体制的逐步完善，户籍制度的改革迫切需要深入以满足市场经济发展的需要，因此，我国加大了户籍制度改革的力度，中国二元户籍制度框架开始实现有限突破。

首先，全面放开对小城镇户口的迁移限制。1992年8月公安部发出通知决定在小城镇、经济特区、经济开发区、高新技术产业开发区实行当地有效城镇户口制度。1997年6月国务院批准了公安部《小城镇户籍管理制度改革试点方案》，并在试点的基础上于2001年3月批准了《关于推进小城镇户籍管理制度改革意见》，《意见》提出了改革小城镇的户籍管理制度。从当年起，凡在县级市区、县人民政府驻地镇及县以下小城镇有合法固定住所、稳定职业或生活来源的农民，均可根据本人意愿转为城镇户口，并在子女入学、参军、就业等方面享受与城镇居民同等待遇。对在小城镇落户的农民，各地区、各部门不得收取城镇增容费或其他类似费用。在这一政策的推动下，各地对小城镇户籍的开放速度也相应加快。截至目前，绝大多数小城镇的户籍已基本上对农民开放了。这一政策的出台也为接下来打破中等城市的户籍迁移限制寻找到了突破口。

其次，继续推进和完善户口登记制度改革。1994年以后，国家取消了户口按照商品粮为标准划分农业户口和非农业户口的"二元结构"划分法。以居住地和职业划分为农业和非农业人口，建立以常住户口、暂住户口、寄住户口三种管理形式为基础的登记制度。改革的总体思路是逐步实现户籍的证件化管理。1996年7月1日，新常住人口登记表和居民户口簿正式启用。新的户口簿将"户别"的填写重新规范为"家庭户"和"集体户"，取消了"农业"和"非农业"两个户口类型，使户口登记能够如实地反映公民的居住和身份状况。为接下来逐步实现以地域划分城镇人口和农村人口、以职业划分农业人口和非农业人口做了必要的准备。

再次，进一步加大对户籍制度附加功能的改革力度。户籍制度改革的价值取向是实现城乡居民利益均等化，剥离户籍制度的附加功能是实现城乡居民利益均等化的有效途径。这一时期，国家对户籍制度的附加功能改革也实现了若干突破，主要表现为：其一，在粮油方面，国家于2001年正式取消《市镇居民粮食供应转移证明》，全国范围内迁移或者农转非的居民不用再办理"粮油关系"，这一条例的颁布终结了延续近40年的"户粮挂钩"政策，为户口迁移制度改革排除了一个重大制度性障碍；其二，在就业方面，20世纪90年代国家开始全面推行劳动合同制，并规定农民工与所在企业的其他职工享有同等权利。这一时期统一的劳动力市场也在构建，劳动部部署"城乡协调就业计划"后，开始对劳动力的流动与就业进行凭证管理。其三，在社会福利方面，1997年，国务院批准卫生部等《关于发展和完善农村合作医疗若干意见》，指出在坚持民办公助、自愿量力、因地制宜的原则下走互助共济的合作医疗道路。以上改革措施逐步取消了与户籍制度紧密相连的城市居民"特殊福利"，使城乡居民利益呈现出均等化趋向，从而孕育着城乡统一户籍制度的诞生。

总之，过去的十年是我国户籍制度突破二元经济社会制度结构、围绕市场经济体制进行渐进式改革的十年。在这十年间，国家把小城镇户口改革作为户籍制度改革的突破口，从逐步到全面渐次放开小城镇户口迁移的限制。不可否认，这仍然与我们建立城乡一体化户籍制度的最终目标还有很大差距，但这种道路的选择是有其原因与依据的——由于我国的城乡二元化经济结构导致我国的农村和城市间无论在经济、文化、教育等诸多方面发展水平相去甚远，为了保证社会的稳定发展、改革的有序进行，把小城镇作为我国户籍改革的过渡地带，是我国的不二选择。而我国积极鼓励全面开放小城镇落户政策，打破行政分割造成的相互封闭的城乡关系，要实现的不仅仅是让农民进城，其实质性目标是要造就农民可以在城里生存的基础——城乡户口的权益均等化。唯有如此，人口资源、人才资源才能够在城镇之间自由流动，也唯有如此，才能构建劳动力根据市场的调节、在法制的规范下自由流动的人力资本流动局面，从而最终达到"国家依法规范，社会经济调节，个人自主选择"的人才自由高效迁徙的局面。

第三，城乡一体化户籍制度的构建。会主义市场经济体制逐步完善的基础上，迫切需要完善"健全统一、开放、竞争、有序的现代市场体系。"现代市场体系要求消除"市民"与"农民"之间的身份差别，实现公民平等权益。这继续户籍制度继续深化改革。十六大以来党明确提出统筹城乡发展的战略思路，这为户籍制度改革提供了新的努力方向，建立城乡一体化户籍制度是这一时期我国各地方户籍制度改革的基本方向。

首先，以一些大城市为试点，建立城乡统一的户口登记管理制度。由于各省市经济发展状况不同，特别是城市综合发展水平存在较大差异，因此，国家在坚持中央基本政策统一的前提下，给予地方充分的户籍改革自主权，并且采取了"分类指导，兼顾不同"的指导原则。但从总体来看，以综合发展水平较高的一些大城市作为建立城乡统一户口管理制度的试点，总结经验教训并逐步向其他省市推进，这是党的十六大以来我国户籍制度改革的特点所在。

郑州市尝试取消了"农业户口""暂住户口""小城镇户口""非农业户口"，实行"一元制"户口管理模式。将各县（市）、区居民户口统称为"郑州居民户口"，并在全市开始实行人口自由迁徙制度。但遗憾的是由于城市教育、交通、卫生等方面的承载力远远落后于人口迁入的速度的需要，迫使刚刚起步的"一元制"户籍管理制度改革的尝试最终陷于停滞。郑州的这次户籍改革虽然没有成功，但毕竟在大城市的户籍改革方面迈出了可喜的第一步。南京市政府也以建立城乡统一的户口登记制度为目标在全市范围内取消农业户口、非农业户口，按照人口实际居住地登记户口，统称为"居民户口"，并在实践中取得了一定的成功。截止到目前，全国已有 12 个省市、自治区取消了二元户口的划分，在其省市区内统称为居民户口。

其次，从具体改革实践上来看，为克服城市建设的发展水平不同和管理成本的大小不一，各地采取了以固定的住处和稳定的收入为基本条件，根据各城市的具体情况设置"准入门槛"，以避免出现一哄而上、管理失衡的现象。"准入门槛"可以说是目前户籍制度改革实践中的一个制度创新。"它是由行政管制过渡到经济限制的一个制度路径，以经济和技术的后天条件革除了强加于人的身份上的先天不平等。"但有些地方为保护城市，而将"准入门槛"设置得很高，影响了人口的自由流动，因此，在循序渐进的基础上要加大户籍制度改革力度。

从价值取向上来看，户籍制度变革不仅是对公民基本权利即居住和迁徙自由、择业自由的重新肯定，而且是促进人口合理流动，建立全国城乡统一的劳动力市场的必然要求，因此深化户籍制度改革，是民意所向大势所趋。当前，建立城乡统一的户口登记制度的工作正在全国积极稳步地进行，小城镇户籍制度改革已经全面推开。大中城市的户籍制度改革也相继采取了大的动作，有了一些实质性的突破，并由此推动了城市就业、就学、社会保障等诸多方面的改革。

1978 年至 2014 年的 30 多年，中国户籍制度改革经历了二元经济社会制度内的局部调整——对二元经济社会制度的有限突破——致力于构建城乡一体化的人口登记管理制度"的历史演进脉络，这条道路的选择不仅适应了改革开放和社会主义市场经济发展的要求，而且也逐步实现了公民的平等权益，因此取得了一定成就。但由于计划经济体制下形成的户籍制度承载了太多的附加利益，每一步改革都可谓牵一发而动全身，尤其是目前我国的户籍制度改革已经进入了关键阶段，因此改革更要从实际出发，循序渐进，注重制度建设和创新。要继续深化户籍制度改革我们还应注意以下几个问题：其一，恢复户籍的本有功能，逐步取消户籍附加功能的制度安排。其二，继续深化户籍制度的配套改革。其三，建立全匡统一的、平等的新型人口登记管理制度。

第三节　农村土地制度的演进

农民工市民化制度是由若干制度构成的制度体系，除农村劳动力转移、户籍等制度与农民工市民化紧密联系，农村土地制度与农民工市民化联系也较为紧密。土地制度是社会经济制度的重要组成部分。农村土地制度是农村一项基本制度，是农村社会经济制度的基础，它是党和政府在农村基本政策的具体体现。因为农民的经济社会活动离不开土地并以占有和利用土地为基础，土地制度一经确定，就会在此基础上形成农村社会的全部经济关系。农村土地制度主要包括农村土地的占有、使用和国家的管理等制度。合理的土地制度可以维护和保证土地所有者、使用者的利益；可以反映并适应社会客观实际，使土地正常运转，发挥其应有的功能；可以促进土地的合理利用、开发与经营。如果土地制度不符合客观实际情况，它就不能正确反映社会经济关系，也不能发挥出土地制度应有的功能和作用。从新中国成立到改革开放前，我国农村土地制度几经变革。我国的土地制度经历了与土地改革相联系的变封建的土地所有制为农民的土地所有制、与农业社会主义改造相联系的变土地的个体农民私有为土地农村集体所有、与农村人民公社化运动相联系的农村土地制度公有制框架下的演变历程。改革开放后，我国土地制度在不断地改革和完善。

第一，党的十一届三中全会后，我国土地制度经营制度的转轨。改革开放后我国土地制度围绕着土地使用权和经营权问题不断地改进，在农村逐步形成了土地集体所有下的家庭联产承包责任制，土地制度这一变革既体现了社会主义发展方向，又大大激活了农民生产积极性，但这一土地制度也有其不足之处。

党的十一届三中全会为我国各项事业的发展提供了一个总思路，会议原则上通过的《中共中央关于加快农业发展若干问题的决定（草案）》是突破"左"倾思想的重要文件。这一决定草案具体总结了中华人民共和国成立以来中国农业走过的曲折道路，提出了加快恢复中国农业发展应吸取的教训。党的十一届三中全会文件公布后，安徽省凤阳县梨园乡小岗村农民在 1979 年春自发决定实行包产到户，这是中国冲破原有土地经营制度的自发性举动，接着，四川、贵州、甘肃、内蒙古等地也突破了"三级所有，队为基础"的人民公社体制，实行土地包产到户和定产到组的新经营体制。接下来的 1979 年，就农村包产到户问题，全国展开大争论，这一年也是大规模实验各种责任制的一年，此后生产责任制因其对农业生产的实效性，逐步得到推广和肯定，土地所有权和使用权不分以及土地高度集中状况从而得到改善。

1978 年 3 月，原国家农委召集部分省市农村工作的负责人座谈，会上大部分省市领导主张不能搞包产到户。但在讨论过程中，部分人认为，有些地方处于穷山僻壤，离生产队较远，如果让山沟里的农民走十几里的山路到队部出工，实在不合情理，因此，建议让这些山区和经济发展落后的地方搞包产到户，这样做有利于提高生产效率，也是因地制宜的需要，符合实事求是的思想。这就为突破旧的经营体制提供了空间，也为稍后土地包产到户制度安排的出世提供了空间。1979年9月，中共中央召开十一届四中全会，通过了《关于加快农业发展若干问题的决定》，《决定》坚决纠正平均主义，指出当前应认真执行各尽所能、按劳分配的原则，多劳多得，少劳少得，男女同工同酬，加强定额管理，按照劳动的数量和质量给付报酬，建立必要的奖惩制度。社员自留地、自留畜、家庭副业和农村集市贸易不能当作所谓的资本主义去批判，它们是社会主义经济的附属和补充。

党的十一届四中全会后，党和政府又出台了一系列"三农"政策，党的土地政策又有新的发展。其中1980年9月27日，中共中央印发《关于进一步加强和完善农业生产责任制的几个问题》的通知，即著名的75号文件，允许农地包产到户。1981年全国农村工作会议给包产到户定性，指出包产到户是社会主义的内容。1981年3月20日中共中央、国务院转发国家农委《关于积极发展农村多种经营的报告》的通知。1983年1月，中共中央关于印发《当前农村经济政策的若干问题》的通知等文件，进一步阐述了农村生产结构的调整，强调农、林、牧、副的全面发展和多种经营以及农业农村经济发展的商品化、专业化、社会化的方向。1983年10月，《中共中央、国务院关于实行政社分开建立乡政府的通知》正式宣告了在中国存续20年之久的人民公社体制终结。

从1978年到1983年，这一阶段土地制度处在土地由原有集体所有，集体统一经营变为集体所有农户承包经营，农村土地所有权和经营权实现分离的阶段。这之后，我国继续围绕土地承包问题进行土地制度完善，确立了家庭联产承包为主的责任制和统分结合的双层经营体制。中共中央《关于1984年农村工作通知》中指出："土地承包期一般应在十五年以上。生产周期长的和开发性的项目，如果树、林地、荒山、荒地等，承包期应当更长一些。在延长承包期以前，群众有调整土地要求的，可以本着'大稳定，小调整'的原则，经过充分协商，由集体统一调整，鼓励土地逐步向种田能手中。社员在承包期内，因无力耕种或转营他业而要求不包或少包土地的，可以将土地交给集体统一安排，也可经集体同意，由社员自找对象协商转包，对农民向土地的投资应给予合理的补偿"。这就保证了土地承包经营在一个较长时间内的稳定。

第二，土地集体所有的家庭承包制度的稳固化。1991 年 11 月，中共十三届八中全会通过的《中共中央关于进一步加强农业和农村工作的决定》指出，以家庭联产承包为主的责任制，建立了统分结合的双层经营体制，这种经营体制有广泛的生命力，一定要作为农村一项基本制度长期稳定下来。

1993 年 11 月，中共中央、国务院《关于当前农业和农村经济发展的若干政策措施》指出：以家庭联产承包为主的责任制和统分结合的双层经营体制，是中国农村经济的一项基本制度，要长期稳定，并不断完善；为了稳定土地承包关系，鼓励农民增加投入，提高土地的生产率，在原定的耕地承包期到期后，再延长 30 年不变；开垦荒地、营造森林、治沙改土等从事开发性生产的，承包期可以更长；为避免承包耕地的频繁变动，防止耕地经营规模不断细分，提倡在承包期内"增人不增地，减人不减地"的办法；在坚持土地集体所有和不改变耕地用途的前提下，经发包方同意，允许土地使用权依法有偿转让；少数二、三产业比较发达地区，大部分劳动力向非农产业转移并有稳定收入的地方，可以从实际出发，尊重农民的意愿，对承包土地做必要的调整，实行适度的规模经营。这个文件在农村土地制度的安排上最为明显的特点，是强调土地承包的稳定性，突出有条件的地方实行土地的规模经营以提高生产效率。

1995 年 3 月国务院转批农业部《关于稳定和完善土地承包关系意见》的通知，强调要维护承包合同的严肃性，严禁强行解除未到期的承包合同，要教育农民严格履行承包合同约定的权利和义务；进行土地调整时，不能改变土地的权属关系；严禁发包方借土地调整之际多留机动地，机动地占耕地总面积的比例一般不能超过 5%；不能随意提高承包费。

1997 年 8 月中共中央办公厅、国务院办公厅发出《关于进一步稳定和完善农村土地承包关系的通知》，要求各地在第二轮土地承延包中一定要执行中央的规定，并且明确指出，土地承包期再延长 30 年。1998 年 10 月中共中央十五届三中全会通过的《关于农业和农村工作若干重大问题的决定》，指出要坚定不移地贯彻土地承包再延长 30 年的政策；对违反政策，缩短土地承包期、收回承包地、多留机动地、提高承包费等错误作法，必须坚决纠正；少数有条件的地方，可以发展多种形式的土地规模经营。农村土地承包再延长 30 年的制度安排，表明了党在农村土地政策的稳定性。

第三，农民土地承包经营权的法制化。第九届全国人民代表大会常务委员会第二十九次会议通过《中华人民共和国农村土地承包法》，其核心是赋予农民长期而有保障的土地承包经营权，对农村土地承包的主要方面都作出了法律规定，它标志着我国农村土地承包关系步入法制化轨道。《中华人民共和国农村土地承包法》规定了国家的农村土地承包经营制度，农村土地承包采取农村集体经济组织内部的家庭承包方式，荒山、荒沟、荒丘、荒滩等农村土地不宜采取家庭承包方式，可以采取招标、拍卖、公开协商等承包方式。该法的核心是家庭承包取得的土地承包经营权是农民的基本经济权利，是具有民法意义上物权性质。《中华人民共和国土地承包法》还规定土地承包规范化管理的基本要求，明确了主管部门和承包纠纷调解、仲裁机构，规定了土地承包和土地流转的原则、程序及要求，明确了土地承包合同、土地流转合同的主要条款和土地承包经营权证书的法律地位，规定了其他承包方式应遵循的规定和要求。

从 1978 年至今党和政府颁布和实施的各项农村土地政策法规，构成了改革开放 30 年来中国农村土地制度演进的脉络。改革开放后我国农村土地制度演进与中国特色社会主义基本经济制度相呼应，始终坚持土地公有（集体所有）的原则，并实行农村土地经营权与所有权分离，近些年国家又致力于以提高农村土地效用为目标的农村土地流转制度的设计及制度安排，这样既保证土地作为农村最重要的生产资料的公平性，又能激发农民活力，提高了土地的效用。

但是，中国农村土地制度与户籍制度呼应，只有拥有农村户籍的农民，才能在农村拥有土地，即便是已经离开土地、农村，在其他产业从业的农民工，他们依然拥有农地。农民工拥有农地，是农民工回流农村的拉力，这在一定程度上影响着农民工市民化。

第四节　农民工市民化制度演进的理性思考

制度演进与创新是人类社会实践活动，是人类社会进步和发展的过程。农民工市民化制度演进过程蕴涵于中国特色社会主义现代化发展过程中，农民工市民化制度的演进，凝聚着广大民众尤其是广大农民的实践，体现出人的主体性。同时，农民工市民化的制度瓶颈，又反映出农民工市民化制度惯性。在农民工市民化制度体系中，制约农民工市民化的制度具有自我强化趋势。通过对促进农民工市民化身，转变制度和农民工职业稳定的农村剩余劳动力转移制度等的具体分析，可以看出农民工市民化制度的内生性与外生性等等。

第一，农民工市民化制度演进内生性与外生性。一提到制度的内生性与外生性，人们自然会想到诱致性制度与强制性制度，以及正式制度与非正式制度，内生性制度与外生性制度、诱致性制度与强制性制度更侧重于制度生成或起源，关注制度的形成演进方式，有的学者将诱致性制度（诱致性制度是我国著名经济学家林毅夫提出的）演进等同于内生性制度变迁，强制性制度变迁等同于外生性制度变迁。正式制度与非正式制度关注制度本身的静态特征，非正式制度是内生的（诱致性制度变迁的结果），正式制度是外生的（强制性制度变迁的结果）。

如果农民工市民化制度不是内生的，那它一定不是演进的，只要存在制度演进或变迁，就有制度的内生。因为某一制度演进（即变化），势必诱使其他制度变化。内生性制度是人们在外界存在逐利机会时，人们自发式的制度创新。例如：十一届三中全会后，中国改革的大环境，引发了小岗村农民实施的从土地集体经营到家庭承包经营的制度创新，这是典型的自发式（内生）的制度创新。也由于这一制度创新带来巨大的效益，致使这一内生性制度发展演进为外生性制度。

如果说农民工市民化制度都是内生的（诱致性）的，也未免有失客观。例如，1978年中共十一届三中全会的召开，标志着中国进入改革开放新时期，中国改革以及由此引发的制度变迁，有的是党和政府有目的的制度设计结果，体现制度演进的外生性。而事实上，自1978年开始的改革开放有其深刻的历史渊源，党的第一代领导集体在对中国社会主义建设道路最初探索中所留给我们的体制遗产以及由此所产生的社会矛盾、社会问题，是催生改革的内生力量。所以，改革所引发的制度演进的内生性与外生性是相对的，内生性制度与外生性制度也是相对的。从长远的角度看，制度的演进是内生的，而从具体事件和短期角度看，制度的演进是外生的。从长期的角度看，农民工市民化制度演进有其内生的动力，从某一具体制度设计及安排看，农民工市民化制度是党、政府、社会有意识设计的结果，富有外生性特征。

无论是促进农民工市民化的制度，还是阻碍农民工市民化的制度，都不完全是内生的，也不完全是外生的，而是二者兼而有之。中国改革本身是制度的演进变迁过程，改革是自上而下和自下而上的呼应。中国改革既是一场诱致性（内生性）制度变迁，也是一场强制性（外生性）的制度演进。农民进城务工经商是在国家整体上引入市场制度而发生的，但农民进城务工经商长期处于"半合法"状况，以至于北京曾出现"浙江村""新疆村"现象。正如当年小岗村农民自发式将土地承包一样，农民工进入城市并非是政府有计划、有组织的安排，而是农民有效配置家庭资源的理性选择，这种选择内生了有利于农民工市民化制度，并与先前存在的对农民工市民化具有限制作用的制度互斥，共同形成了现有的农民工市民化制度。从这个意义上，我国目前农民工市民化制度是不均衡的，先期的制度在自我强化，只有引入强制性的有利于农民工市民化制度，先期的制度才可能得以遏止，例如，实施半个世纪之久的二元户籍制度以及由此形成的对农民工的歧视观念将在很长时间内存在，而观念作为非正式的制度，其变迁的速度是非常缓慢的。

总体来说，有利于农民工市民化的外生性制度推动着有利于农民工市民化制度的内生性制度的形成，但在有利于农民工市民化的内生性与外生性的制度演进过程中，外生性制度供给不足，内生性制度与外生性制度演进错位。

第二，农民工市民化制度演进的渐进性与突变性。如果我们承认制度变迁的存在，那么制度演进或变迁一定有其特定的形式，渐进性与突变性是制度变迁的具体形式。从历史的角度看，一部人类社会发展史是社会实践发展的历史，是认识发展的历史，其中蕴涵着制度演进或变迁。马克思主义认为生产力是社会发展的决定性力量，一定阶段的社会生产力发展引起社会经济基础和上层建筑的变化。社会经济基础的变化既体现着也影响着一定历史发展阶段的制度变迁。农民工市民化制度是动态的、演进的，渐进性与突变性是农民工市民化制度演进的两种形式。

从一项具体制度的变化来看，制度演进具有突变性，20世纪80年代出台的"允许农民自带口粮进城"政策，就是限制农民流动制度安排的突变。从长远来看，制度的变迁是渐进的。一些限制和阻碍农民工市民化制度只能逐步取消，新的促进农民工市民化自治制度体系也只能逐步形成。更何况中国改革总体上是渐进式改革，这也决定了中国农民工市民化制度演进的渐进性。例如户籍制度改革几乎与改革同行，几十年来户籍制度并没有从根本上解决。但因现行户籍制度与市场自由配置劳动力资源的互斥，所以，新的与市场耦合的人口管理制度终将替代现行二元户籍制度。

第三，农民工市民化市民化制度演进的反复与锁定。农民工市民化制度是由多项制度构成的一个制度体系，在这个制度体系中，有的制度促进农民工市民化，有的则不然。现行一些制度阻碍着农民工市民化进程，对于经济社会效应低下的农民工市民化制度应予以取消。由于制度富有惯性，甚至存在"制度记忆"，阻碍农民工市民化制度具有自我强化的趋势，农民工市民化制度演进中显现出反复与锁定现象。

首先，现行制约农民工市民化制度，是与计划经济相联系的，是计划经济体制的痕迹，更进一步说，现行制约农民工市民化制度，是计划经济体制向社会主义市场经济体制转变中的过渡性制度，是一种权宜之计。在成熟的市场经济条件下，不需要也不存在阻碍农民（工）市民化制度及制度安排。但是，在我国阻碍农民（工）市民化制度与促进农民工市民化制度是并存的，二者的交互影响作用，构成了中国农民工市民化制度演进脉络。改革开放后，我国就农村劳动力转移、户籍、社会保障等制度及制度安排等方面作出了巨大努力，农民工市民化制度演进的总体脉络是沿着有利于农民工市民化的方向演进的。但是，促进农民工市民化制度面临巨大的成本，当前进城农民工住房、社会保障、子女就学等问题难以解决，关键是促进农民工市民化的制度成本远远高于保持农民工边缘现状的制度成本，在政府和社会犹豫或者不愿意付出巨大的制度成本促进农民工市民化时，使农民工中相当一部分已经认同和习惯了这种城里挣钱农村消费的模式。城里挣钱农村消费已经逐步演变成一种习惯，形成非强制性的"制度记忆"和惯性。也就是说，虽然总体上的农民工市民化制度演进是沿着有利于农民工市民化的方向发展，但是，农民工市民化的制度演进依然存在制度演进中的反复与锁定，最具有典型性的案例是1992年国务院颁布的《关于收容遣送工作改革问题的意见》，这个文件规定，将城市收容对象扩大到"三无"人员（无合法证件、无固定住所、无稳定收入），即无暂住证、务工证的流动人员。本来收容遣送制度属于社会救助制度的一种，可是这一制度所针对的"三无"人员及其执行结果，使其背离了社会救助的本意，从而演化成强制性的限制外来人口流动的制度安排。它所体现的制度安排实际上是对"农民自带口粮进城"制度的否定，是对与计划经济体制相联系的限制人口流动（阻碍农民工市民化）制度的反复，是有利于农民工市民化制度的锁定。

其次，如果农民工市民化制度体系中的各项制度之间存在耦合关系，而且人们又有特定的制度偏好，那么，农民工市民化制度演进中可能会出现制度反复（循环）。例如，城乡二元经济社会制度与限制人口流动的户籍制度、"城市偏好"的制度及制度安排之间存在耦合关系，户籍制度在改革中进程缓慢，"城市偏好"的制度及制度安排难以取消，或者与此联系的新制度设计难以执行，都是制度耦合的关联。或者说，如果不改变经济社会的二元现状，那么，由此衍生的具体制度即使在改革中行进，也会出现制度的循环或反复现象。

再次，制度的演进是辩证的，一方面制度是内生的，是人们在外界存在趋利可能时的自发性选择；另一方面制度是外生的，是权力机构（政府、执政党）制定的。在农民工问题还未显形化时，我国农民工市民化制度演进更多是内生的，而在农民工问题日益凸显，农民工问题直接关系的经济发展、社会和谐稳定时，中国共产党和各级政府关注农民问题的制度设计，这时农民工市民化的制度演进更多表现为外生性。

此外，大量的制度属于强制性的。因制度重构是利益的重构，所以既得利益者会极力维护对自身有利的原有即定制度。这正是新制度经济学所说的导致路径依赖的"协调效应"。"路径依赖"已经成为一种巨大的惰性，影响着自洽的农民工市民化制度形成。正是由于上述原因，尽管国家提出了消除农民工进城障碍和完善农民工市民化的具体政策，但许多地方对农民工的歧视政策和做法依然如故。

第十二章　农民工市民化制度创新

从农民工个体的角度看，其市民化能力关键在于他们收入状况。如果农民工收入可观，那么，可以解决其市民化的最为关键问题——与市民趋同的居住环境问题，并由此促使农民工在社会生活、思想观念等方面融入到城市社会中，从这一角度看，农民工难以市民化似乎与制度无关。事实上，虽然农民工收入高低与其自身素质等多种因素有关，但其收入高低在根本上还是制度作用的结果，同时农民工市民化能力低，其难以市民化又不是户籍制度单纯作用的结果。所以，农民工市民化制度创新也不是单纯深化户籍制度改革的问题，而是以提高农民工收入水平，提升农民工市民化能力为目的，以户籍制度改革与创新为核心，解构与二元经济社会制度相关的多项制度的联动创新。

二元经济社会制度主要体现为国家在发展工农业的战略政策及投入上，体现在城乡居民落差大的收入上，也体现在划分农民与城镇居民身份标准的户籍管理制度上等等。可以说，二元经济社会制度体现在经济社会制度的方方面面，就当前来看，我国的就业、社会保障、教育培训等制度都体现出不同程度的二元性。从这个意义上说，农民工市民化制度创新的关键在于：逐步弱化并取消具有二元性的经济社会制度。

第一节　农民工市民化制度创新的基本理路

"制度是由人制定的规则"，"制度是指规范、规则、常规、习惯和价值。"制度是演进的，联系着过去、现在与未来，制度是变化的，随着人类社会的进步和发展，人们会产生新的制度需求，制度的作用无处不在。近年来，随着经济社会的发展，进城就业的农民工人数不断增加，已经引起严重的经济社会问题。因此，有必要对制约农民工市民化的制度进行改革与创新，作出新的制度设计和安排，从制度层面上解决好农民工问题。

农民工市民化制度及制度安排问题是一个涉及户籍、就业、教育培训和社会保障等一系列制度及制度安排的复杂问题，其理论性和实践性都很强。因此，要回答有利于农民工市民化的制度及制度安排问题，必须对这一问题有一个理性的认识，以便从整体上加以把握。

第一，关注农民工市民化，探究农民工市民化制度演进与创新问题，必须反思中国农民工市民化制度，在研究中反思，在反思中深化研究，从中可以得出以下结论：首先，无论从静态还是从动态上看，我国农民工市民化制度对农民工市民化同时起正负两个方面的作用，即农民工市民化制度功能体现出双向性，这决定单项农民工市民化制度和农民工市民化制度体系存在着内在的互斥和不适。例如，就户籍制度而言，我国户籍制度安排既有限制农村人口进入城市的规定，又有允许农村人口进入城市的规定。一项制度对行为主体了既允许其向"左"，又允许其向"右"，这只能使行为主体在左右之间摇摆，难以突破一定的限域。从整体上看，我国农民工市民化制度是由促进农民工市民化和阻碍农民工市民化制度构成的，从具体的微观角度看，阻碍或促进农民工市民化制度可以是一项制度中的不同制度安排，也可以是多项不同制度或不同制度中的不同制度安排。

其次，政府在针对农民工市民化进行制度设计，提供正式制度供给时体现出犹豫不定和矛盾。允许农民进城务工、在一定程度上放开户籍制度、逐步解除对农民工的种种限制等等，体现出政府对农民工市民化的积极态度。但是，从1992年到进入21世纪前后，国家收容遣送制度实施中的异化以及至今依然存在对农民工的一些歧视，则体现出政府对农民工市民化的犹豫和矛盾。造成这种犹豫和矛盾的重要原因在于：实现农民工市民化，不仅农民工个人要付出成本，政府也要付出巨大的成本。在是否为农民工市民化付出巨大成本面前，政府表现出的犹豫和矛盾，使现今的农民工市民化具体制度以及整体的制度体系，对农民工市民化既具有促进作用又具有阻碍作用。

再次，现今以及未来有利于农民工市民化制度都是广大农民、农民工自发式的实践创新和政府对其实践创新认可，并作出新制度设计的统一。即内生性制度与外生性制度结合的结果。从家庭联产承包责任制到包工头制度，最初都是农民的创造，后来逐步上升为正式制度。再如，20世纪末北京郊区曾出现农民工聚集的"浙江村"，在二元经济社会制度面前，那里出现了自己的幼儿园和小学，现今"浙江村"的人们已经在政府正式制度的安排下取得北京郊区户籍，享有北京地区相关市民待遇。从这个意义上说，农民工和政府都是农民工市民化制度创新的主体，但是正式的外生性农民工市民化制度的制度供给者却是政府。

其四，限制或阻碍农民工市民化的制度基本上都与二元的"城市偏好"的制度及制度安排耦合，而且在其最终解构前具有强化趋势。这种强化趋势体现在多方面：一是，"城市偏好"的制度及制度安排（富有二元性）的作用对象有扩大趋势，一些企业事业单位招用"非正式职工"就是个典型性案例。二是，与民生密切的重要制度及制度安排具有典型的二元性并难以弱化。例如，一些城市经济适用房的销售是政府主导的，此制度安排仅仅针对具有城市户籍的市民。再如，城市职工的住房公积金、东北地区市民的采暖补贴等农民工几乎是不享有的。

第二，反思和认识农民工市民化制度，必须关注农民工市民化制度的几个关键性问题。首先，不固化现有的仅针对农民工市民化的制度及制度安排。农民工市民化制度设计的根本性理念是以人为本。农民工之所以被称作"农民工"，主要是二元户籍制度所给定的农民身份造成的，而二元户籍制度将社会成员人为地划分为农民和城镇居民，并实行差别待遇，这本身是不合理的。逐步超越农民工概念的束缚，不可以也不应该固化现有的仅针对农民工的制度及制度安排，这是当前农民工市民化制度及制度安排问题所必须关注的。尽管现有的一些仅针对农民工的制度安排是对农民工有利的，其出发点和落脚点在于维护农民工的权益，但是由于这些制度安排是仅针对农民工的，其结果有可能产生固化农民工这个群体的功能。

不固化现有的仅针对农民工市民化的制度及制度安排，并不是说现有的、有利于农民工市民化制度及制度安排无效。在现有的有利于农民工市民化制度及制度安排中，一些制度对维护农民工权益，提升农民工市民化能力，促进农民工市民化等，发挥着积极的制度功能作用。政府在对农民工市民化制度设计和完善中应促使其与"城市偏好"的制度及制度安排对接，这种对接过程所体现的是农民工市民化制度的积极演进过程，这一过程也是制度的"城市偏好"特征弱化的过程。

不固化现有的仅针对农民工市民化的制度及制度安排的一个切入点，是促使那些与有利于农民工市民化具有互斥性的、对农民工市民化具有负面作用的制度及制度安排解构，避免其反复、锁定和强化。

不固化现有的仅针对农民工市民化的制度旨在实现制度的"一元性"，使农民工市民化制度及制度安排逐步与富有"城市偏好"的制度及制度安排对接，或者说最终促使"城市偏好"制度及制度安排祛除其"城市偏好"的特征，使其作用于全体社会成员，而不仅仅是市民。一以言之，如果存在恒久性的农民工市民化制度，必然导致农民工概念、农民工群体、农民工问题的恒久。积极的、富有社会效应的、有利于农民工市民化的制度及制度安排，其功能在于解构农民工群体，实现绝大多数农民工的市民化。而当大量农民工实现了市民化时，农民工市民化制度也就发挥了其应有的作用而自然地解构。从这个意义上说，不固化农民工市民化制度体现了制度演进的应然性。

其次，阻碍农民工市民化的制度障碍只能逐步取消。二元户籍制度以及由二元户籍制度所衍生的二元的就业制度、教育培训制度和社会保障制度等等，是阻碍农民工市民化的主要制度障碍。毫无疑问，这些制度终将被取消，但是，这些制度的取消需要一个过程。换言之，阻碍农民工市民化的制度障碍只能分阶段地逐步取消。原因在于：这些制度已经在我国实行了数十年，其所产生的问题不是一朝一夕所能解决的，其所造成的影响也不是在短时间内就能消除的。同时，农民工市民化的进程还受到经济发展水平和城市化水平的限制，在一定的条件下，城市的容纳力和社会的可承受能力总是有限的，这就决定了阻碍农民工市民化的制度障碍只能逐步取消，不能一蹴而就。

从中国改革大背景看，中国改革是渐进的，从 1978 年至今中国改革已经历时快 40 年，40 年来中国社会转型、体制变迁始终进行着。但是，中国计划经济体制向社会主义市场经济体制的过渡，还没有完全过渡干净，计划体制的痕迹犹存。中国这种大的社会背景与现实决定农民工问题得以解决是一个过程，也决定了对农民工市民化起负面作用的制度只能在改革和社会转型中逐步取消。政府在解决农民工问题上，进行制度设计时应避免急躁、激进。期盼通过政府的制度设计在很短的时间内实现农民工市民化是乌托邦之想，而在实践上政府进行脱离实际的制度设计以促进农民工市民化，那是实践中的冒进。

第三，创新农民工市民化制度，必须在实践中逐步确立起对农民工市民化具有促进作用的制度体系，实现这一制度设计目标的基本思路在于：首先，在当前我国农民工群体不断增量，农民问题凸显的情况下，农民工市民化制度创新的根本思路在于，逐步突破、取消对农民工市民化具有限制或阻碍的制度及制度安排，要以解构二元经济社会制度，尤其是与此相联系的户籍制度为重点，形成促进农民工市民化的自洽的制度体系。而目前有利于农民工市民化的自洽的制度体系的形成，更重要的是强制性（正式）制度的大量供给问题。党、政府要致力于有利于农民工市民化制度及制度安排的设计，尤其是重视农民工市民化制度与市场经济的衔接问题。

其次，关注农民工退出农业（主要是退出土地）、进入城市（主要是指职业、定居方面）、融入城市（主要指身份转变、生活方式、思想观念等等）各个环节相联系的总体制度设计。从现象上看，当前农民工市民化面临最现实、最重要的问题，是进城农民工的居住、生活方式、思想观念的城市化问题，一旦农民工能在居住环境、生活方式、思想观念、社会交往与市民趋近，那么，他们就是城市新市民了。因为农民工是与市民相对的概念，是居住、生活质量、工作环境等远远低于市民的外来人口。换个角度说，我们无论怎样也不能把与城市居民生活工作环境柜近的外来农村人口称之的农民工。如果农民工实现了身份转变而很快沦为城市贫民，那不仅对城市发展乃至社会稳定的影响力极大，而且也不是解决农民工问题的最优思路。所以，尽管农民工在城市的居住环境低下，其"钟摆式"、"两栖式；"流动的根源在于农民工未能拥有城市户籍，但在促进农民工市民化制度创新时，也不应只关注户籍制度的改革。而应关注农民工退出农业、进入城市、融入城市各个环节的制度设计，并以此弱化户籍制度的附加功能，推进户籍制度改革，促进农民工市民化。

再次，确立起促进农民工市民化的过渡性制度及制度安排。权益问题是当前农民工问题的核心，当前做好有利于农民工市民化的过渡性制度及制度安排设计的重点在于：做好维护农民工权益的制度及制度安排的设计。不固化现有的仅针对农民工的制度及制度安排，并不意味着现有的仅针对农民工的制度及制度安排是完全不合理的。因为，阻碍农民工市民化的制度障碍只能逐步取消，而在这些制度障碍彻底取消之前，现有的仅针对农民工的制度及制度安排在一定程度上是必要的，发挥了其应有的作用。但这些仅针对农民工的制度及制度安排，只是在没有建立起真正平等的面向全体公民的各项制度之前的过渡性措施，其存在有其不得已的原因。促进农民工市民化制度及制度安排的最终目标是真正建立起平等的面向全体公民的各项制度及制度安排，使全体公民平等享有社会发展的成果。

其四，促进农民工市民化具体制度及制度安排的思路与促进农民工市民化的根本制度的思路是一致的，即以城乡统筹，实现城乡一体化进行制度设计。中国具体国情决定了最终实现城乡一体化还要走一段迂回的历程，所以，促进农民工市民化的具体制度安排应该是一个制度链。从总体上看，促进农民工市民化的制度链中的各个制度都不是孤立的、静止的，而是纵横链接的，这主要在于：

对于促进农民工市民化的就业、教育培训和社会保障等制度及制度安排，应有当前的、近期的、中长期的制度设计与设想，而且其设计及设想应该是历史的纵向连接，即当前制度安排与未来制度设想不能互相抵触和矛盾。

对于促进农民工市民化的具体制度及制度安排应是空间上的制度链接。农民工的流动性大，农民工的失业基金、养老金等等能否异地转移，这是一个具体的制度安排问题。实现农民工的失业基金、养老金等的异地转续是农民工市民化制度安排空间上链接的具体表现。

对于促进农民市民化的具体制度及制度安排还应有具体制度之间的互为链接。农民工市民化的具体制度及制度安排是多方面和多层次的，各个制度之间应是互为关联、互为促进的。例如户籍制度不能与社会保障制度背离，二者是共同促进农民工市民化的。

最后，农民工是与"农"和"工"相联系的概念，农民工本身是半农半工的特殊社会群体，从身份上农民工是农民，从职业上农民工是工人。由此，解决农民工问题：，推进农民工市民化，进行有效的制度创新，必须考量"农"与"工"的问题。应该说，没有工业的发展，新型工业化的推进，农民工职业的稳定便失去一个重要的产业基础。同样没有农业的发展，农村劳动力转移以及农民工市民化也失去重要的产业基础。毛泽东曾提出，工业即是农业的理论观点，的确如此，工业与农业互为依存。所以，工业和农业的发展对农民工去农民身份与农民工融入城市同等重要，二者都将为农民工市民化奠定基础。因此，在农民工市民化制度的创新问题上，还应关注国家宏观上推进工业化、发展农业、繁荣农村的制度及制度安排问题。

此外，促进农民工市民化的制度设计受思想观念和物质条件的影响，其中物质生产力状况是基础的，也是最为重要的。农民工市民化是中国现代化的必然趋势，但促进农民工市民化的具体制度设计不能离开现有的物质生产力水平。例如，在很短的时间内建立起城乡乃至全国统筹的社会保障制度，是美好的愿望，但确是一个空想。所以，促进农民工市民化的具体制度是也具体的，同时还是历史的和现实的。当前，我国只能从现有的物质生产力状况出发，对农民工的最低工资、工伤、医疗、养老等做出具体的符合实际的制度设计。与此同时，国家加快现代化建设，促进经济社会快速健康发展，为设计有利于农民工市民化制度奠定物质基础。

第二节　农民工身份转变制度的创新

中国的改革是全方位的，也包括户籍制度的改革。尽管如此，自 1958 年形成的二元户籍制度依然是中国今天户籍管理的基本制度，它经被公认为是我国农民工市民化的最大障碍。二元户籍制度使农民工难于在城市扎根立足，增加了农民工在城市生存和发展的成本，造成农民工与市民之间的待遇不平等，户籍制度是制约农民工市民化的根本制度，所以户籍制度改革"是构建农民工市民化的城市融入机制的制度基础，也是城乡体制整合的关键"。也就是说，深化户籍制度改革已成为促进我国农民工市民化进程的必然要求。

第一，逐步弱化社会待遇与户籍相联系的制度安排。户籍制度的基本功能有两项：一是证明公民身份；二是提供人口信息。而我国二元户籍制度却使户籍与社会保障、子女教育、社会福利、社会地位等直接挂钩，在户籍制度上附着一系列的附加功能，这是不合理的。因此，必须深化现行户籍制度的改革，逐步剥离户籍上的附加功能，恢复户籍制度的本有社会功能。当前户籍制度改革的一个侧重点是弱化社会待遇与户籍相联系的制度安排，并最终实现社会待遇与户籍脱钩，彻底剥离依附在户籍制度之上的一切不合理的功能和所谓"城市偏好"的市民待遇，消除因户籍而产生的社会待遇不平等，保护包括农民工在内的全体公民的权益，逐步使农民工在就业、教育、住房、社会保障以及民主政治等方面享有与市民同等的权利和待遇。

第二，逐步进行户籍制度的配套改革。户籍制度改革是一项涉及面很广的系统工程，必须进行相应的配套改革。"要根据经济、社会发展的客观需要和社会的综合承受能力改革户籍制度"，逐步废除以户籍为依据的就业制度，建立城乡统一的劳动力市场和就业制度，建立公开、公平、公正的考试录用制度。改革社会保障制度，建立和完善城乡一体化的社会保障制度，使农民工与市民平等地享有工伤保险、医疗保险、失业保险和养老保险等，降低农民工市民化的成本。改革农村土地制度，在保持农民原有土地承包关系稳定的前提下，促进农村土地流转步伐，为农村劳动力转移创造条件。做好就业制度，社会保障制度、农村土地制度等一系列配套改革，将有利于促进农民工市民化。

第三，逐步建立起新型的人口登记管理制度。农业和非农业是一种职业的划分，把所有人都归入某一职业，在提法上本身就存在问题。在"户籍"概念已经被"格式化"为划分农村人口与城镇人口依据的背景下，深化户籍制度改革一定要转变思维定势，即未必在现有户籍制度的视阈中思考户籍制度改革问题，应考虑在人口管理的新视角进行户籍制度创新问题。如上所说，证明公民身份、提供人口信息，是户籍本有的功能，而目前户籍制度并不只是发挥其本有的功能。甚至在反映人口基本信息方面，户籍制度还存在诸多不足的问题。户籍制度本应发挥其应然制度功能却没有发挥好，而不应通过此制度发挥功能作用的，它却始终在发挥着作用，打个比喻来说，社会上的确存在角色错位的问题，户籍制度则如社会角色错位一样，发挥了许多它本不应该发挥的功能作用，我们可以称之为"制度角色错位"。

在当前城乡发展不平衡以及社会主义新农村建设目标没有完全实现的前提和背景下，我国户籍制度改革与创新应有针对性地进行。一是，全面放开小城市的户口，在（地）市以下小城市处于农民工的自愿，随时可以落户。这一制度安排的实施和运作，要考虑农民工养老、医疗等社会保障问题。最切实际的做法，是农民工落户于城镇后，应以土地换保障（具体操作还需要深入研究），解决其市民化后的社会保障问题。二是，为防止"城市病"，大中城市的户籍制度改革要稳健一些，在实践中探索出的较为可取的做法可以制度化，例如，对有稳定的收入、住所，有特殊贡献者，在城镇的一定数额投资等等，可以办理在大中城市落户手续的做法，完全可以在进一步研究的基础上将其制度化并加以实施。

总之，我国户籍制度改革的方向是逐步建立与社会主义市场经济体制相适应的新型人口管理制度，使新型的人口管理制度嵌入到社会主义市场经济经济体制中去。可以考虑实施居住地的人口登记管理制度，这是我国户籍制度改革的基本方向。建立以居住地为标准的人口登记制度，建立统一的无城乡差别的人口登记制度，取消农业户口、非农业户口，按照实际居住地登记户口，统称"居民户口"，逐步过渡到全国统一的、平等的新型人口管理制度，实现城乡人口管理的一体化、息化、科学化。户籍制度改革与创新的最终目标是逐步取消现行户籍制度，建立新型的人口管理制度，以保护公民的平等权益，实现人力资源的有效配置，推动农民工就业的市场化，为农民工市民化创造良好的制度环境。

总之，"在制度改革中，主要是改革城乡二元结构中的户籍制度，建立统一、开放的人口管理机制"，当代中国户籍制度改革和创新已成为一个不可逆转的趋势，它是加快中国农民工市民化进程的必然要求。

第三节 农民工市民化其他相关制度的创新

如果说户籍制度是制约农民工市民化的根本制度，那么就业制度、教育培训制度和社会保障制度等则是户籍制度衍生的并制约农民工市民化的重要具体制度及制度安排。深化并完善就业制度、教育培训制度和社会保障制度，对促进农民工融入城市十分重要。

第一，创新有利于农民工市民化的就业制度。就业制度是与农民工市民化密切相连的重要制度。改革开放以来，我国的就业制度改革在不断推进，但从当前农民工难以市民化的角度看，还应大力推进就业制度创新。首先，2008年1月《劳动合同法》已经正式实施，这是我国就业制度完善、创新的一个重要标志。《劳动合同法》的实施，对二元户籍制度等对农民工就业的限制无疑是一个冲击。但是，目前《劳动合同法》执行还存在许多不足，主要表现在企业社会责任意识不高以及《劳动合同法》实施的监督机制不得力等等，在这种情况下，相当一部分农民工还没有与企业签订劳动合同。在对某美容连锁店（在全某市有20多个）的大商新玛特、国际家居、西安路、三八广场等四个店进行调研得知，在美容连锁店工作的美容师绝大多数是来自外地的农民工，除了少数管理人员外，一般美容师均未与企业签订劳动合同。在访谈中美容师都表现出与企业签订劳动合同的强烈愿望，以享有养老、医疗等社会保障权利。

其次，在建立城乡统一的劳动力市场的基础上，探索将劳动力市场和人才市场统一起来的人力资源市场。一是建立城乡统一的劳动力市场势在必行。各地对农民工的就业登记、失业登记、社会保险登记、劳动合同管理、企业招收农民工备案等制度还没有与城市职工的管理相对接，劳动力市场的管理体现出二元特征。当前有利于农民工市民化就业制度创新的着力点在于：使农民工的就业管理与服务、劳动力市场秩序的监管与维权纳入城市职工的管理系统，建立覆盖城乡的就业服务体系和信息网络体系；完善企业社会责任制度、劳动力市场的监督管理机制、高效便捷的劳动争议处理机制。二是适应国务院大部制改革和人力资源管理实际，在建立城乡统一劳动力市场的基础上，尽快建立起劳动力市场与人才市场统一起来的人力资源市场。

建立一体化的人力资源市场，与"建立新型的企业内部工资增长机制，使职工共享发展的成果"，密切相关，也就是说，如果包括农民工不能与城市职工共享发展成果，那么，统一的人力资源市场也就流于形式了。

总之，改革开放后，我国形成多个经济区域带，可以尝试在一定区域内建立城乡一体化人力资源市场，尝试在全国范围将非正规就业制度化，在全国范围内发挥企业内部社会责任制度的功能，以促进农民工市民化。

第二，创新有利于农民工市民化的教育培训制度。创新教育培训制度，对农民工市民化十分必要，现阶段主要从两个方面进行制度创新：首先，建立、完善并创新农民工培训机制，开展农民工培训工作需要建立从中央政府到地方各级政府的农民工培训组织领导机构，明确各部门的职责、任务及功能，充分发挥各职能部门的作用。建立起统筹协调的领导体制和分工负责、相互协作、相互制约的工作推进机制。在党和政府的领导下，建立各有关部门、社会各界广泛参与的农民工培训决策机制。建立并形成调动农民工个人、行业、用人单位、职业培训机构及其他社会教育资源参加培训的竞争激励机制。建立由政府、用人单位、农民工个人以及其他社会力量共同负担的合理的、多元的投入机制。建立以现有教育培训机构为主渠道，发挥多种教育培训资源的作用，适应各地劳动力市场需求的多渠道、多形式和多层次的教育培训机制。建立起评价、监督和服务机制。针对农民工培训实践中的新问题、新情况，不断完善和创新农民工培训运行机制。以上种种都在于形成农民工教育培训长效机制，而"加强组织落实，是实施农民工培训长效机制的关键。"

其次，完善政策，营造良好的农民工教育培训的制度环境。目前重点是完善和细化各级政府关于农民工培训的微观政策，主要包括出台有效的农民工培训激励政策，对在岗农民工参加培训的，政府给予用人单位、培训机构以哪些优惠的具体政策：对拟向非农产业转移的农民参加培训采取怎样操作的具体政策；对用人单位、行业和培训机构参与培训的，政府给予多大力度财政扶持的具体政策；对用于农村劳动力转移培训的专项资金采取怎样管理和运作的具体政策；经过培训的农民工在就业、社会保障、医疗和住房等方面的具体制度安排等等。

再次，中央政府要进一步完善农民工培训的宏观政策，例如，在中国工业结构调整及工业化进程中，采取制造工业转向市郊和县域的政策，使更多的制造工业靠近农村，并通过县乡之间的交通发展，使从事制造工业的农民工实现居住地不变的职业转变。这样可以避免大量农民涌入大中城市，引发严重城市问题和资源紧张等问题。再如，制定合理的城市经济发展的政策，进一步调整和优化二、三产业之间的结构和每一产业内部的结构，推动城市经济和产业经济的快速良性发展，为农民工提供广泛的就业空间。

总之，构筑多层次的教育培训体系、完善多渠道的教育培训资金投入机制、逐步确立城乡一体化的教育培训制度，是创新农民工教育培训制度的关键所在。

第三，创新有利于农民工市民化的社会保障制度。怎样的社会保障制度是有关农民工市民化的一个重要问题，但"我国现行的农民工社会保障法律制度主要散见于多部法律法规之中，至今没有一部综合的关于农民工社会保障的全国性专门法律、法规、规章。"党的十七大报告指出："完善和落实国家对农民工的政策，依法维护劳动者权益""加快建立覆盖城乡居民的社会保障体系"。这表明农民工社会保障问题已经作为政策问题进入政策议程，中国共产党已经把农民工社会保障问题作为一个重要问题来抓。"推进农民工社会保障的建设，它是一系统而复杂的工程，应本着'分类指导、分类实施、逐步完善'的原则，逐步建立农民工的社会保障制度。"首先，农民工的养老、医疗、工伤等社会保障问题是必须加以解决的，解决这些问题的过程，也是制度创新的过程。但是创新有利于农民工市民化的社会保障制度，也要有一个总的思路，从当前农民工问题的轻重缓急来看，农民工的工伤保险（农民工大多在一些安全指数和风险较高的行业作业）以及农民工的大病医疗保障应该是制度创新的重点。政府要优先考虑和完善农民工的工伤保险、大病险。当前要以促进《劳动合同法》的实施，促使企业和农民工个人签订劳动合同，并以此保证农民工工伤保险制度的有效性。

其次，构建过渡性的农民工社会保障制度。农民工为城市建设作出了重大贡献，却没有得到城市社会的承认，更没有被现行的城市社会保障体系所完全吸纳。所以，在不能把农民工完全纳入城市社会保障体系之前，应该先构建适合农民工特点的社会保障制度，最终逐步过渡到城乡一体化的社会保障制度。此外，我国农民工现状较为复杂：有半市民化的农民工、边缘化的农民工、流动性强的农民工，但是在设计农民工社会保障制度时还不能过于细化，要把农民工作为一个整体对待，对农民工的工伤、医疗、保险作出制度安排。同时，当前针对农民工的社会保障制度，还只能是过渡性的，必须充分考虑过渡性制度安排与未来制度设计的衔接问题。随着市场经济的完善以及城乡二元经济社会制度的解体，目前这些针对不同身份的劳动者实行不同社会保障的制度，必然会被包括各类劳动者在内的统一的社会保障制度所代替。

再次，积极探索和实践，尽快形成在全国范围内包括农民工在内的流动人口劳动保险转续办法，要充分发挥身份证制度的功能，以农民工的身份证号为基础，建立起农民工终身的个人社会保险账户，并可以在全国范围内转移接续。

此外，尽快对农民工非正规就业的社会保障问题进行制度设计，作出制度安排。

第四，创新有利于农民工市民化的土地制度。从理论上分析，当前农村土地承包制度对农民工市民化形成一种拉力，也是农民工"回流"的引力。尽管如此，政府仍不能通过强制性制度使农民工与土地相分离，因为，在农民工社会保障问题没有得到解决前，在农民工还难以在城市立足的前提下，土地与农民工分离必将造成大量城市贫困人口，这将对中国社会稳定和发展造成严重的威胁。所以，有利于农民工市民化的土地制度创新是复杂的。

首先，农村土地制度一定要创新，这是一个趋势。农村土地制度创新有一个"度"的问题，就"度"而言，土地是农民工最基本的生产资料，土地制度创新会引起整个农村经济社会关系的全方位变化，土地制度创新要把握好"度"的问题。这个"度"与我国基本经济制度相呼应，并使土地制度体现出公平性。对此，作者比较赞同著名研究"三农"问题的专家温铁军教授的观点，即坚持农村土地公有，在这一前提下探索农村土地制度创新问题。在当前，在大量农民涌入城市从事非农产业的情况下，要保证农村土地利用效率，建立土地流转制度是一个符合实际的制度设计。

其次，在土地制度创新的问题上还有一个时机问题。在怎样的时机下使土地与农民工分离，这是土地制度创新的时机问题。解决农民工的社会保障在先，或者农民工与土地分离以及农民工社会保障问题的解决是同步的，只有这样才能使土地制度的创新有利于农民工市民化。反之，在农民工社会保障问题还未解决的情况下，深度的土地制度变革会产生大量城市贫民。

再次，政府应当改变征用土地的政策，退出一般商业性用地的征用过程，改由企业与农民直接谈判，从而更准确地体现土地的价值，让农民充分分享城市化的成果，使其具有转化为市民的经济条件。

第五，创新有利于农民工市民化的住房制度。就全国而言目前各地住房制度体系将农民工排斥在外，在城市房价以惊人的速度增长的情况下，很少有农民工依靠个人的收入在城市购买商品房。而农民工难以在城市立足，并实现市民化，住房是一个重要的因素。创新农民工住房制度已经成为农民工市民化制度创新的一个重要方面：

首先，通过多种途径主要是通过政府提供适合农民工特点的公寓，部分地解决进城农民工居住问题。20世纪90年代国家针对高校青年教师住房严重紧张的局面曾经改造"筒子楼"，从而在很大程度上缓解了高校青年教师住房难的问题。历史的经验是可以吸取的，今天，政府完全可以通过农民工公寓的制度安排，在一定程度上解决农民工的住房问题，克服农民工居住"孤岛"化现象。

其次，政府和相关部门应出台强制性的城市居住标准。目前农民工居住方式基本上是两种情况，一是，居住在企业提供的宿舍；二是，个人通过市场租赁房屋。就企业提供的集体宿舍而言，大多数农民工居住环境较差，尤其是建筑行业，农民工基本上是居住在工棚里，条件更差。就农民租赁的房屋而言主要是即将拆迁的城市危旧房屋和城乡结合部廉价房。农民工居住环境与市民隔绝，形成如上所说的农民工居住环境"孤岛"化现象。在这样的情况下，如果政府提供正式的具有强制性的城市居住标准的制度安排，起码能改善农民工集体居住宿舍的条件。

再次，逐步扩大城市廉租房和经济适用房制度的对象，考虑农民工群体的住房问题，逐步将农民工纳入城市住房体系。

总之，有利于农民工市民化的制度创新问题是一个涉及多项制度的复杂问题，不只是以上所论的制度创新。

农民工问题是站在新的历史起点发展中国特色社会主义，全面建设小康社会，构建社会主义和谐社会的一个重大现实问题，必须予以解决。

农民工虽然生活和工作在城市，但其社会地位、经济收入和生活质量都与市民存在很大差距。农民工在城市居住"孤岛化"，社会心理"内卷化"，社会生活和交往"村落化"，他们没有完全融入城市。当我们面对农民工问题，提出种种解决思路和方案时，我们很快就发现，农民工概念、农民工群体、农民工问题与制度联系在一起，因而，解决农民工问题要关注制度的创新。在我们选择解决农民工问题的最佳思路和途径时，我们逐步认识到农民工问题是一个复杂的问题，解决农民工问题是一项系统工程，因而，解决农民工问题要切于实际，还要注重长远。当前解决农民工问题的着力点在于维护农民工的权益，改善农民工的工作及生存环境，提高农民工收入，提升农民工市民化能力。将来从根本上解决农民工问题在于实现农民工市民化。找到实现农民工市民化当前与未来的连接点，是有关农民工各项工作及制度创新的关键所在。这个连接点就是不固化农民工群体，逐步解构农民工群体，而达至这个连接点的关键是制度。

中国改革所引发的体制转变、社会转型催生了农民工群体，制度是农民工群体的出现、农民工问题的存在以及农民工问题最终得以解决的关键。没有制度的完善与创新，农民工数量难以递减，没有制度的完善与创新，农民工问题难以从根本上解决。

农民工市民化制度创新的根本思路在于：逐步突破、取消对农民工市民化具有限制或阻碍作用的制度及制度安排，要以解构二元经济社会制度尤其是与此相联系的户籍制度为重点，形成有利于农民工市民化的自洽的制度体系。而目前有利于农民工市民化的自洽的制度体系的形成，更重要的是强制性（正式）制度的大量供给问题。党、政府要致力于有利于农民工市民化制度及制度安排的设计，尤其是重视农民工市民化制度与市场经济的对接问题。

第十三章　结语

　　城镇化是经济社会发展的必然趋势，也是中国现代化进程中自觉的战略选择。进入 21 世纪以来，城镇化越来越受到中国高层和民众的重视。党的十六大、十七大、十八大报告都明确强调了城镇化。中共中央政治局第二十五次集体学习，专门研讨国外城市化发展模式和中国城镇化道路，胡锦涛主持并发表重要讲话。2012 年 9 月 7 日，中共中央组织部、国家行政学院和国家发展改革委联合举办省部级领导干部推进城镇化建设研讨班，李克强在学员座谈会上发表长篇讲话。2012 年 12 月召开的中央经济工作会议，更是首次单独将"积极稳妥推进城镇化，着力提高城镇化质量"作为一项主要任务。党的十八大之后，城镇化渐成全民关注的热词。2016 年两会期间，"城镇化"成为代表、委员热议的一个焦点话题。

　　2016 年中国城镇化率已经达到 57.35%。根据世界城镇化发展规律，中国正处于高速城镇化的中期阶段，正值城镇化发展的关键时期。能否实现城镇化科学发展，真正发挥出城镇化拉动消费、扩大和优化投资、改善民生的多重效应，成为一个亟需从理论与实践的结合上作出认真探索和正确回答的重大课题，它决定着中国未来的发展高度，也深切影响着国民的安全感、归属感和幸福感。

　　我国在推进城镇化建设中始终遵循的最基本原则就是以科学发展观为指导思想。我们应当把科学发展观中的"以人为本"思想作为中国城镇化发展的主旨和核心内容，与马克思主义基本思想一道构成中国新型城镇化的人本理念。只有坚持以人为本这个核心，新型城镇化建设才能不偏离正确的发展轨道，才能真正使人民群众享受到改革发展带来的实惠，才能真正实现经济社会的发展与人的全面发展统一起来。

　　为了更好推进城镇化建设，我们需要做到以下几点：一是优化产业布局统筹协调发展，政府应该注重协调城乡发展，不断优化区域布局，在促进区域一体化和可持续发展方面发挥领导作用。二是不断提高城镇规划管理水平，必须做到完善城镇体系规划，统筹做好城乡土地利用总体规划、环境保护规划、产业发展规划等。三是注重内涵发展提升发展质量。四是始终把民生摆在城镇化建设的首要位置，民生问题的一个重要环节就是人均可享受到的公共福利，人们到底能得到多少公共福利，尤其是在教育、医疗、养老、食品安全等受到人们广泛关注的领域，更需要我们加大投入，政府财政收入和社会财力应该向以民生为重点的投资领域倾斜。五是加强新型城镇化政策性创新，我们应该始终坚持以市场经济为导向，破除在户籍管理、城乡劳动力就业和社会保障方面的制度性障碍，为农村城镇化创造良好的条件。鉴于城镇化建设对于当今中国无论在经济建设还是社会发展方面都具有不可替代的决定性作用，我们必须认清现在社会发展的基本形势，利用科学发展观这一强大的理论武器，因势利导的坚决促进新型城造镇化发展。要在现有城镇化快速发展的基础上确保其健康可持续的发展，就必须针对当前城镇化发展的现状和特点以及未来可能出现的状况进行准确的判断，顺应其客观发展规律，建立健全完善的市场经济制度，采取有效的针对性的政策措施，不断提高城镇化的可持续发展水平，为中国经济增长提供新的不竭动力，为广大人民群众创造福祉。

推动中国城镇化科学发展，必须重视对马克思主义城市化理论的挖掘和运用。历史雄辩地证明：马克思主义是中华民族实现伟大复兴的正确指导思想。坚持马克思主义基本原理同推进马克思主义中国化结合起来，既坚持科学理论的指导，又坚定不移地走自己的路，这是总结中国近现代历史得出的最基本的经验。"我们现在要建设有中国特色的社会主义，时代和任务不同了，要学习的新知识确实很多，这就更要求我们努力针对新的实际，掌握马克思主义基本理论。"马克思主义博大精深，正如恩格斯1883年在马克思墓前的讲话中所指出："马克思在他所研究的每一个领域，甚至在数学领域，都有独到的发现，这样的领域是很多的，而且其中任何一个领域他都不是浅尝辄止。"也正如当代法国著名学者德里达所指出："不去阅读且反复阅读和讨论马克思……将永远都是一个错误"。在城市化问题上，马克思恩格斯都曾经有过许多精辟的重要论述。特别值得注意的是，马克思恩格斯生活在19世纪，那个时代正是英国和德国城市化的重要发展时期。英国是世界上最早推进和实现城市化的国家，1800年城市化率达到20%，过了半个世纪后达到50%，1891年达到72%。德国是继英国之后第二个实现城市化的国家。1840年至1871年是德国城市化全面启动与持续快速发展阶段，1871年至1910年是德国城市化的高速发展阶段，到1910年德国城市化率已经达到60%。在一定意义上可以说，21世纪前期中国所处的城镇化阶段与19世纪中后期英国、德国的城市化阶段具有相似之处。因此，尽管马克思、恩格斯对城市化问题直接、集中论述不多，但是他们关于城市形成发展机制和城市化的正向功能，关于城市化发展中的问题，关于城市化进程中城乡关系由分离、对立到融合的发展规律等方面的重要论述，对于我们今天推进城镇化科学发展都具有重要指导意义。

推动中国城镇化科学发展，必须牢固树立和认真落实科学发展观。科学发展观是指导中国城镇化科学发展的重要战略方针。推进中国城镇化科学发展，必须坚持又好又快发展这个第一要义，充分体现以人为本这个核心立场，遵循全面协调可持续这个基本要求，善于运用统筹兼顾这个根本方法。近10多年来，在科学发展观指导下，中国城镇化呈现出许多新的特点，取得巨大成就，并探索积累了一系列宝贵经验。但不可否认，城镇化是一项复杂的系统工程，中国城镇化进程中依然存在很多不符合科学发展观要求的突出问题，亟须引起我们的高度警惕和重视，并积极采取切实有效的对策措施予以解决。特别值得注意的是，城镇化一头连着农村、一头连着城市，因此，贯彻落实科学发展观，必须正确处理好城镇化与新农村建设的关系、城镇化快速发展和"城市病"防治的关系，从而推动中国城镇化科学发展。

在推动中国城镇化科学发展的进程中，全党和全国人民必然会开拓马克思主义中国化的新境界。"问题是时代的格言，是表现时代自己内心状态的最实际的呼声。""一个时代的迫切问题，有着和任何在内容上有根据的因而也是合理的问题共同的命运：主要的困难不是答案，而是问题。因此，真正的批判要分析的不是答案，而是问题。正如一道代数方程式只要题目出得非常精确周密就能解出来一样，每个问题只要已成为现实的问题，就能得到答案。""坚持以研究问题为中心，符合马克思主义认识论，是我们党实事求是思想路线的具体体现。"毫无疑问，城镇化问题已经成为中国的时代声音，正确分析并切实解决好城镇化问题，成为全党全国人民特别是马克思主义理论工作者的神圣使命。本书对此作了粗浅的探索，希望能够起到抛砖引玉的作用。我们有理由相信，在全党和全国人民的共同努力下，城镇化一定能够让中国人生活得更美好，并为世界的繁荣发展做出应有的贡献。我们也有理由相信，随着对中国城镇化科学发展的理论探索和实践创新的不断深入，全党和全国人民一定能够不断开创马克思主义中国化的新境界。

参考文献

［1］胡锦涛.坚定不移沿着中国特色社会主义道路前进为全面建成小康社会而奋斗——在中国共产党第十八次全国代表大会上的报告［M］.北京：人民出版社，2012.

［2］温家宝.中国农业和农村的发展道路［J］.求是，2012，（2）：3-10.

［3］习近平.共同创造亚洲和世界的美好未来——在博鳌亚洲论坛2013年年会上的主旨演讲［N］.人民日报，2013，4（8）：1.

［4］李克强.协调推进城镇化是实现现代化的重大战略选择［J］.行政管理改革，2012，（11）：4-10.

［5］李克强.认真学习深刻领会全面贯彻党的十八大精神促进经济持续健康发展和社会全面进步［N］.人民日报，2012，11（21）：3.

［6］［美］布赖恩·贝利/著，顾朝林等/译.比较城市化——20世纪的不同道路［M］.北京：商务印书馆，2010.

［7］中国发展研究基金会.中国发展报告2010：促进人的发展的中国新型城市化战略［M］.北京：人民出版社，2010.

［8］中华人民共和国国家统计局.中国统计年鉴-2012［M］.北京：中国统计出版社，2012.

［9］国务院发展研究中心课题组.中国城镇化：前景、战略与政策［M］.北京：中国发展出版社，2010.

［10］樊纲等.城市化：一系列公共政策的集合——着眼于城市化的质量［M］.北京：中国经济出版社，2010.

［11］简新华，何志扬，黄锟.中国城镇化与特色城镇化道路［M］.济南：山东人民出版社，2010.

［12］刘文纪.中国农民就地城市化研究［M］.北京：中国经济出版社，2010.

［13］牛文元.中国新型城市化报告2010［M］.北京：科学出版社，2010.

［14］潘佳华等.中国城市发展报告NO.3［M］.北京：社会科学文献出版社，2010.

［15］国务院发展研究中心课题组.世界城市化和城市发展的若干新趋势和新理念［J］.中国发展观察，2013，（1）：35-38.

［16］中国人口与发展研究中心课题组.中国人口城镇化战略研究［J］.人口研究，2012，（3）：3-13.

［17］白永秀，吴丰华.城市化进程中的农村人文关怀及其设想［J］.改革，2010，（7）：111-115.

［18］白素霞等.我国城乡居民收入差距问题探讨［J］.宏观经济管理，2013，（1）：37-43.

［19］陈明星，叶超.健康城市化：新的发展理念及其政策含义［J］.人文地理，2011，（2）：56-61.

［20］陈平.土地流转、城市模式与农民转业［J］.人民论坛，2011，（23）：12-15.

［21］陈锡文.我国城镇化进程中的"三农"问题［J］.国家行政学院学报，2012，（6）：4-11.

［22］程必定.上海世博会后长三角城市群的功能提升［J］.城市发展研究，2010，（4）：12-19.

［23］冯奎.从三个时间段看"十二五"城镇化［J］.经济要参，2012，（37）.

［24］冯尚春等.论中国特色城镇化道路［J］.中共中央党校学报，2011，（2）：70-73.

［25］高新才等.走中国特色城市化道路的历史必然性［J］.生产力研究，2010，（1）：15-16.

［26］辜胜阻，武兢.城镇化的战略意义与实施路径［J］.求是，2011，（5）：27-29.

［27］何干强.中国特色社会主义的城镇化道路的探索——江苏部分地区城镇化的调查与思考［J］.马克思主义研究，2011，（3）：40-49.

［28］郝华勇.试论我国城市化发展理念的转变［J］.湖北行政学院学报，2010，（1）：29-33.

［29］黄锟.论国内外特殊约束条件下中国城镇化过程与道路的特殊性［J］.现代财经（天津财经大学学报），2011，（9）：58-64.

［30］季曦，刘民权.以人类发展的视角看城市化的必然性［J］.南京大学学报，2010，（4）：46-53.

［31］简新华.中国工业化和城镇化的特殊性分析［J］.经济纵横，2011，（7）：56-59，30.

［32］荆宝洁.城市规划矛盾引发"超级城市病"［J］.今日国土，2011，（2）：23-109

［33］李超，王彬，万海远.中国城市化十年：经验、问题与对策［J］.贵州社会科学，2013，（1）：75-79.

［34］李淑梅.重读恩格斯的《英国工人阶级状况》——对我国城市化进程的思考［J］.毛泽东邓小平理论研究，2010，（12）：45-49.

［35］林聚任，王忠武.论新型城乡关系的目标与新型城镇化的道路选择［J］.山东社会科学，2012，（9）：48-53.

［36］林石.解密新城镇化十年蓝图［J］.新财经，2013，（2）：26-29.

［37］刘爱梅.我国城市规模两极分化的现状与原因［J］.城市问题，2011，（4）：2-7.

［38］刘保奎.城镇化进程中的"留守土地"：影响与出路［J］.中国房地产，2012，（11）：36-40.

［39］马长发，刘双良.让城镇化去伪存真——增减挂钩的推进与"伪城镇化"的预防和治理［J］.中国土地，2011，（4）：42-44.

［40］马拥军."市民社会"，"公民社会"，还是"城市社会"？——生活哲学视野中的"城市社会"理论［J］.东岳论丛，2010，（11）：5-15.

［41］宁越敏.中国城市化特点、问题及治理［J］.南京社会科学，2012，（10）：19-27.

［42］平欣光.走好中国特色城镇化之路［J］.中国党政干部论坛，2010，（8）：16-19.

［43］仇保兴.城镇化的挑战与希望［J］.城市发展研究，2010，（1）：1-7.

［44］仇怡.城镇化的技术创新效应——基于1990-2010年中国区域面板数据的经验研究［J］.中国人口科学，2013，（1）：26-35.

［45］苏蕴山，鲍龙，谢雪燕.基于"泛福利"实现的城市更新思考［J］.城市发展研究，2010，（1）：154-156.

［46］尚合慧等.中国农村城镇化研究述评——基于马克思主义人本思想的视角［J］.农村经济与科技，2010，（12）：117-118.

［47］盛广耀.关于城市化模式的理论分析［J］.江淮论坛，2012，（1）：

24-30.

［48］唐子来等."美好城市"VS"城市病"［J］.城市规划,2012,（1）:52-55,72.

［49］童中贤,佘纪国,熊柏隆.城镇化的阶段性特征与战略创新研究［J］.中国城市经济,2010,（9）:20-25.

［50］王伟同.城镇化进程与社会福利水平——关于中国城镇化道路的认知与反思［J］.经济社会体制比较,2011（3）:169-176.

［51］吴冕.警惕:中国"大城市病"愈演愈烈——问诊中国"大城市病"（上篇）［J］.生态经济,2011,（5）:18-23.

［52］吴冕.大城市:拿什么拯救你?——问诊中国"大城市病"（下篇）［J］.生态经济,2011,（6）:18-23.

［53］熊小林.统筹城乡发展:调整城乡利益格局的交点、难点及城镇化路径——"中国城乡统筹发展:现状与展望研讨会暨第五届中国经济论坛"综述［J］.中国农村经济,2010,（11）:91-96.

［54］项继权.城镇化的"中国问题"及其解决之道［J］.华中师范大学学报:人文社会科学版,2011,（1）:1-8.

［55］杨斌等.我国城市化进程中失地农民问题研究述评［J］.西部论坛,2010,（6）:11-18.

［56］俞金尧.20世纪发展中国家城市化历史反思——以拉丁美洲和印度为主要对象的分析［J］.世界历史,2011,（3）:4-22.

［57］张传文.中国集体城市病:谁在掌控城市?［J］.中国减灾,2011,（10下）:26-28.

［58］张兴华."十二五"期间农民工进城面临的挑战与对策［J］.经济研究参考,2011,（13）:41-56.

［59］张翼.农民工"进城落户"意愿与中国近期城镇化道路的选择［J］.中国人口科学,2011,（2）:14-26.

［60］张占斌.新型城镇化的战略意义和改革难题［J］.国家行政学院学报,2013,（1）:50-56.

［61］章友德.我国失地农民问题十年研究回顾［J］.上海大学学报（社会科学版）,2010,（5）:27-35.

［62］周毅.中国城市化特征描述、分析与评价［J］.甘肃社会科学,2010,

（3）：135–138.

［63］中华人民共和国国民经济和社会发展第十二个五年规划纲要［N］.人民日报，2011，3（17）：1.

［64］中央经济工作会议在北京举行［N］.人民日报，2012，12（17）：1.

［65］中华人民共和国国家统计局.中华人民共和国2011年国民经济和社会发展统计公报［N］.人民日报，2012，2（23）：10.

［66］中华人民共和国国家统计局.中华人民共和国2012年国民经济和社会发展统计公报［N］.人民日报，2013，2（23）：51.

［67］国家统计局.2011年我国农民工调查监测报告［N］.中国信息报，2012，4（30）：1.

［68］白田田.陈锡文：城镇化须边"还账"边推进［N］.经济参考报，2013，1（14）：A03.

［69］鲍晓倩.早日走出"垃圾围城"的困境［N］.经济日报，2012，5（30）：9.

［70］陈柳钦.以"健康城市"理念化解"城市病"［N］.中国社会科学报，2011，9（15）：4.

［71］陈郁.应对"城市病"［N］.经济日报，2012，2（14）：14.

［72］党国英.正确认识"城镇化"［N］.北京日报，2010，3（1）：19.

［73］J·弗农·亨德森.中国的城市化：面临的政策问题与选择［N］.东方早报，2013，1（22）：4.

［74］傅蔚冈.城市化须是"人口城市化"［N］.华夏时报，2012，11（15）：17.

［75］顾仲阳等.城镇化不是"造城运动"［N］.人民日报，2013，3（10）：7.

［76］管清友.新型城镇化事关一系列综合配套改革［N］.上海证券报，2013，3（12）：F12.

［77］郭晋晖，邵海鹏.农民工市民化或成两会热点民主党派建议加大中央转移支付［N］.第一财经日报，2013，2（28）：4.

［78］何民捷.走民生型城镇化道路［N］.人民日报，2011，8（30）：7.

［79］何平，邱玥，李慧.土地农民增收城镇化——解读"三农"三大热点话题［N］.光明日报，2013，2（5）：16.

［80］霍桃.环境保护部发布《2011年中国环境状况公报》［N］.中国环境报，2012，6（5）：1.